TRAITÉ

DC

VOISINAGE

PAR

M. GODEFROY,

ANCIEN NOTAIRE,

JUGE-DE-PAIX DU CANTON DE GAMACHES.

Floriferis ut apes in saltibus omnia libant
Omnia nos itidem depascimur aurea dicta.
LUCRÈCE, livre III, vers. II.

ABBEVILLE

IMPRIMERIE BRIEZ, C. PAILLART ET RETAUX

90, Chaussée Marcadé, 90.

1873

TRAITÉ

DU

VOISINAGE.

TRAITÉ

DU

VOISINAGE

PAR

M. GODEFROY,

ANCIEN NOTAIRE,

JUGE-DE-PAIX DU CANTON DE GAMACHES.

———

Floriferis ut apes in saltibus omnia libant
Omnia nos itidem depascimur aurea dicta.
LUCRÈCE, livre III, vers. II.

ABBEVILLE

IMPRIMERIE BRIEZ, C. PAILLART ET RETAUX

90, Chaussée Marcadé, 90.

——

1873

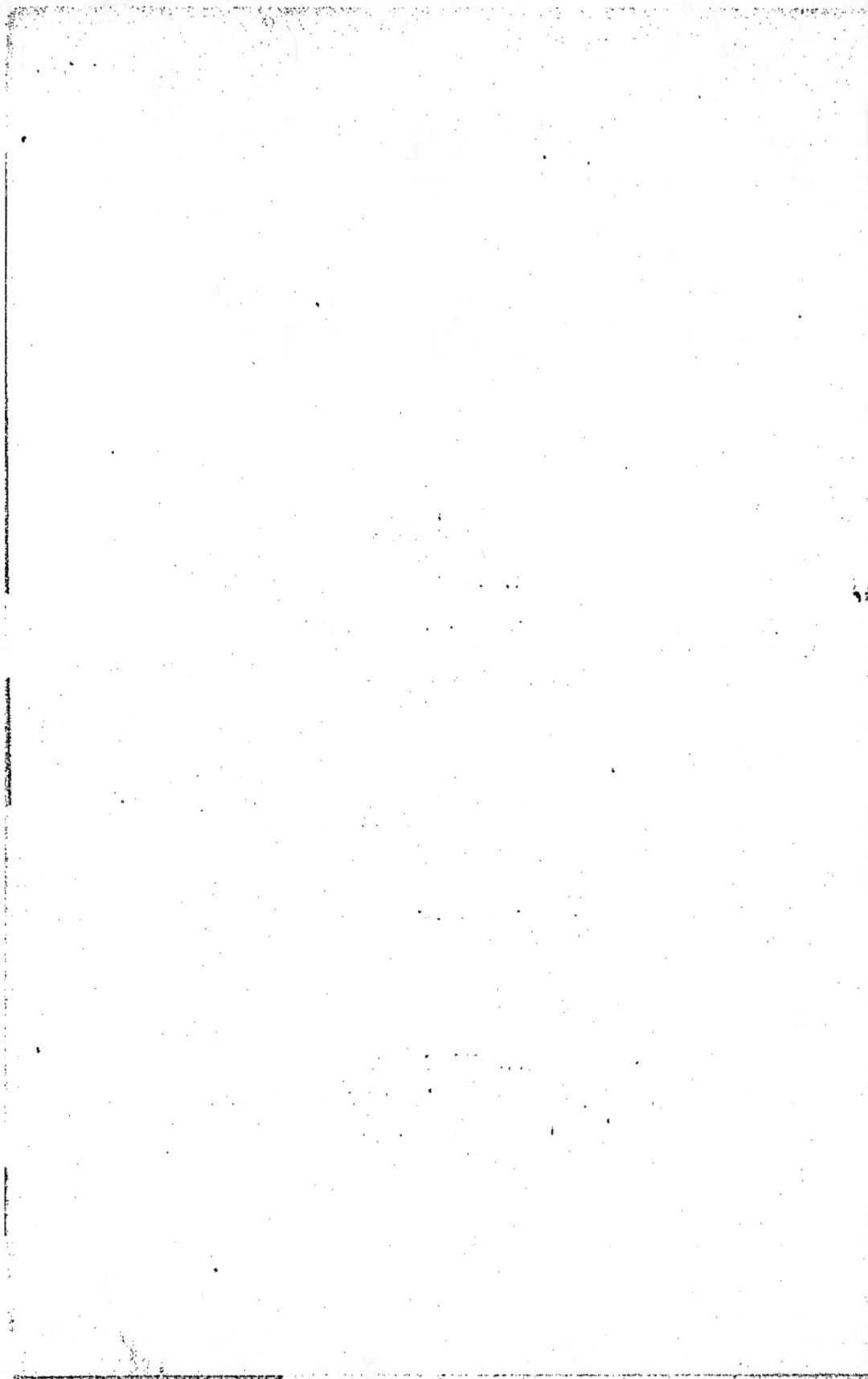

PRÉFACE.

De tout temps, dit Fournel, on a reconnu l'influence du voisinage sur la tranquillité publique et particulière. Il n'y a guère de peuple qui n'ait consacré par quelque maxime ou quelque proverbe l'avantage d'un bon voisinage. Thémistocle, ayant mis une métairie en vente, fit publier qu'elle était *entourée de bons voisins*. — Le proverbe français dit : « *Qui a bon voisin a bon matin.* »

On peut ne pas avoir l'occasion ou la nécessité de connaître certaines parties de la jurisprudence, mais il n'y a personne qui ne doive s'instruire des lois du voisinage soit pour les invoquer, soit pour s'y soumettre. Ces lois sont en effet d'une pratique usuelle et universelle : on ne peut vivre sans avoir de voisins.

La proximité des habitations et des propriétés, de même que l'indivision, engendre des procès ; souvent même l'intérêt n'en est que le prétexte, et l'inimitié ou l'ignorance, le véritable motif.

On commence, par tolérance réciproque, à se relâcher de la rigueur du droit et, par un accord tacite, à se faire des concessions qui modifient l'état des lieux ; bientôt la bonne harmonie cesse, et la guerre est déclarée.

Nous ne saurions trop recommander de constater par écrit toutes les conventions qui intéressent la propriété, et, notamment, avant toute démolition de bâtiments ou changement d'état des lieux, de faire déterminer les limites actuelles, les droits d'égout, de stillicide, de servitudes actives ou passives.

Nous avons eu et nous avons encore l'occasion de remarquer que les contestations les plus fréquentes, les plus irritantes, sont celles qui ont lieu entre voisins : de là pour nous la nécessité d'étudier spécialement la matière. — C'est le fruit de nos observations que nous allons consigner ; c'est aussi le résultat de nos recherches dans les nombreux recueils de doctrine et de jurisprudence qu'il n'est pas donné à chacun de pouvoir consulter.

TRAITÉ

DES

DROITS ET DES OBLIGATIONS

DÉRIVANT

DU VOISINAGE.

ABANDON.

C'est le délaissement volontaire d'un fonds ou d'un droit. Il a lieu le plus souvent pour s'exonérer d'une charge ou pour s'affranchir d'une servitude.

Aux termes de l'article 656 du Code civil, tout copropriétaire d'un mur mitoyen peut se dispenser de contribuer aux réparations et reconstructions, en abandonnant le droit de mitoyenneté, pourvu que le mur mitoyen ne soutienne pas un bâtiment qui lui appartienne. Mais si, après l'abandon, le voisin démolissait le mur, ou le laissait tomber faute de réparations, celui qui a fait l'abandon pourrait réclamer moitié des matériaux et le terrain qu'il aurait abandonné ; car, s'il a fait cet abandon, c'est sous la condition tacite que le mur existerait, et que son fonds serait clos de ce côté.

Dans les villes et faubourgs, où la clôture est forcée (*article* 663), l'un des voisins peut-il s'affranchir de l'obligation de contribuer aux frais de reconstruction d'un mur, en abandonnant à l'autre voisin la moitié du terrain sur lequel le mur doit être construit ?

La question est délicate et a donné lieu à des interprétations différentes.

La Cour d'*Angers*, par arrêt du 12 mars 1847, a décidé que, même dans les villes et faubourgs, où la clôture est forcée, le voisin peut se rédimer de cette obligation en abandonnant la moitié du terrain sur lequel la clôture doit être assise. — La Cour de *cassation*, par ses arrêts des 29 décembre 1819 et 5 mars 1828, s'est prononcée deux fois en faveur de la solution consacrée par la Cour d'*Angers*. — Elle a aussi été adoptée par la Cour de *Toulouse*, 7 janvier 1834 ; par celle de *Douai*, 28 février 1830 ; et par la Cour de *Dijon*, 17 décembre 1869. — Cette jurisprudence compte pour soutiens MM. *de Malleville, Toullier, Favard, Carou, Tardif, Perrin, Zachariæ* et *Marcadé*.

L'opinion contraire a prévalu devant les Cours de *Paris*, 29 juillet 1823 ; *Bordeaux*, 7 décembre 1827 ; *Amiens*, 15 août 1838. Elle est professée par MM. *Duranton, Delvincourt, Pardessus, Desgodets, Solon, Rolland de Villargues* et *Demolombe*, t. Ier, n° 379.

La nécessité de la clôture dans les villes étant reconnue par la loi et ayant servi de base à la disposition générale de l'art. 663, nous pensons que le voisin ne peut se soustraire à l'obligation de réparer et de reconstruire en abandonnant la mitoyenneté de la clôture. Cette faculté n'existe que pour les murs situés hors des villes et des faubourgs.

L'abandon de la mitoyenneté n'enlève pas à celui qui le fait la faculté de la recouvrer, de même qu'il pourrait acquérir la mitoyenneté d'un mur qui aurait toujours appartenu à son voisin ; mais il est obligé de rembourser, outre la moitié de la valeur du mur, la moitié de la valeur du terrain qu'il veut rendre mitoyen : il ne peut, pour s'en dispenser, alléguer que la moitié du fonds lui appartenait autrefois.

Bien qu'on puisse également abandonner la mitoyenneté d'un fossé, d'une haie, pour se soustraire à l'entretien, on ne pourrait ensuite contraindre le voisin à en céder la mitoyenneté. L'article 661 n'est applicable qu'au mur, et ne peut pas être étendu à d'autres objets. (*Pardessus,* n°s 185 et 187.)

C'est un principe général applicable à toutes les espèces de servitudes qu'on peut s'en libérer par l'abandon du fonds assujetti ; quand bien même encore le propriétaire du fonds asservi serait obligé par titre à faire des travaux pour faciliter l'exercice de la servitude.

En effet, l'obligation n'est pas attachée à la personne, mais seulement au fonds dont on est détenteur. — Mais il n'est pas nécessaire que l'héritage assujetti soit abandonné en entier ; il suffit d'abandonner la partie sur laquelle s'exerce la servitude.

L'abandon dont il s'agit est révocable tant qu'il n'a pas été accepté expressément ou tacitement par le propriétaire au profit duquel existe la servitude ; ou bien tant qu'il ne lui a pas été notifié. (*Pardessus,* n° 185.) — Car, à la rigueur, l'abandon existe par la seule volonté du propriétaire grevé : il n'est pas soumis à une acceptation. (*Toullier,* t. III, n° 511.)

(Voyez *mur mitoyen, passage, tour d'échelle, servitude.*)

ABEILLES.

Les abeilles à l'état de liberté, réfugiées sur des buissons, ou dans le creux des rochers, appartiennent à celui qui s'en empare ; recueillies dans des *ruches*, elles constituent une propriété particulière.

La loi 28e de *Dracon* exigeait une distance d'environ cent mètres pour le placement des ruches entre voisins : mais aujourd'hui c'est à la police administrative qu'il appartient de faire des règlements pour déterminer la distance de l'emplacement des ruches.

Toutefois, à défaut de règlement, si le voisinage des ruches incommode, il donne lieu à une action en justice contre le possesseur. (*Argument de l'art.* 1385 *du Code civil.*)

Le propriétaire de ruches à miel est responsable, aux termes des articles 1383 et 1385 du C. c., des dommages et des accidents causés par les abeilles échappées de ses ruches, surtout s'il y a négligence ou imprudence, comme, par exemple, d'avoir placé les ruches dans le voisinage de la voie publique, sans avoir pris les précautions nécessaires afin que les passants fussent avertis des dangers auxquels ils pourraient être exposés. (*Limoges,* 5 décembre 1860.)

Le propriétaire d'un essaim n'a pas d'action contre son voisin dont les abeilles vont butiner chez lui. C'est en vain qu'il donnerait pour motif que les abeilles du voisin dévorent la subsistance des siennes. (*Carré,* Droit français, II, n° 1382.)

Si un essaim vient à s'échapper, celui qui en avait la possession a droit de le réclamer et de s'en ressaisir, tant qu'il n'a point cessé de le suivre. Loi du 6 octobre 1791, titre Ier, section 3, art. 5. — Il peut même, après avoir averti le voisin, s'introduire chez lui à cet effet, en répondant, bien entendu, du dommage qu'il occasionnerait.

Mais faut-il, comme le dit *Fournel,* qu'il n'ait pas perdu de vue l'essaim échappé? *Rolland de Villargues,* dans sa première édition (1827), avait adopté l'affirmative en invoquant aussi la loi romaine : « *Examen quod ex alveo nostro evolaverit eo usque nostrum intelligitur, donec in conspectu tuo est* »; mais dans sa deuxième édition (1840), il se range à la doctrine de *Vaudoré,* Droit rural, n° 209, et reconnaît qu'il importe peu que le poursuivant ait cessé un instant de le voir, pourvu que l'identité soit constatée.

En effet : qu'exige la loi française? Elle veut, dit *Augier,* tome IV, page 225, que le propriétaire de l'essaim fugitif manifeste l'intention de conserver sa propriété. Cette intention résulte d'une poursuite constante ; et ce serait

prêter au législateur une subtilité indigne de notre siècle
que de faire sortir une fin de non recevoir d'un accident
de terrain, d'un arbre ou d'un mur, qui aurait un instant
soustrait les abeilles aux regards du propriétaire. Ne pas
surveiller un essaim, ou cesser de le poursuivre, témoigne
qu'on attache peu d'importance à sa possession. La loi
de 1791 s'est montrée sévère dans ce cas. Mais, quand on
a immédiatement commencé la poursuite, quand on l'a
continuée, quand enfin on n'a rien négligé pour ressaisir la
vagabonde colonie, le même motif de sévérité n'existe
plus, et l'on conserve tous ses droits à la faveur des lois
qui protégent la propriété.

Dans certains pays, il est encore d'usage de frapper sur
des bassins sonores pour avertir les voisins de la fuite des
abeilles.

Si les abeilles fugitives se sont reposées sur les arbres
du voisin, on les reprend en évitant d'endommager l'arbre.
— Celles qui, malgré les précautions prises, restent, appartiennent au propriétaire de l'arbre.

Celui qui poursuit un essaim peut demander le passage
sur la propriété où l'essaim s'est réfugié, en offrant de
répondre du dommage qu'il pourra occasionner. La preuve
du refus incombe au poursuivant; elle peut être faite par
témoins. Le propriétaire de l'essaim échappé qui, par
suite de ce refus, ne peut s'en ressaisir, a incontestable-
ment une action en dommages et intérêts basée sur l'art.
1382 du Code civil; mais il doit établir que l'essaim
s'est bien abattu sur la propriété dont l'accès lui est refusé.

Si les abeilles sont passées dans la ruche du voisin, on
a le droit de les appeler ; celles qui restent appartiennent
au maître de la nouvelle ruche.

L'essaim non poursuivi appartient à celui sur le terrain
duquel il est fixé, par droit d'accession. (*Loi de* 1791,
art. 5.)

ABREUVOIR.

Le droit d'abreuvoir est une servitude qui confère la faculté de faire abreuver ses bestiaux sur la propriété du voisin.

Elle emporte le passage nécessaire pour l'exercer. *Code c.*, 696.

Cette servitude ne peut s'acquérir que par titre ; l'usage, même immémorial, ne peut l'autoriser. *C. c.*, 691.

En principe, elle ne peut exister qu'au profit de celui qui a un héritage voisin : *Nisi fundum vicinum habeat.* (*L. de servitutibus prædiorum rusticorum.*)

Cependant il peut arriver que le droit d'abreuvage n'ait pas été accordé au fonds voisin, en considération de ce fonds ; en ce cas, il n'y a plus de servitude, mais un simple droit personnel accordé à tel individu, et qui ne passerait pas à ses héritiers ou ayants-cause.

Lorsque le nombre des bêtes que l'on peut conduire à l'abreuvoir est fixé par le titre, le propriétaire de l'abreuvoir peut interdire l'accès aux animaux qui l'excèdent ; mais si le titre de concession ne limite pas le nombre des bestiaux, on doit considérer l'usage local et la situation des parties. *Pardessus* enseigne (n° 236) que le nombre d'animaux, qu'on a droit de conduire à l'abreuvoir, ne doit être que celui qui existait, ou que la métairie comportait, à l'époque où la servitude a été établie.

Celui qui a un droit d'abreuver sur un fonds peut y établir une cabane roulante dans laquelle il puisse se mettre à l'abri des rigueurs de l'hiver. (*L.* 6, § I*er*, *de servitutibus præd. rust. — Garnier*, n° 148.)

Le droit d'abreuvoir ne résulterait nullement de la concession du droit de puisage ou de lavage. (*Garnier*, n° 148.)

Il est défendu de conduire aux abreuvoirs communs les

bestiaux infectés d'une maladie contagieuse. (*Arrêté du Gouvernement*, 3 *messidor an* **VII.**)

Enfin la servitude d'abreuvoir s'éteint, comme toutes les autres servitudes, par le non-usage pendant trente ans. C. c., 706 et 707.

ACCESSION.

C'est le moyen d'acquérir la propriété de certaines choses qui s'unissent ou s'incorporent soit naturellement, soit artificiellement, à celles dont on était déjà propriétaire.

L'accession naturelle se produit par l'*accrue*, l'*alluvion*, l'*attérissement*. (Voir ces mots.)

L'accession artificielle s'opère par la main de l'homme et par le fait d'un voisin. Par exemple : une construction, une plantation, le produit de l'ensemencement accèdent au sol.

Sauf titre contraire, la propriété du sol emporte la propriété du dessus et du dessous. C. c., *art.* 552.

Le propriétaire du terrain sur lequel il a été fait des travaux de culture et d'ensemencement a bien droit aux fruits qui en sont le résultat, mais il doit rembourser les travaux et l'ensemencement faits par des tiers. C. c., 548. — En effet : sans ces frais, le propriétaire n'aurait pas recueilli les fruits ; l'équité exige donc le remboursement. L'article 2102 donne même, dans ce cas, le droit de se faire payer avant tous autres créanciers.

A l'égard du possesseur, il n'a droit aux fruits que s'il est de bonne foi. Dans le cas contraire, il est tenu de rendre les produits avec la chose au propriétaire qui la revendique. C. c., 549.

Le propriétaire du terrain, sur lequel un tiers a fait des plantations ou des constructions, a le droit de les retenir ou de forcer ce tiers à les enlever. Dans le premier cas, le propriétaire du sol doit le remboursement de la valeur des matériaux et de la main-d'œuvre ; dans le second cas, la suppression est aux frais de celui qui a planté ou construit : il peut même être condamné à des dommages et intérêts, s'il y a lieu, pour le préjudice que peut avoir éprouvé le propriétaire du fonds.

ACCIDENTS.

On est responsable des accidents causés par imprudence, maladresse, inattention ou inobservation des règlements.

Celui, par la faute de qui un accident est arrivé, doit réparer le préjudice causé. *C. c., article* 1382.

Le propriétaire d'un bâtiment est responsable du dommage causé par sa ruine, lorsqu'elle est arrivée par suite du défaut d'entretien, ou par le vice de sa construction. *C. c., art.* 1386.

L'article 1386 du Code civil ne parle de la réparation du dommage que lorsque l'accident est arrivé. — Est-ce à dire que le voisin qui a de justes motifs d'appréhension, causés par l'imminence de la chute d'un bâtiment, d'un mur, d'une cheminée, ne puisse contraindre le propriétaire à la démolition ou à la restauration de l'édifice pour prévenir un accident qui peut être funeste et irréparable ?

Le *droit romain* autorisait la demande ; et, si le propriétaire de l'héritage n'avait pas fait cesser le danger dans le délai imparti, le voisin était mis en possession de cet héritage, à moins que celui à qui il appartenait n'eût donné caution suffisante.

Notre ancienne jurisprudence accordait une action, en ce sens que le propriétaire de l'édifice menaçant ruine pouvait être contraint à le réparer, faute de quoi le demandeur était autorisé à faire lui-même la démolition ou les étayements aux frais du propriétaire négligent.

Sous l'empire du Code, une pareille action peut-elle être encore exercée ?

L'affirmative est enseignée par MM. *de Malleville* (Analyse du Code sur l'art. 1386) ; *Henrion* (Compétence des juges de paix, chap. 38) ; *Delaporte* (Pandectes françaises sur le même article) ; *Merlin* (Répertoire, v° bâtiment, n° 3) ; *Lepage* (Nouveau Desgodets, tome II, p. 116) ; *Fournel* (Traité du Voisinage, t. 1er, page 193).

Nous pensons aussi que l'action aux fins de prévenir un accident est permise, comme fondée sur l'équité naturelle. On ne peut pas dire, en effet, que le dommage ne soit qu'éventuel ; il est actuel et présent ; il me prive de jouir de mon fonds, puisque je ne puis aller jusqu'à sa limite, ni y laisser circuler mes enfants, dans la crainte qu'ils ne soient victimes de la chute menaçante de l'édifice ; une partie de mon héritage est donc rendue inhabitable. — Si le voisin ne convient pas du danger, des experts doivent être nommés pour vérifier le fait, et si leur rapport justifie les craintes, le défendeur doit être condamné à les faire cesser.

Toutefois, l'opinion contraire est professée par MM. *Toullier* (t. II, n° 317) ; *Duranton* (t. XIII, n° 729) ; *Dalloz* (1825, 2e partie, page 165) ; *Sirey* (t. XXV, 2e partie, p. 290). — Cette opinion a été consacrée, en outre, par un arrêt de la Cour de *Bruxelles* du 17 mars 1825.

Si, en même temps que les bâtiments en ruine menacent le voisin, ils compromettent également la sûreté publique, on doit dénoncer le fait à l'Administration, qui a le pouvoir d'en ordonner la démolition. — *Lois du 24 août 1790, 19-22 juillet 1791, art. 18*. — Sans préjudice de l'amende édictée par l'article 471, n° 5, du *Code pénal*, si le propriétaire avait refusé d'obtempérer à la sommation qui lui aurait été faite.

Voyez : (*Constructions. — Dommage*).

ACCRUE.

Les racines des arbres s'étendent souvent dans le fonds voisin et produisent quelquefois des *cépées* qu'on nomme *accrues*.

Bien qu'elles proviennent des arbres du voisin, elles ne lui appartiennent point cependant; elles sont la propriété de celui qui possède le terrain sur lequel elles se forment, suivant la règle : « *Superficies solo cædit.* » C. c. art. 552.

ACTION POSSESSOIRE.

C'est celle qui a pour objet de se faire maintenir dans la possession d'un *droit* réel, ou de recouvrer cette possession.

Dans le premier cas, on l'appelle *complainte*, et dans le second, *réintégrande*.

La complainte est ainsi nommée parce qu'il y a toujours deux personnes qui réclament la possession du même objet et qui se plaignent réciproquement d'être troublées. La plainte du premier entraîne bientôt celle du second, et chacune des deux parties conclut à la maintenue.

Par la réintégrande, on demande a être rétabli dans la possession d'un bien ou d'un droit dont on a été dépouillé par *violence* ou *voie de fait*.

Aux termes de l'art. 23 du *Code de procédure* et de l'art. 2229 du *Code civil*, la possession, pour autoriser la complainte, doit être :

1° Annale ;
2° Continue et non interrompue ;
3° Paisible ;
4° Publique ;

5° Non équivoque ;

6° A titre de propriétaire.

Nous allons passer en revue ces diverses conditions.

1° La possession doit être *annale*, c'est-à-dire qu'elle doit dater au moins d'une année, et ne pas avoir fait place à la possession d'un tiers ; car, si ce tiers s'était mis en possession du même objet et qu'il en eût joui lui-même pendant un an, il aurait acquis par ce fait une possession qui ne saurait appartenir à la fois à deux personnes différentes. Il faut donc de toute nécessité agir avant l'expiration de l'année à partir du jour où le trouble a été commis.

Il n'est pas nécessaire que le possesseur ait fait dans l'année tous les actes de jouissance que comporte, d'après sa nature et sa destination, la chose qui en fait l'objet. Dès que la possession est acquise, dit *Curasson*, qu'elle a été manifestée par un acte positif, l'intention suffit pour la retenir, sans qu'il soit besoin que cette intention ait été sans cesse active et vigilante. Si donc il s'agit d'un champ, d'un pré qui ne se laboure pas, et dont j'ai fait les dernières récoltes, je suis censé avoir conservé la possession jusqu'aux récoltes de l'année suivante. On ne pourrait m'opposer qu'il y a eu discontinuité qu'autant que, dans le cours de l'année, un autre aurait fait sur le champ ou sur le pré des actes de maître que je n'aurais pas réprimés en temps utile pour ne pas laisser fonder une autre possession.

Un arrêt de la Cour de *cassation* du 5 juillet 1839 a jugé que la possession s'exerce suivant la nature de l'objet auquel elle s'applique ; — la possession qui ne peut se manifester qu'à certains intervalles, par des faits distincts et plus ou moins séparés, n'en est pas moins continue, par cela seul qu'elle a été exercée dans toutes les occasions et à tous les moments où elle devait l'être, et qu'elle n'a pas été interrompue soit par la cessation absolue des actes, soit par des actes contraires émanés de tiers.

On comprend, en effet, qu'il est des objets pour lesquels la possession ne se manifeste qu'à des intervalles excédant une année : tels sont les bois, qui ne se coupent qu'à des époques périodiques. L'auteur du trouble ne peut opposer au possesseur qu'il n'a fait aucun acte dans l'année puisqu'il suffira que celui-ci prouve qu'il a fait la dernière coupe, c'est-à-dire la coupe précédente.

Enfin il est des objets pour lesquels la possession ne se produit par aucun acte pratiqué à certains intervalles.

Un propriétaire, peu soucieux de ses intérêts, ne peut, quelle que soit sa négligence, être censé avoir voulu abdiquer le droit de sa propre chose. Peu importe donc que, pendant plusieurs années et même depuis fort longtemps, il ne se soit livré à aucun acte de possession, qu'il ait laissé ses terres en friche, sa maison en ruine et sans locataire ; s'il vient à être troublé et qu'il agisse en complainte dans l'année du trouble, le perturbateur lui opposerait en vain qu'il ne justifie d'aucun fait de possession. Dans ce cas, on doit consulter le titre ou le dernier acte de la possession, ou encore le dernier fait de culture, quelque éloigné qu'il soit, et la possession, ainsi caractérisée, sera censée avoir continué par la seule intention, jusqu'au jour du trouble dont il se plaint. — Avant le trouble, il n'avait aucune plainte à former, et n'en a pas moins joui de sa propriété, puisque la jouissance consiste dans le droit d'user et d'abuser.

Cette doctrine est conforme au Droit romain : « *Saltus hibernos æstivosque possidemus, quamvis eos certis temporibus relinquamus.* »

Pour déterminer la durée de la possession, on peut joindre à la jouissance personnelle du demandeur celle de son auteur, **C. c.**, 2235 ; mais il n'y a lieu de joindre ces deux possessions que lorsqu'elles sont contiguës entre elles (*Pothier*. Prescription, n° 124), c'est-à-dire lorsque aucun tiers n'a possédé dans l'intervalle.

Il est indifférent qu'on ait joui par soi-même ou par un tiers investi de jouissance comme fermier. — Toutefois, la possession annale, dont parle l'article 23 du Code de procédure, ne résulte pas, au profit d'un propriétaire, d'actes exercés par son fermier ou son terrassier sur le terrain d'un tiers, alors que ces actes ont été réprimés sur la demande de celui-ci contre leurs auteurs; et c'est à tort que le propriétaire prétendrait que, représenté par son fermier dans la perpétration de ces actes, il n'a pu l'être et ne l'a pas été dans les poursuites dirigées contre eux. *Cassation*, 31 août 1842.

Mais le nu-propriétaire ne peut joindre à sa possession celle de l'usufruitier : d'une part, l'usufruitier possède en son propre nom et non pas pour le compte du propriétaire, et, d'autre part, il ne possède que l'usufruit, qui est séparé de la propriété. *Cassation*, 6 mars 1822.— *Augier*, n° 80, professe l'opinion contraire.

2° La possession doit être *continue* et *non interrompue* : — *Continue*, c'est-à-dire qu'on doit avoir usé de la chose par une série d'actes certains de possession, avant d'en avoir laissé fonder une nouvelle.

— *Non interrompue*. Une citation en justice, par exemple, interrompt la prescription (art 2244); or, bien qu'on ne cesse pas pour cela de faire des actes de possession, et que, sous ce rapport, la possession soit continue, comme elle s'est trouvée interrompue, le délai qui s'écoulera à partir de cette citation ne pourra compter dans le temps nécessaire pour établir la possession.

Une entreprise, de même qu'un simple trouble, ne suffit pas pour causer l'interruption naturelle ; il faut, d'après l'art. 2243 du Code civil, que le possesseur ait été privé de la jouissance de la chose, et que cette privation ait duré pendant plus d'un an.

De ce qu'un fait eût été pris pour trouble et eût pu autoriser la complainte, il ne faudrait pas conclure qu'il dût être considéré comme constituant une interruption. Néanmoins, un acte qui, par sa nature ou son peu d'importance relativement aux faits de possession contraire, serait réputé de pure tolérance, justifierait la complainte : ainsi le possesseur d'un terrain serait en droit de se plaindre d'un simple fait de passage ; — celui qui aurait récolté les fruits d'un arbre pourrait prendre pour trouble l'émondage de cet arbre ; et cependant, on ne devrait pas voir dans ces mêmes faits s'ils n'étaient que le résultat de la tolérance, bien que non poursuivis, l'interruption de jouissance dont parle l'art. 23 du Code de procédure.

Cette interruption ne peut résulter que d'actes de possession susceptibles de faire acquérir un droit. *Augier*, p. 79.

3° *Paisible*. La possession doit être acquise sans violence, car la violence est un obstacle à la prescription (*art.* 2223). — La possession troublée par des contradictions de fait souvent réitérées ou fondée sur des actes de violence ne pourrait produire aucun droit en faveur du prétendu possesseur. *Vazeille*, n° 45.

La possession serait infectée de violence, quand même l'usurpateur serait demeuré étranger aux voies de fait commises par un tiers. Ce sont là les principes en matière de contrats, et nous ne voyons pas ce qui pourrait en détourner l'application aux faits de possession. (*Jay*, t. Iᵉʳ, p. 51.)

Mais quelques réclamations isolées et réduites au silence, quelques voies de fait repoussées par des voies de fait contraires, sont insuffisantes pour faire perdre à la possession le caractère de paisible qu'elle avait auparavant. (*Troplong*, Prescription, n° 350.)

La possession qui a commencé par la violence perd ce caractère, et son défaut d'origine est couvert, si le possesseur est laissé paisiblement jouir de la chose pendant le temps nécessaire pour prescrire, c'est-à-dire une année à dater du dernier acte de violence. — La disposition formelle de l'art. 2233 du Code civil, qui fait courir la prescription du jour où la violence a cessé, ne permet pas d'admettre la règle contraire puisée dans le Droit romain.

4° *Publique.* Il faut que la possession ait eu lieu au vu et au su de tous ceux qui ont voulu la voir, et que le possesseur antérieur ne puisse s'imputer ne pas l'avoir connue, soit par lui-même, soit par le rapport des tiers.

Des fouilles souterraines faites dans la propriété du voisin ne sauraient servir de base à une action possessoire. (*Pothier.* Prescription, n° 37.)

On peut aussi réputer clandestins les actes commis la nuit, en se cachant, de manière à laisser ignorer quel en est l'auteur. (*Bélime,* n° 40; *Carou,* n° 667.)

Des usurpations de terre commises graduellement en labourant doivent-elles être réputées clandestines et comme telles incapables de fonder une possession?

La question est controversée.

Un arrêt de la Cour de *cassation* en date du 28 avril 1811, et un arrêt de la Cour de *Paris* du 28 février 1821 ont décidé l'affirmative. Telle est aussi l'opinion de *Bioche* et *Augier.*

Mais *Dalloz,* n° 184; *Troplong,* n° 352; *Bélime,* n° 41; et *Curasson,* n° 577, se prononcent pour la négative. Suivant ces auteurs, une usurpation qui s'est opérée à la vue de tous ne saurait être réputée clandestine, par cela seul qu'elle a été graduelle.

On ne saurait plus, s'il en était ainsi, à quelle limite commencerait la faculté de prescrire. Une faible vigilance suffit pour reconnaître le retournement des terres et prévenir les moindres anticipations. La voie de la complainte doit donc être admise si le demandeur justifie clairement qu'il a joui pendant une année au moins du sillon qu'on lui reproche d'avoir usurpé. Le labourage de ce sillon, la semaille et la récolte faite en conséquence, sont des actes éclatants qui avertissaient suffisamment le propriétaire de l'héritage voisin de veiller à ses intérêts, et la possession annale de son adversaire ne peut être considérée comme clandestine. — Il ne reste au propriétaire évincé que l'action en bornage, dans laquelle la prescription, d'ailleurs difficile à établir en ce cas, est peu à considérer.

5° *Non équivoque.* Il doit être certain pour tous que l'on possède pour soi, et avec l'intention de s'approprier la chose détenue. D'après l'art. 2332 du C. c., les actes de pure faculté et de tolérance ne peuvent fonder ni possession, ni prescription.

Des actes de tolérance sont soufferts par le propriétaire par esprit de bon voisinage; tels sont les actes de passage, de puisage, de promenade. Il est certain que celui qui en use n'entend pas agir comme propriétaire, et que le propriétaire qui les souffre n'entend pas se dessaisir. Il faut bien se garder, toutefois, de tolérer certains actes qui, exercés pendant une longue suite d'années, pourraient changer ce caractère et devenir l'indice que celui qui les exerce entend user d'un droit : telle serait la récolte de quelques fruits de peu de valeur. (*Troplong,* n° 389.)

Doit être considérée comme équivoque la possession annale du fermier invoquée par le propriétaire, lorsque ce fermier était en même temps celui de l'auteur du trouble. (*Cassation,* 19 mars 1834.)

Lorsqu'une servitude continue et apparente, mais non fondée en titre, repose sur un objet essentiellement périssable, et que la main de l'homme ne saurait ni réparer, ni perpétuer, telle que la servitude *d'attacher une barrière à un arbre,* elle peut être considérée comme simple tolérance; et la destruction, même violente, de l'objet grevé de cette servitude ne peut faire la matière d'une complainte. (*Cassation*, 6 avril 1841.)

Dans le cas de présence et de concours de deux possessions, il faut considérer si elles sont vraiment rivales, promiscuës, et s'il n'y a pas une préférence à accorder à l'une d'elles comme présentant un caractère plus parfait, plus entier, du droit de propriété, pendant que l'autre serait équivoque et entachée de précarité.

6° *A titre de propriétaire.* Il faut qu'on ne puisse pas douter que le possesseur jouit de la propriété pour lui-même. (*C. c., art.* 2229; *C. de procéd., art.* 23.)

L'action est refusée à celui qui n'a pas *jus in re*, qui n'a aucun droit dans la chose, qui ne possède que sous le bon vouloir du propriétaire, et qui ne peut avoir aucun droit à la possession : telle est la position du fermier, du séquestre. Ils n'ont qu'une possession d'emprunt ; ils ne sont propriétaires d'aucun démembrement de l'immeuble; aucune idée de propriété ne se mêle à leur jouissance ; ils ne peuvent donc agir en complainte pour être maintenus dans une possession quelconque, parce qu'ils n'ont droit ni à la propriété, ni à aucun de ses démembrements. (*Curasson,* n° 580.) — Mais si le fermier ne peut, en sa qualité de détenteur précaire, agir en complainte, il peut valablement intenter une action en réintégrande. (*Cassation,* 10 novembre 1819.)

Un fermier peut être actionné par voie de complainte. Il n'est en droit de demander sa mise hors de cause, que lorsqu'il a appelé son propriétaire dans l'instance. (*Cassation,* 19 décembre 1828.)

Celui qui, condamné au possessoire par jugement passé en force de chose jugée, a continué de posséder un an et un jour, ne peut plus se pourvoir au possessoire : sa possession est devenue précaire. (*Cassation,* 12 juin 1809.)

Voyez : *Complainte; — Interdits; — Nouvelle œuvre; — Réintégrande.*

ALIGNEMENTS.

Aucune construction ne peut être faite joignant la voie
publique, sans qu'on ait, au préalable, obtenu un alignement de l'autorité compétente.

Il en est de même pour les réparations, qui ne peuvent
être faites sans autorisation aux bâtiments et murs lon-
geant la voie publique.

Le propriétaire qui veut construire sur un terrain joignant la voie publique doit, sous peine de contravention,
se pourvoir d'une autorisation de l'autorité compétente,
alors même que sa construction devrait être effectuée en
retraite sur son propre terrain. Ainsi jugé par arrêt de
la Chambre criminelle, le 10 novembre 1871.

Toutefois on peut, le long des routes, bâtir en arrière
de l'alignement (*Arrêts du Conseil d'État des 4 février* 1825
et 2 avril 1828); mais cette jurisprudence ne s'applique
pas aux constructions à élever dans l'intérieur des villes.

L'autorité municipale ne peut donner des alignements
individuels aux propriétaires, qui veulent bâtir sur ou le
long des rues et places publiques, qu'en se conformant au
plan général ou partiel approuvé par l'autorité supérieure.
À défaut de plan légalement approuvé, les maires sont sans
pouvoir pour forcer les propriétaires à reculer ou avancer
la construction qu'ils font élever ; leur droit se borne alors
à indiquer, dans leur arrêté d'alignement, l'ancienne limite
séparative entre la propriété privée et la voie publique.
L'approbation même, donnée par le préfet à l'alignement
du maire, ne saurait suppléer au plan prescrit par l'art. 52
de la loi du 16 septembre 1807. (*Cassation*, 31 *mars*
1870 ; *id.*, 11 *décembre* 1869.)

Les autorisations et les alignements sont donnés, savoir :

Par le sous-préfet, sur les routes nationales et départementales, et sur les chemins de grande communication,

partout où il existe un plan régulièrement approuvé. (*Loi du 21 avril 1864.*)

Par le maire : 1° sur les rues des villes, bourgs et villages qui ne font point partie d'une route nationale, départementale, ou d'un chemin vicinal de grande communication; 2° sur les rues formant le prolongement d'un chemin vicinal ordinaire.

Une circulaire du ministre de l'intérieur, en date du 14 juin 1864, contient la disposition suivante : « En ce qui concerne la police de ces voies publiques, la délivrance des alignements et les autorisations de construire ou de réparer, les maires continueront à exercer les pouvoirs qui leur appartiennent. »

Disons, toutefois, que pour les chemins vicinaux ordinaires, ainsi que pour les rues qui ont été reconnues en former le prolongement, l'alignement donné par le maire est subordonné à l'approbation du sous-préfet, qui vérifie si la largeur du chemin a été respectée.

L'alignement donné par un membre du conseil municipal désigné pour remplacer le maire est sans effet. (*Cassation, 6 juillet 1837.*)

Les alignements doivent être donnés par écrit ; une autorisation verbale est nulle (*Cassation, 20 octobre 1835 et 4 décembre 1857*), fût-elle même avouée et prouvée par témoins. (*Cassation, 19 juillet 1838.*)

Les peines édictées contre ceux qui bâtissent sans prendre d'alignement ou sans se conformer à celui qui a été donné sont : 1° en matière de grande *voirie :* une amende de 16 à 300 francs. (*Voir ordonnance* du 29 mars 1754 ; — *Arrêts du Conseil d'État* des 27 février 1765 et 24 juin 1777 ; — *Lois* des 29 floréal an x et 23 mars 1842). 2° En matière de petite *voirie,* l'amende prévue par l'art. 471 du Code pénal. (1 à 5 francs.)

On ordonne en outre la démolition des constructions qui ne sont pas dans la direction de l'alignement.

Les mesures répressives par suite de constructions faites sans autorisation par le locataire doivent atteindre le propriétaire de l'édifice, sauf à ce dernier à faire valoir ses droits contre le locataire. (*Conseil d'État*, 4 mai 1826.)

Si le domaine appartient en usufruit à un particulier et en propriété à un autre, ils sont tous deux responsables des contraventions commises par celui qui administre en leur nom. (*Conseil d'État*, 16 mai 1837.)

Est passible de l'amende l'acquéreur qui conserve et continue les travaux faits par son vendeur sans autorisation. (*Conseil d'État*, 20 juin 1821.)

L'entrepreneur ou le maçon qui fait des constructions sur la voie publique sans que l'alignement ait été préalablement obtenu est personnellement passible de l'amende, comme le propriétaire lui-même. (*Cassation*, 26 mars 1841.)

Toute réparation aux murs et clôtures, exécutée sans autorisation, rend le propriétaire passible des mêmes peines, mais on ne peut faire démolir que la partie restaurée, et non la totalité des constructions. (*Conseil d'État*, 25 février 1821 et 8 mai 1822.)

La circonstance que le propriétaire aurait négligé de demander l'alignement n'entraînerait pas la démolition des constructions, si elles se trouvaient sur l'alignement : sa négligence serait seulement punie de l'amende. (*Conseil d'État*, 3 et 17 juin 1818, – 4 février 1824 ; — *Cormenin*, *voirie*, p. 629.)

Il y a contravention, si l'on construit avant que la permission demandée soit accordée. (*Conseil d'État*, 12 avril 1832.)

La fixation de l'alignement a pour effet de frapper d'une servitude *non œdificandi* les terrains destinés à faire ultérieurement partie de la voie publique. En conséquence, le propriétaire qui construit sur des terrains compris dans l'alignement est coupable de contravention, bien que ces terrains soient encore séparés de la voie publique par un mur de clôture. (*Cassation,* 21 décembre 1844.)

De même le propriétaire qui, sans autorisation, surélève une maison sujette à reculement, doit être condamné non-seulement à l'amende, mais aussi à la démolition, encore bien qu'il n'ait touché ni aux fondations, ni aux étages inférieurs. (*Cassation,* 8 février 1845.)

Celui qui a fait faire, sans s'être pourvu de l'autorisation prescrite, des réparations ou reconstructions à sa maison sujette à reculement, ne peut être excusé sous le prétexte que la démolition du bâtiment contigu avait mis en péril sa propre maison. (*Cassation,* 7 décembre 1838.)

L'édit de décembre 1607, qui défend d'entreprendre aucuns travaux aux façades des maisons sur les rues, sans permission de l'autorité, comprend le recrépissage des maisons, *Cassation,* 17 décembre 1816; — et même les simples travaux de peinture et de blanchissage. (*Cassation,* 7 décembre 1838.)

Une contravention, résultant de ce qu'on a élevé des bâtiments sans avoir obtenu l'alignement, ne peut être excusée sous le prétexte que les constructions ne se lient pas directement à la voie publique, et en sont séparées par un espace plus ou moins grand : les arrêtés d'alignement pris par les maires pour les constructions joignant la voie publique, étant pris non-seulement dans un intérêt de voirie, mais encore dans l'intérêt de l'embellissement des villes et de la sécurité des habitants, il en résulte que les constructions autorisées avec obligation de suivre l'alignement déterminé, ne peuvent être élevées en retraite de cet alignement, et que la démolition doit en être ordonnée. (*Cassation,* 2 août 1828 et 18 février 1860.)

Le propriétaire d'une maison comprise dans un plan d'alignement approuvé commet une contravention, lorsque sur un emplacement intérieur, séparé de la voie publique actuelle par une clôture, il établit une nouvelle clôture dans le but d'abattre ensuite l'ancienne. (*Cassation*, 1er décembre 1832 et 4 mai 1833.)

Par une ordonnance du 12 décembre 1818, rapportée dans *Sirey*, tome XX, 2e partie, page 238, il a été décidé que lorsqu'un particulier a fait une construction selon l'alignement à lui donné, s'il arrive que l'administration revienne contre son arrêté et change l'alignement, le propriétaire peut exciper du premier arrêté et des dépenses qu'il a faites de bonne foi, non pour conserver ses constructions premières, mais pour être indemnisé des frais qu'elles ont occasionnés.

Aux termes de l'art. 640 du *Code d'Instruction criminelle*, l'action publique pour la répression d'une contravention se prescrit après une année du jour où elle a été commise, et par le seul fait que l'année s'est écoulée sans poursuites à compter de sa perpétration.

C'est ainsi que la *Cour de cassation*, par arrêté du 10 janvier 1857, a décidé que la contravention à un arrêté sur l'alignement ne constitue pas une contravention successive ; que, dès lors, si la construction remonte à plus d'une année depuis l'exécution des travaux, l'action publique est prescrite.

ALLUVION.

La rivière ôte et donne, dit *Loisel* dans son Droit français, livre 2, t. II, art. 9.

Les eaux, dans leur cours, détachent d'une rive des parcelles de terre qui vont se joindre à un autre terrain ; ou bien encore la rivière se porte peu à peu et d'une manière insensible vers la propriété bordant la rive opposée. D'un côté elle mine, elle envahit ; de l'autre, elle laisse, par la suite des temps, un terrain à découvert.

L'alluvion est donc un accroissement lent et successif, formé soit à la surface, soit au dessous des eaux qui bor-

dent un fonds riverain. Toujours la jurisprudence a
reconnu à l'alluvion ces deux caractères. — *Alluvio est
incrementum latens*, disent les lois romaines. Les articles
556 et 557 du Code civil ont reconnu les mêmes principes ; et toujours aussi l'alluvion a été la propriété du
fonds riverain.

On donne le nom d'*attérissement* à la portion de terrain
que la violence du courant enlève en bloc et sans le dé-
composer vers une autre propriété. Dans ce cas, le propriétaire du terrain enlevé a le droit de le revendiquer,
puisqu'il est reconnaissable, pourvu qu'il use de ce
droit dans le courant de l'année à partir du jour de
l'enlèvement.

L'article 556 du Code civil donne aussi le nom d'alluvion à l'attérissement, mais le premier de ces noms
appartient plus particulièrement aux accroissements in-
sensibles.

Ducaurroy, dans ses *Institutes*, t. Ier, n° 358, justifie
ainsi la différence qui existe entre l'alluvion et l'attérissement : « L'accroissement insensible qui produit l'alluvion
se compose de molécules apportées grain à grain, et dont
rien ne constate l'origine. Il est donc impossible de reconnaître, et par suite de revendiquer, en cas d'alluvion,
aucune partie du sol primitif que le courant a dénaturé en
le décomposant pour recomposer ailleurs un terrain nouveau. — Au contraire, la violence du fleuve qui déplace
un terrain ne le dénature pas ; il doit donc rester au même
propriétaire. »

Si l'attérissement n'est pas successif, et s'il ne se forme
pas imperceptiblement, il n'y a pas d'alluvion qui profite
au riverain. (*Arrêt* de la Cour de *Caen* du 26 février 1840.)

L'alluvion qui s'est formée sous les eaux et qui se
révèle tout à coup par leur retraite profite-t-elle aux
riverains ?

La Cour suprême a consacré l'affirmative par le motif

que « cette circonstance ne présente rien qui soit destructif de l'alluvion; qu'il en résulte seulement que la
retraite des eaux a révélé à tous les yeux, et mis entièrement à découvert, l'alluvion qui s'était formée, dans un
temps antérieur, avec tous les caractères voulus par la
loi. » (*Cassation,* 25 juin 1827.)

Un banc de sable recouvert par les eaux de la rivière
pendant la plus grande partie de l'année n'est point une
alluvion véritable ; il continue de faire partie de la rivière,
et ne peut être réclamé par le propriétaire voisin. *Paris,*
2 juillet 1831.

Le propriétaire riverain peut profiter de l'alluvion,
même lorsque ses propriétés sont closes de murs du côté
de la rivière. (*Cassation,* 31 mai 1842.)

L'alluvion profite à l'usufruitier, à la communauté, au
fonds dotal qui s'en augmente, et même au fermier pendant sa jouissance.

C'est d'ailleurs à l'autorité judiciaire et non au conseil
de préfecture qu'il appartient de décider si un terrain de
nouvelle formation est une alluvion appartenant au propriétaire riverain, ou une ile appartenant au domaine.
(*Arrêt du conseil d'État,* 12 février 1818.)

ANE.

C'était une ancienne coutume en France et dans plusieurs contrées de l'Europe de promener sur un âne le
mari qui s'était laissé battre par sa femme ; mais il y avait
à *Senlis* une coutume bien plus bizarre encore : quand on
ne pouvait pas trouver le mari, c'était son plus proche
voisin qui subissait pour lui le désagrément de cette
promenade.

Voyez le nouveau *Dictionnaire de Brillon* par *Prost de Royer,*
verbo âne, t. IV, p. 785.

ANTICIPATION.

C'est l'action de s'emparer d'un terrain qui appartient à autrui.

Elle se commet de plusieurs manières, et notamment par des labours, par des constructions, des plantations, la récolte des fruits, etc.

La plus commune est celle qui se produit par la charrue, à l'aide de laquelle, et par des sillons tracés successivement, *minutatim, gradatim,* on finit par envahir une notable portion du champ voisin.

Nous avons vu au mot « *action possessoire* » que cet envahissement peut être réprimé par la complainte, si l'on agit dans l'année du trouble. Les derniers labours, le précédent ensemencement et la récolte qui en a été la conséquence peuvent servir à déterminer le point de départ de l'usurpation, et faire connaître le *quantum* usurpé. Mais, pour établir la prescription trentenaire, la preuve serait bien difficile à établir : il faudrait que les témoins indiquassent depuis combien de temps les usurpations ont eu lieu ; car, s'ils laissaient croire que, pendant les trente ans, elles se sont avancées d'une manière lente, occulte, imperceptible, la prescription serait rejetée pour s'en tenir aux énonciations contenues dans les titres.

Il arrive souvent que le propriétaire sur lequel le voisin a anticipé cherche à reprendre ce qui lui appartient, en faisant repasser sa charrue sur la partie anticipée : c'est ce qu'on appelle *reprise de terre.* Cette voie de fait n'est pas permise. Dès qu'on s'aperçoit de l'anticipation, si elle est récente, on doit procéder par l'action en *réintégrande* (voir ce mot) ; et si l'anticipation a été graduelle, successive et accomplie en plusieurs années, on doit agir par une demande en bornage.

La reprise de terre ne donne lieu à l'application d'au-

cune loi pénale, quoi qu'en ait dit une circulaire ministérielle du 9 frimaire an VII, rapportée par *Fournel.* Mais
l'on doit placer les reprises de terres au nombre des
dommages faits aux champs, fruits et récoltes, surtout si
le terrain repris était ensemencé. (*Henrion de Pansey,*
chap. 21 ; *Vaudoré,* Droit rural, n° 395 ; *Carré,* Compétence, t. II, n° 293.)

L'article 614 du Code civil imposant à l'usufruitier
l'obligation d'avertir le propriétaire des usurpations ou
atteintes portées à la propriété, et la même obligation
étant imposée au fermier par l'article 1768, le défaut
d'avertissement les rend responsables de dommages et
intérêts ; mais lorsque le fermier a dûment informé le propriétaire, si celui-ci néglige de faire réprimer l'usurpation,
le fermier peut lui demander une indemnité pour défaut
de jouissance. (*Cassation,* 5 pluviôse an XI ; 7 septembre
1818 ; 16 mai 1820 ; et 17 avril 1827.)

Nous venons de dire que le fermier est responsable des
usurpations faites sur la terre qu'il occupe, s'il n'en pré-
vient pas le propriétaire. Il n'y a pas de difficulté si la
terre est bornée, ou si, à défaut de bornes, il y a des points
de repère certains ; mais le plus souvent, en plaine surtout,
il n'existe aucun indice pouvant servir de délimitation,
puisque les terres contiguës peuvent être chargées de récoltes de même nature, de sorte que, au moment du
labour, il est assez difficile de savoir s'il n'y a pas eu
une entreprise légère d'abord, puis et successivement
plus grande de la part du voisin. — Nous pensons
que, dans ce cas, pour se soustraire à toute responsabilité
éventuelle, le fermier peut contraindre son propriétaire à
fixer les limites de son champ.

AQUEDUC.

Le droit d'aqueduc (*jus aquæ ducendæ*) est celui de

faire passer par le fonds d'autrui, soit à ciel découvert, soit souterrainement, à l'aide de conduits en pierre ou en fonte, l'eau qu'on destine à son héritage, ou celle dont on veut s'affranchir pour l'assainissement de sa propriété.

Ce droit s'acquiert par titre ou par prescription. Il est régi par les règles du droit commun (*voir les articles* 642, 688, *et* 689 *du Code civil*), et par la loi du 10-15 juin 1854 sur le libre écoulement des eaux provenant du *drainage.* (*Voyez ce mot.*)

Si l'aqueduc est établi à l'aide de travaux apparents, il autorise, en cas de trouble, l'action possessoire. (*Argument de l'art.* 689 *du Code c.*)

Par ordonnance du 4 août 1834, les préfets peuvent autoriser des particuliers à placer des conduits d'eau sous une route ou chemin public.

Mais si cette autorisation fait grief à un particulier, s'il en résulte pour lui un trouble dans la jouissance privée des eaux, la question est du ressort de l'autorité judiciaire, si l'administration est désintéressée, lors même que les eaux proviennent des fossés de la route ou du chemin. (*Ordonnance du conseil d'État du* 10 *janvier* 1842.)

(Voyez *Irrigation.*)

ARBRES.

La plantation des arbres, leur distance du fonds voisin, l'extension de leurs branches, donnent lieu à de fréquentes contestations.

Nous diviserons la matière en six sections :

PREMIÈRE SECTION. — *De la propriété des arbres ;*

2ᵉ   Id.   — *Quels sont les arbres de haute et basse tige ;*

3ᵉ   Id.   — *Distance à observer par rapport aux voisins ;*

QUATRIÈME SECTION. — *Distance à observer le long des*
routes et chemins ;
5ᵉ   Id.   — *Extension des branches et racines ;*
6ᵉ   Id.   — *Récolte des fruits.*

PREMIÈRE SECTION. — DE LA PROPRIÉTÉ DES ARBRES.

Les arbres sont censés appartenir à celui sur le fonds duquel ils sont plantés. (C. c., 553.)

Celui qui plante dans son fonds un arbre appartenant à autrui ne peut être obligé à l'arracher, mais seulement d'en payer la valeur. (C. c., 554.)

Est-ce la valeur au moment où l'arbre a été planté, ou la valeur à l'époque où il est réclamé?

Nous pensons que c'est le prix qu'il a coûté au moment de la plantation ; car, s'il a augmenté de valeur, c'est au détriment du sol et du terrain l'avoisinant.

Celui qui a planté un arbre dans le fonds d'autrui ne peut l'arracher ; il n'a droit que de réclamer le paiement du prix ; mais le propriétaire du sol peut le contraindre à enlever cet arbre, et se faire adjuger la réparation du dommage qui lui aurait été causé.

Remarquons, toutefois, que la règle posée, à savoir qu'un arbre planté fait partie du fonds, et que le propriétaire du terrain a le droit de rétention, ne s'applique pas aux sujets plantés en pépinière par un fermier. Ces sujets sont mobilisés par la destination, puisque, dès l'origine, ils ne sont plantés que pour être levés et transplantés. Le fermier a donc le droit de les enlever, à la charge, bien entendu, de remettre le terrain dans l'état primitif, et même de demeurer passible de dommages et intérêts, s'il a abusé du fonds.

Lorsque les arbres sont plantés sur la ligne qui sépare deux propriétés, voici les règles à suivre :

1° L'arbre appartient au fonds sur lequel se trouve le

principal tronc, quand même il pousserait des racines sur l'héritage voisin. (*Rolland de Villargues*, V° arbre, n° 22 ; *Toullier*, n° 233 ; *Duranton*, t. V, n° 380 ; *Dalloz*, t. XII, p. 42.)

2° Mais si l'arbre se trouve placé de telle manière qu'il repose également sur l'une et l'autre propriété, alors il est commun aux deux voisins. Il faudrait qu'il y eût une différence notable pour ne pas donner l'arbre en commun (*Toullier*, n° 233) ; car l'arbre planté originairement sur la juste limite a pu prendre un développement plus considérable d'un côté que de l'autre.

Cependant la règle générale précédente souffre exception dans le cas où l'un des voisins a toujours été en possession exclusive d'émonder l'arbre et d'en recueillir les fruits.

Les arbres plantés pour servir de bornes sont réputés communs, s'il n'y a titre contraire, ou possession en faveur de l'un des voisins d'émonder ces arbres ou d'en recueillir les fruits : car la possession constante pendant trente ans en donnerait aussi la propriété au possesseur, quand même on prouverait par un ancien titre que ces arbres ont été plantés à frais communs pour servir de bornes. (*Toullier*, et les auteurs cités plus haut.)

Un seul des voisins ne peut ni ébrancher les arbres communs, ni en cueillir les fruits, sans le consentement de l'autre, ou du moins il faut faire ordonner que ce sera à frais et produits communs. (*Pardessus*, n° 189.)

Chacun des propriétaires a le droit d'exiger que les arbres communs soient abattus, quand bien même ils auraient plus de trente ans d'existence (*Duranton et Dalloz*) ; sauf toutefois lorsque les arbres servent de bornes (*Rolland de Villargues*, n° 36 ; *Pardessus*, n° 189.)

Les arbres qui se trouvent dans une haie mitoyenne étant mitoyens, comme la haie, chacun des deux propriétaires a droit de requérir qu'ils soient abattus. (*C. c.*, 673.)

DEUXIÈME SECTION. — QUELS SONT LES ARBRES DE HAUTE ET BASSE TIGE.

Tous les auteurs enseignent que les arbres se divisent naturellement en *arbres proprement dits*, en *arbrisseaux* et en *arbustes*.

On appelle *arbres* les sujets dont l'essence est de prendre des proportions assez développées pour nuire au voisin.

Les *arbrisseaux* sont de petits arbres dont l'accroissement naturel en rondeur et en hauteur est peu considérable, et dont l'élévation ne dépasse pas trois à quatre mètres, tels sont le *lilas*, le *boule-de-neige*, *l'aubépine*, le *grenadier*, etc., etc.

Enfin les *arbustes* sont ordinairement encore plus petits que les arbrisseaux. On peut regarder comme tels toutes les plantes ligneuses que l'on voit sous la main lorsqu'on est debout, et dont la nature est de ne pas dépasser un mètre à un mètre cinquante centimètres, comme les *pommiers nains*, les *groseillers*, les *framboisiers*, les *rosiers*, etc.

L'article 671 du Code c. n'a pas déterminé d'une manière précise quels sont les arbres à haute tige et les arbres à basse tige. La Jurisprudence et la Doctrine n'en ont pas non plus bien établi la distinction. Il est en effet à peu près impossible, à moins de nommer toutes les espèces d'arbres connus, de bien indiquer quels sont les arbres à haute tige. Cependant, on doit regarder comme tels ceux qui sont susceptibles de recevoir un notable développement en grosseur dans leur tronc, en hauteur dans leurs branches : notamment les ormes, chênes, frênes, marronniers, hêtres, peupliers, tilleuls, noyers, aulnes ; les pommiers, poiriers, cerisiers, pruniers en plein vent, et aussi les bois taillis. (*Jay, Cottereau, Desgodets, Vaudoré, Foucher, Duranton, Solon*, etc.) — Les cyprès doivent aussi être considérés comme des arbres à haute tige, quand bien même, par l'aménagement auquel on les soumet, ils seraient tenus à la hauteur d'une haie ordinaire. (*Cassation*, 25 février 1857.)

Dalloz dit au mot *Arbre*, n° 2 : « Les *arbres* ne prennent guère le nom de haute tige que lorsqu'ils ont atteint une hauteur de douze à quinze pieds ; jusque-là, ils sont des arbrisseaux et des arbustes. » *Perrin*, dans son ouvrage de droit, *Code de la contiguïté*, et *Desgodets*, annoté par *Goupil*, paraissent aussi être de cet avis ; mais, selon nous, c'est avec raison que *Jay*, t. V, p. 215, n'admet point de distinction entre les arbres à haute tige qui n'ont pas encore atteint leur développement ou une hauteur quelconque, et ceux de même essence qui ont acquis une élévation de quatre à cinq mètres. En effet, quant au droit et aux règles de la distance, ce sont toujours des arbres à haute tige : dès lors, leur âge, leur développement ou leur hauteur sont parfaitement indifférents. L'article 671 du C. c. emploie ces termes : « *Il n'est permis de planter...* » : c'est donc sur la plantation que porte la défense. Le voisin peut exiger que les arbres à haute tige soient arrachés, non pas seulement quand ils auront acquis tel ou tel développement, mais dès le moment de la plantation ; et cela ne saurait être autrement, car, si le voisin était obligé d'attendre que les arbres eussent acquis un développement suffisant pour qu'il fût gêné par leur ombre ou par leurs racines, le temps de la prescription pourrait bientôt se trouver accompli.

TROISIÈME SECTION. — Distance a observer par rapport aux voisins.

L'article 671 du *Code c.* est ainsi conçu :

« Il n'est permis de planter les arbres à haute tige qu'à la distance prescrite par les règlements particuliers actuellement existant, ou par les usages constants et reconnus ; et, à défaut de règlements ou d'usages, qu'à la distance de deux mètres de la ligne séparative des deux héritages pour les arbres à haute tige, et à la distance d'un demi-mètre pour les autres arbres et haies vives. »

Ainsi, pour reconnaître la distance à laquelle il est permis de planter, il faut prendre en considération :

1° Les règlements particuliers, s'il en existe ;

2° A défaut de règlements, l'usage constant et reconnu de la localité ;

3° Enfin, à défaut d'usage, la distance prescrite par la loi.

Sous l'ancienne jurisprudence, il n'existait pas d'uniformité sur ce point ; la distance variait suivant les coutumes, les règlements et les usages de chaque localité. La règle établie par le Code est ce qu'il y a de plus généralement observé. Les tribunaux, dit M. *Dumay* dans son commentaire sur la loi du 21 mai 1836, sentent presque tous le besoin d'en revenir aux règles fixées par le Code, à défaut d'usages particuliers; et même dans les lieux où ces usages existaient ; et pour ne parler que de la distance en fait de plantation d'arbres, nous sommes convaincu que dans les dix-neuf vingtièmes de la France on observe celle de deux mètres fixée par l'article 671.

Toutefois, le Code respecte les règlements particuliers et même les usages, pourvu qu'ils soient constants et reconnus. Il nous paraît donc utile de consigner ici ceux que nous avons recueillis.

La coutume de Paris ne fixe point à quelle distance de l'héritage voisin on peut planter des arbres ; cependant plusieurs arrêts l'ont indiquée à cinq pieds (1 mètre 66 centim.), conformément au droit romain ; d'autres arrêts l'ont même déterminée à une distance plus rapprochée, lorsque les arbres sont dans un enclos ou près d'un mur. La Cour de Paris, par arrêt du 2 décembre 1820,

rapporté dans *Sirey*, 21, 2, 27, a jugé que l'usage constant dans la banlieue de Paris permet de planter des arbres
à haute tige à une distance de moins de six pieds (2 mètres)
de la ligne séparative de deux héritages.

Un arrêt de la Cour d'*Amiens* du 21 décembre 1821
porte que, dans le ressort du Parlement de Paris et notamment en Picardie, l'usage constant était de laisser une distance de cinq pieds (1 mèt. 66 cent.) entre la ligne séparative de deux héritages et les arbres à haute tige.

En Normandie, le propriétaire ne pouvait planter aucun
pommier ou poirier qu'à sept pieds (2 m. 33) de distance
du fonds voisin. (*Art. 5 du règlement fait par le Parlement
de Normandie*, le 17 août 1751.)

Toutefois, par arrêt du 19 février 1859, la Cour de
Caen a jugé que l'article 6 du règlement du 17 août 1751,
qui fixe la distance à observer en Normandie pour la plantation des arbres de haute futaie, n'est applicable qu'aux
terres non closes. A l'égard des terres en état de clôture,
s'il n'existe pas de règlements particuliers ou d'usages
constants et reconnus, la distance qui doit être suivie est
celle de deux mètres, fixée par l'article 671 du *Code civil*.

L'arrêt du Parlement de *Grenoble*, rendu en forme de
règlement le 8 novembre 1612, fixe la distance des plantations, savoir : à six pieds (2 mèt.) des terres, vergers et
vignes, et à trois toises (6 mètres) des maisons, granges et
autres bâtiments.

Elle était de douze pans ou huit pieds neuf pouces
(2 m., 903) dans le ressort du Parlement de *Toulouse*.

Sous l'empire du Code, les habitudes contraires à la loi
et simplement tolérées ne peuvent acquérir le caractère
d'usage constant et reconnu dans le sens de l'article 671.
(*Amiens*, 21 décembre 1821.)

Il a été jugé que cet usage peut, à défaut de règlements
écrits ou même d'attestation par d'anciens auteurs, être
établi par la notoriété publique, et, par conséquent, par la

preuve testimoniale. *Bourges*, 16 novembre 1830 ; *Poitiers*, 7 janvier 1834. — Mais *Curasson* critique ces arrêts. Malgré leur autorité, dit ce jurisconsulte, nous ne saurions admettre, en pareil cas, la preuve testimoniale. Des jugements ou autres actes publics, des transactions particulières, l'existence d'un certain nombre de plantations faites à telle ou telle distance dans la localité, tels sont les documents qui peuvent servir à démontrer l'usage constant et bien reconnu dont parle la loi. Cet usage ne saurait dépendre de l'opinion de quelques témoins ; ce serait renouveler ces enquêtes par turbes touchant l'interprétation d'une coutume, d'un usage déjà aboli par l'article 1er, titre 8, de l'ordonnance de 1667.

Un arrêt de la Cour de *cassation* en date du 12 février 1861 porte que l'usage qui, aux termes de l'article 671 du Code civil, autorise les plantations à une distance de l'héritage voisin inférieur à deux mètres, doit s'entendre d'un usage local constant et reconnu, et non d'un usage général qui ne serait fondé que sur la tolérance des voisins les uns à l'égard des autres.

La distance à observer doit être déterminée d'après la nature des arbres et non d'après leur élévation réelle. Ainsi, des arbres à haute tige ne peuvent être plantés à moins de deux mètres, quand même ils seraient à l'état de taillis ou à la hauteur d'une haie, et qu'on s'engagerait à les couper dès qu'ils auraient atteint une certaine hauteur. (*Bénech*, page 279 ; *Solon*, p. 247 ; *Pardessus*, t. Ier, p. 444 ; *Cassation*, 5 mars 1850 ; *Requête*, 9 mars 1853 ; *Chambres réunies*, 25 mai 1853 ; *Cassation*, 12 février 1861 et 25 mars 1862.) Les règles sur la distance relative à la plantation des arbres près de la limite d'une propriété voisine sont applicables, quelle que soit la nature du fonds voisin, et quoique la plantation plus rapprochée ne puisse causer aucun dommage à ce fonds. (*Rejet*, 20 mars 1828 ; *sic Garnier*, action possessoire, page 227.)

Ils doivent être arrachés, bien que la distance légale présente une différence si minime qu'il n'en résulte aucun préjudice. (*Cassation*, 5 mars 1850.)

Solon, n° 239, prétend que les règles sur la distance ne s'appliquent au cas où, à raison par exemple de l'existence d'un mur de clôture, les arbres ne pourraient porter aucun préjudice, ni par leur ombre, ni par leurs racines. Cette doctrine est aussi celle de *Rolland de Villargues*, au mot *Arbre*, n° 47, qui dit : « Remarquons que la distance légale cesse d'être applicable pour les arbres plantés dans les jardins ou endroits clos de murs, surtout à la ville; du moins, l'interdit ne compète alors que quand il y a dommage, *propter radices vel ramos, vel frondes*. Il s'agit ici d'un usage constant que la jurisprudence a consacré. S'il en était autrement, il ne pourrait plus y avoir de jardins dans les villes : il en est peu dont les arbres sont à la distance de deux mètres du fonds voisin. » Et à l'appui de son opinion, il invoque les autorités suivantes : *Cæpola*, *Brisson*, *Brillon*, *Coupy* sur *Desgodets*, p. 386 et suivantes; *Cappeau*, législation rurale, t. Ier, p. 401 ; arrêt de la Cour de *Paris*, 2 mars 1820.

Après avoir consulté ces autorités, nous pensions d'abord qu'on n'était pas obligé de se retirer à la distance de deux mètres pour la plantation d'un arbre à haute tige, lorsqu'il existait un mur entre les deux fonds, et que l'arbre ne dominait pas le mur. Nous nous fondions principalement sur ce que la prescription de l'article 671 a pour but d'empêcher que les arbres, soit par l'ombre qu'ils projettent, soit par les racines qu'ils étendent, puissent nuire à l'utilité ou à l'agrément du fonds voisin. Mais, outre que l'opinion de *Rolland de Villargues* ne paraît pas absolue, en ce sens qu'elle serait plutôt applicable à des jardins de ville, nous avons considéré que l'arrêt de la Cour de *Paris* s'est appuyé principalement sur l'usage constant de l'inobservation de la distance légale dans la localité ; et d'ailleurs l'article 672 est impératif : il porte que le voisin peut exiger l'arrachement des arbres plantés à une moindre distance.

Ainsi, nous tenons pour certain que dans les pays où il n'existe aucun règlement ou usage constant, quelque jeune que soit l'arbre, fût-il même évident qu'il ne pourra porter dans la suite aucun dommage au voisin, à raison de la nature de son fonds, il a le droit d'exiger qu'il soit arraché. —Quand la loi est positive, il n'est pas permis, dit *Dumoulin,* d'en refuser l'exécution, sous le prétexte d'une prétendue équité.

Lorsque les terrains sont clos de murs, un usage constant permet de planter *en espalier* sans observer la distance et jusqu'à l'extrême limite de la propriété, pourvu qu'il n'en résulte aucun préjudice pour l'héritage voisin. (*Bordeaux,* 13 mars 1861.)

Comment doit-on calculer la distance légale, si les deux fonds sont séparés par un mur, un fossé, un canal mitoyens ? — La distance se calcule du milieu du mur, du fossé, du canal.

Il en est de même si c'est un ruisseau qui sépare les deux propriétés : la distance se compte du milieu du ruisseau et non du bord de la propriété opposée. (*Duranton,* t. III, n° 387 ; *Garnier,* p. 128 ; *Solon,* n° 242.)

Pardessus, n° 194, professe l'opinion contraire ; ce qui paraît moins conforme aux principes généraux, dit *Dalloz,* p. 49.

Le propriétaire exclusif d'un mur qui le séparait de son voisin a pu comprendre et a compris l'épaisseur entière de ce mur en dedans de la distance requise pour la plantation de ses arbres : c'était son droit ; mais si le voisin achetait la mitoyenneté du mur, et que, par conséquent, la distance requise n'existât plus, puisque ce serait le milieu de cette clôture qui devrait servir de point de départ, l'acquéreur de la mitoyenneté pourrait-il demander que ces arbres fussent arrachés ?

L'affirmative semblerait d'abord logique, mais l'équité et le bon sens protesteraient contre une conclusion pareille.

Lorsqu'il s'agit de vérifier si un arbre est à la distance légale, on doit mesurer à partir du milieu de l'arbre ; car la loi a ordonné d'observer la distance seulement au moment de la plantation, et l'arbre peut librement prendre de la grosseur sans qu'elle puisse le constituer en contravention.

Tous les auteurs, d'accord avec la jurisprudence, enseignent qu'on peut acquérir par trente ans, à partir de la plantation, le droit de conserver les arbres plantés à une distance moindre que celle prescrite par le Code.

On décide encore que la destination du père de famille, qui vaut titre à l'égard des servitudes continues et apparentes (C. c. 692, 693 et 694), peut être invoquée tout aussi bien que la possession trentenaire. (*Cassation*, 16 juillet 1835 ; 28 novembre 1853 ; *Duranton*, t. V, n° 389 ; *Favard de Langlade*, Répert., v° Servitude, section 3, § 4.)

Il y a destination du père de famille à l'égard des arbres qui, par suite d'un partage, ne se trouvent pas à la distance légale du surplus du terrain abandonné à un autre copartageant.

Mais la destination du père de famille en vertu de laquelle un propriétaire a des arbres à une moindre distance que la distance légale ne fait pas obstacle à ce que le propriétaire voisin fasse couper les branches de ces mêmes arbres quand elles avancent sur son terrain. (*Cassation*, 16 juillet 1835.)

De quelle époque la prescription commence-t-elle à courir ? — C'est évidemment à compter du jour de la plantation, à moins toutefois que l'arbre n'ait été caché par un mur ou une haie, cas auquel la possession, loin d'être publique, ayant été équivoque, la prescription n'aurait pu courir que du jour où la hauteur de l'arbre eût mis le voisin à même de s'apercevoir de la plantation. (*Curasson*, t. II, p. 627; *Proudhon*, Traité d'usage, 2ᵉ édition, t. II, p. 270; *Toullier*, t. III, n° 514; *Troplong*, Prescriptions, t. Iᵉʳ, n° 346; *Pardessus*, Traité des servitudes, t. Iᵉʳ, n° 195; *Vazeille*, t. Iᵉʳ, n° 118; *Duranton*, t. V, n° 390; *Zachariæ*, § 241, note 4; *Foucher*, n° 292; voir aussi les arrêts en date des 27 décembre 1820, 9 juin 1825, 28 février 1831, 20 mai 1832 et 31 mars 1835.)

Nous ferons observer, dit *Troplong*, que le commencement de la prescription ne date pas invariablement du jour de la plantation des arbres. Cette plantation peut être ignorée du voisin, masquée par un mur; une haie épaisse peut en intercepter la vue. On devra se souvenir que la continuité n'est pas la seule condition requise pour la possession, mais qu'il faut aussi qu'elle soit publique. On interrogera donc les circonstances pour connaître l'instant approximatif où l'arbre se sera montré à découvert. (*Prescrip.*, n° 446 et suiv.)

Des plantations d'arbres sont susceptibles d'être acquises par prescription, séparément du sol sur lequel elles sont établies; et, par suite, ces plantations peuvent être l'objet d'une action possessoire, même de la part de celui qui reconnaît n'être pas propriétaire du sol. (*C. c.*, 520, 521, 553; *C. de proc.*, 3 et 23; *Cassation*, 14 novembre 1849 et 18 mai 1858.)

Lorsque des arbres à haute tige placés hors de la distance légale ont, dans l'origine, fait partie d'une haie, le propriétaire qui, pour conserver ces arbres, invoque la prescription, ne peut compter sa possession depuis la plantation de la haie, mais seulement depuis l'époque où les arbres sont devenus arbres à haute tige. (*Amiens*, 21 décembre 1821; *Bourges*, 16 novembre 1830; en ce sens, *Vazeille*, p. 129.)

Celui qui a acquis par prescription le droit de conserver des arbres à haute tige, plantés à une distance du fonds voisin moindre que la distance légale, n'a pas acquis par là le droit de les remplacer par d'autres sans observer la distance prescrite par la loi. (*Paris*, 23 août 1825 ; *Rennes*, 19 juin 1838 ; *Bourges*, 8 décembre 1841 ; *Douai*, 14 avril 1845 ; *Cassation*, 22 décembre 1857 ; *sic* : *Delvincourt*, *Duranton*, *Garnier*, *Solon*, *Curasson*, *Marcadé*. *Contra* : *Pardessus*, t. Ier, p. 195 ; *Favard*, *Toullier*, I, 3, no 515 ; *Vazeille*, Prescription, t. Ier, no 429 ; *Tardif* sur *Fournel*, t. Ier, p. 127 ; *Zachariæ*, t. II, § 241, note 4 ; *Vaudoré*, Droit rural, t. Ier, no 222.)

Vainement le propriétaire des arbres opposerait, pour ce remplacement, la destination du père de famille à son voisin acquéreur du même auteur que lui (*Paris*, 23 août 1825) ; il ne pourrait remplacer les arbres qu'il aurait abattus.

Lorsque des arbres qui ne se trouvaient pas à la distance légale ont été abattus après plus de trente ans, les rejets nouveaux qui ont crû autour de l'ancien tronc coupé et ravalé au niveau du sol participent-ils au bénéfice de la prescription acquise aux anciens arbres ? Ou bien doivent-ils être abattus s'ils n'ont pas eux-mêmes trente ans d'existence ?

Cette question a été résolue par un arrêt de la Cour de cassation du 22 décembre 1857, ainsi conçu :

« La Cour : attendu que le jugement rendu par le juge de paix de Châlons-sur-Saône, et confirmé par le jugement attaqué, constate en fait que tous les arbres dont on demande l'enlèvement ont moins de trente ans ; que, d'après leur nature, ils sont de haute tige ; qu'ils ne sont pas le produit spontané du sol, qu'ils n'ont pas été plantés de main d'homme ; qu'ils remplacent d'anciens arbres de lisière qui ont été abattus et qui avaient plus de trente ans, qu'enfin ils sont, comme ces anciennes lisières, à moins de deux mètres de distance des propriétés voisines ; que les souches de ces anciennes lisières sont ravalées rez de terre ; que les baliveaux qui font l'objet du litige sont adhérents à ces souches, ou ont crû sur leurs racines ; que même la cou-

ronne de quelques-unes de ces souches est, en tout où en
partie, recouverte par les sèves successives de ces baliveaux ; que les baliveaux dont il s'agit ne peuvent être et
ne sont réellement que des accrues ou rejets qui ont poussé
en dehors des arbres anciens ; qu'en décidant, dans ces
circonstances, que ces arbres rejets des anciennes souches
constituaient des arbres nouveaux, et que le demandeur en
cassation n'avait pas le droit de les conserver, le jugement
attaqué n'a violé aucune loi, *Rejette etc.* » — (Voir dans
le même sens *Cassation*, 25 mars 1862 et 24 mai 1864.)

Cette décision est conforme à la règle élémentaire qui
veut qu'en matière de prescription on ne puisse prescrire
au delà de la chose même qu'on a possédée, puisque la
prescription se mesure à l'étendue de la possession. (*Tantum prescriptum quantum possessum.*)

Quels seraient d'ailleurs, dit M. Jay, page 161 du
Recueil de 1858, les conséquences pratiques de la thèse
contraire ?

A la place d'un chêne abattu, par exemple, il pousse
habituellement une cépée tout entière. Si les rejets s'élevant ainsi autour de la souche pouvaient participer à
l'avantage de la prescription acquise à l'ancien arbre, il
en résulterait, par la suite des temps, non pas seulement
l'affranchissement de la servitude des distances, mais en
quelque sorte l'envahissement de la propriété voisine. Le
rejet croissant sur le côté de la souche, et souvent sur les
racines traînantes, donnerait naissance à un nouvel arbre
nécessairement plus rapproché que l'ancien ; et, cet arbre,
à mesure qu'il se développerait, deviendrait de plus en
plus envahissant. (Voir dans ce sens outre les arrêts ci-
dessus visés : *Cassation*, 28 novembre 1833 ; *Rouen*,
19 juin 1838 ; *Bourges*, 8 décembre 1841 ; *Douai*,
14 avril 1845 ; *Caen*, 22 juillet 1845 ; *Toulouse*, 1er mars
1855 ; *Delvincourt*, t. 1er, p. 564 ; *Duranton*, t. V, n° 391 ;
Ducaurroy, Bonnier, Roustain, t. II, n° 308 ; *Marcadé*, sur
l'art. 671.)

L'opinion contraire est professée par : *Pardessus*, des Servitudes, t. Ier, n° 195 ; *Favard*, Répert., v° Servitude, section 2, § 5, n° 2 ; *Toullier*, t. III, n° 515 ; *Vazeille*, Prescription, t, Ier, n° 429 ; *Tardif*, sur *Fournel*, t. Ier, p. 127 ; *Foucher*, sur la loi du 26 mai 1838, page 292.

Si un arbre ou une haie produisait des rejetons ou quelques accrues sur le terrain formant la distance légale, le propriétaire voisin aurait droit d'exiger qu'ils fussent arrachés. Le motif qu'a eu le législateur d'empêcher que l'ombre de l'arbre ou de la haie ne puisse nuire à l'héritage voisin, ou que les racines n'en épuisent le sol, serait éludé, si les terrains intermédiaires se peuplaient de nouveaux rejetons. (*Pardessus*, n° 197.)

Une plantation d'arbres faite par un propriétaire dans son pré ne peut être considérée comme un trouble à l'exercice d'un droit de pacage des secondes herbes. (*Cassation,* 19 juillet 1825.)

Nous pensons qu'il n'en peut être ainsi que lorsque les plantations sont faites au pourtour de la propriété, ou lorsqu'il s'agit de quelques arbres plantés dans l'intérieur à de très-larges intervalles.

Si l'article 671 du Code civil ne permet de planter des arbres à haute tige qu'à la distance de deux mètres de la ligne séparative de deux héritages, il n'en résulte pas en faveur de celui qui a planté des arbres sur son fonds à une moindre distance du fonds voisin une présomption légale de propriété sur le terrain qu'il devait laisser entre ses plantations et l'héritage voisin, mais une simple présomption abandonnée par l'article 1353 du Code civil aux lumières et à la prudence du magistrat. (*Cassation,* 14 août 1852 et 22 juin 1863).

QUATRIÈME SECTION. — Distance a observer le long des routes et chemins.

Les dispositions de l'article 671 du Code civil ne sont

point applicables aux plantations à faire le long des routes et chemins.

En ce qui concerne les routes nationales et les routes départementales, le décret du 16 décembre 1811 porte que, dans chaque département, l'ingénieur en chef remettra au préfet un rapport indiquant l'alignement des plantations, lesquelles dans tous les cas ne pourront être faites à moins d'un mètre du bord extérieur des fossés.

Le Conseil d'État, par décisions des 28 octobre 1821 et 1er février 1833, a reconnu que le décret de 1811 doit avoir force de loi.

A l'égard des chemins vicinaux, la loi du 21 mai 1836 a donné aux préfets le droit de réglementer les alignements et les plantations. — La circulaire ministérielle adressée aux préfets, pour l'exécution de cette loi, contient les instructions suivantes : « l'administration sentait depuis longtemps le besoin d'atténuer au moins les obstacles au bon état des chemins vicinaux, et l'application des articles 670 à 673 du Code civil avait paru pouvoir y porter remède ; mais les tribunaux auxquels il fallut recourir ne crurent pas que ces articles du Code fussent applicables à l'espèce. La loi du 21 mai 1836 lève les difficultés, et l'article 21 vous donne le droit, monsieur le Préfet, de régler la distance à laquelle les propriétaires voisins des chemins vicinaux pourront planter sur le bord de ces chemins, soit des arbres, soit des haies vives. »

Enfin, par une autre circulaire du 10 octobre 1839, le Ministre de l'Intérieur a transmis aux Préfets une délibération du Conseil d'État en date du 9 mai 1838, de laquelle il résulte : 1° que l'article 21 de la loi du 21 mai 1836 donne aux Préfets le droit de régler la distance du bord des chemins vicinaux à laquelle les particuliers pourront planter sur leurs propriétés, ainsi que l'espacement des arbres entre eux ; 2° et le droit de défendre aux propriétaires riverains de planter sur le sol de ces chemins.

Dans le département de la Somme, un règlement général sur les chemins vicinaux a été dressé le 14 décembre 1855, et approuvé par le Ministre de l'Intérieur le 25 février 1856. — Il contient, sur les plantations d'arbres, les dispositions suivantes :

Article 296. —.A dater de la publication du présent règlement, les propriétaires riverains des chemins vicinaux ne pourront faire aucune plantation d'arbres, même dans leurs propriétés closes, sans au préalable avoir demandé et obtenu l'alignement. — Il est fait exception à cette obligation pour les plantations que les propriétaires se proposeraient de faire, sur leurs terres, à plus de trois mètres en arrière du bord des fossés ou de la limite légale des chemins.

Article 297. — Les alignements pour plantation d'arbres seront donnés par les maires pour les chemins vicinaux de petite communication ou d'intérêt commun, et par le sous-préfet pour les chemins vicinaux de grande communication.

Article 298. — Aucune plantation d'arbres ne pourra être effectuée sur le bord des chemins vicinaux qu'en observant les distances ci-après, qui seront calculées à partir de la limite extérieure soit des chemins, soit des fossés, soit des talus qui la borderaient :

Pour les pommiers, poiriers et autres arbres formant parasol, à *deux* mètres ;

Pour les arbres tels que ormes, peupliers, etc., qui croissent en forme pyramidale, à 0^m, 50 centimètres ;

Pour les joncs marins et bois taillis, à 0^m, 50 centimètres.

(Cette disposition relative à la distinction entre les différentes espèces d'arbres à haute tige a été modifiée par l'arrêt réglementaire dont nous parlerons ci-après.)

Article 299. — La distance des arbres entre eux ne pourra être inférieure à dix mètres ; ils ne pourront être plantés en face les uns des autres, mais devront être en quinconce, et de manière à ce que chaque arbre d'une rangée corresponde au milieu des deux arbres de l'autre rangée.

Article 313. — Les arbres seront élagués tous les trois ans de manière qu'ils soient dépouillés, dans leur partie basse, de toutes leurs branches. Cet élagage aura lieu jusqu'à quatre mètres de hauteur et dans tout le pourtour des arbres.

Article 314. — Les branches qui avanceraient sur le chemin, au delà du fossé, seront coupées.

Article 315. — Les arbres qui pencheraient sur les chemins vicinaux, de manière à gêner la circulation, seront abattus et enlevés à la diligence des propriétaires ou fermiers des terrains sur lesquels ils seront plantés.

Enfin, un arrêté réglementaire du 20 juin 1859, relatif aux permissions de grande voirie, porte qu'on ne tolérera dans les haies l'existence d'aucun arbre de haute tige, à moins que la haie ne se trouve à *deux* mètres au moins des terrains de la voie publique.

L'article 34 de cet arrêté dit encore que les plantations nouvelles ne pourront être exécutées que d'après un arrêté par lequel le préfet fixe les alignements, l'espacement des arbres, etc.

Par cet arrêté, sont maintenus, à titre de tolérance, des arbres se trouvant dans une haie, si cette haie est à deux mètres de distance de la voie publique (*art.* 33). De là, on serait peut-être en droit de conclure que les plantations nouvelles pourraient être faites également à la distance de deux mètres, ce qui rentrerait dans les dispositions générales de l'article 671 du Code civil ; mais, comme l'arrêté est muet sur ce point ; que des considérations de localité, d'orientation, d'essence, pourraient motiver la nécessité d'un éloignement plus considérable; que l'article 34 oblige à une demande d'alignement, nous pensons qu'aucune plantation nouvelle ne peut être faite sans en avoir au préalable fait déterminer l'éloignement par une demande d'alignement.

CINQUIÈME SECTION. — DE L'EXTENSION DES BRANCHES ET RACINES.

Le propriétaire sur le terrain duquel avancent les racines des arbres plantés sur le fonds voisin a droit de couper lui-même ces racines. *Code c.*, art. 672. — La prescription n'est pas opposable, la possession étant, dans ce cas, nécessairement clandestine. *Vazeille*, Prescription, t. Ier, n° 131 ; *Troplong*, t. Ier, n° 355.

Celui sur la propriété duquel avancent les branches des arbres du voisin peut contraindre celui-ci à couper ces branches, mais il ne peut les couper lui-même. *Cassation*, 15 février 1811. — Autrefois, dit *Pothier*, contrat de société, n° 243, il en était autrement.

Ainsi, celui dont le terrain est ombragé doit sommer le propriétaire de l'arbre d'avoir à le faire élaguer, et, faute d'obtempérer à la sommation, l'assigner devant le juge de paix. Le même exploit peut servir de sommation et de citation pour le cas où l'on refuserait de s'y conformer.

Suivant M. *Troplong*, le droit de conserver des branches sur le fonds voisin peut s'acquérir par la prescription. Il soutient que le droit du voisin existant dès que les branches s'étendent sur son fonds, la prescription commence à courir dès cet instant, puisqu'il s'agit non d'une simple faculté, mais d'un droit qui donne lieu à l'action. « Vous pouviez, dit-il, demander la coupe alors même que les branches étaient moins grandes ; vous l'avez négligé, vous avez souffert que le mal fît des progrès qui étaient dans sa nature, et que vous deviez prévoir, il y a donc eu de votre côté défaut d'action, et d'autre part continuité de possession pendant le temps suffisant pour prescrire. » Commentaire sur l'article 2229, n°ˢ 346 et 347. *Sic : Bénech,* page 281.

Mais il y a à peu près unanimité entre la doctrine et la jurisprudence pour décider que l'élagage des arbres peut être demandé en tout temps par le propriétaire du fonds voisin, sans que la prescription puisse jamais lui être opposée ; en un mot, que le droit accordé par l'article 672 est absolu et imprescriptible.

Il n'en est pas des branches de l'arbre, comme de l'arbre lui-même. La prescription ne peut pas faire acquérir le droit de les maintenir dans l'état où elles se trouvent actuellement, parce que leur accroissement successif ne leur permet pas, comme pour l'arbre, de déterminer positivement le moment où commence, pour le voisin, le droit de se plaindre, ce qui est un obstacle à la prescription. Quand il n'est question que de l'arbre planté à une distance insuffisante, le voisin peut facilement le voir, tandis que lorsqu'il s'agit de branches, il lui est pour ainsi dire impossible de suivre de l'œil leur accroissement imperceptible pour juger d'une manière précise s'il est dans le cas de réclamer, en sorte qu'on ne pourrait qu'arbitrairement fixer le point de départ de la prescription. Pour qu'une prescription quelconque soit admise, il est indispensable que l'on puisse déterminer d'une manière exacte et précise son point de départ et son début ; or, cette condition *sine qua non* est impossible en ce qui concerne les branches, dont la croissance est latente et imperceptible, et qui n'ont, dit *Proudhon,* ni extrait de naissance, ni titre constatant leur minorité ou leur majorité. *Jay,* Annales de 1856, page 281. *Voir entre autres arrêts : Bourges,* 4 juin 1845 ; *Bastia,* 3 mars 1856 ; *Douai,* 3 juillet 1856. Et pour la doctrine : *Toullier,* t. III, n° 517 ; *Favard de Langlade,* Rép., t. V, p. 205 ; *Vazeille,* Prescript., t. Iᵉʳ, p. 132, n° 119 ; *Pardessus,* Traité des Servitudes, t. Iᵉʳ,

p. 295, n° 196 ; *Proudhon*, Droit d'usage, t. II, p. 374, n° 572 ; *Duranton*, t. V, p. 254, n° 398 ; *Marcadé*, Éléments de Droit civil, t. III, art. 672, n° 4 ; *Demolombe*, Cours de Code civil, t. Ier, n° 509 ; *Boileux*, Commentaire sur l'article 672.

Si la destination du père de famille peut être invoquée pour faire maintenir des arbres plantés à une distance moindre que la distance légale, elle ne saurait donner le droit de conserver des branches qui avancent sur le fonds voisin, surtout si rien n'indique qu'au moment de la séparation des deux propriétés les branches des arbres dont il s'agit franchissaient déjà la limite des deux fonds. *Bastia*, 3 mars 1856 ; *Rejet*, 16 juillet 1835.

Le fermier peut demander, en son nom personnel, l'ébranchage des arbres qui nuisent à ses récoltes. (*Cassation*, 9 décembre 1817.)

Le propriétaire sur lequel les branches avancent ayant toujours le pouvoir d'empêcher le dommage qu'elles lui causent, en les faisant couper, ne pourrait demander des dommages et intérêts au propriétaire voisin pour l'époque antérieure à la sommation qu'il a dû faire de les couper. (*Pardessus*, t. Ier, n° 196.)

SIXIÈME SECTION. — RÉCOLTE DES FRUITS.

Le propriétaire d'un arbre a-t-il le droit d'exiger un passage sur le fonds voisin pour y cueillir ou ramasser ses fruits ?

Non, selon *Duranton*, t. V, n° 400 ; *Vazeille*, Prescrip., t. Ier, n° 119, p. 133 ; *Zachariæ*, t. II, § 242, n° 5.

Mais l'opinion contraire est adoptée par *Merlin*, Rép., V° Arbre, § 8 ; *Pardessus*, n° 196 ; *Toullier*, t. III, n° 517 ; *Lassaulx*, t. III, p. 306 ; *Proudhon*, n° 585. — *Delvincourt*, t. Ier, p. 564, paraît ne refuser le passage que quand le fonds voisin est en état de clôture. *Marcadé*, sur l'article 672, *in fine*, l'accorde dans tous les cas. *Mourlon*, p. 791, ne permet pas de venir récolter sur la propriété d'autrui ; cependant le propriétaire de l'arbre peut, suivant lui, revendiquer les fruits tombés et les faire enlever, si le voisin ne préfère les enlever lui-même et les restituer.

La loi unique au *Digeste : « de glande legenda »*, permettait au propriétaire de l'arbre de s'introduire dans le fonds du voisin pour y abattre ou recueillir les fruits, ce qu'il devait effectuer dans les trois jours, passé lequel temps il était censé les avoir abandonnés et ne pouvait les redemander, si le propriétaire du fonds voisin les avait recueillis.

En principe, il est certain que les fruits appartiennent au propriétaire de l'arbre, mais nous pensons qu'on doit s'en tenir à ce qui s'observe dans chaque localité. Il est beaucoup d'endroits où, quand la propriété n'est pas enclose, le propriétaire de l'arbre va sur le fonds voisin recueillir ses fruits. C'est une tolérance dont le maître du terrain peut toujours s'affranchir, en forçant le maître de l'arbre à en couper les branches. — Si le fonds voisin est enclos, c'est le propriétaire du sol où tombent les fruits qui les recueille ; il n'existe pas de servitude légale au profit du propriétaire de l'arbre, ni même de droit de réclamer le passage moyennant indemnité. Il n'y a pas les mêmes motifs de nécessité et d'intérêt public que lorsqu'il s'agit de réparer un mur ou un bâtiment.

ARPENTAGE.

C'est l'opération préliminaire à la démarcation des propriétés par le *bornage*, qui renferme en soi une idée complexe : la recherche des limites ou la délimitation, l'arpentage comme moyen de vérification, et le bornage comme consécration de l'opération.

(Nous renvoyons au mot : *Bornage.*)

ATTÉRISSEMENT.

On donne le nom d'attérissement à l'adjonction subite et reconnaissable d'une portion de terrain à une autre, formée par l'impétuosité des eaux d'un fleuve ou d'une rivière, navigable ou non.

Il ne faut pas confondre l'attérissement avec l'alluvion, qui n'est qu'un accroissement insensible.

(Voir *Alluvion*.)

Lorsque l'accroissement a lieu dans le lit même de la rivière, il forme alors une île et appartient à l'État. (Code civil, article 560.)

Quand il se forme sur les bords, il appartient aux propriétaires riverains (Code civil, article 456.)

BALAYAGE.

Tout propriétaire de maison joignant la voie publique doit exécuter les règlements faits par l'autorité municipale concernant le balayage, sous peine de l'amende édictée par l'article 471 du Code pénal (1 à 5 francs), et, en cas de récidive, trois jours de prison (article 474 du même Code).

Nous disons *tout propriétaire*, car c'est à la propriété que cette charge incombe. *(Cassation*, 24 mai 1848.)

Le propriétaire serait personnellement passible de l'amende, lors même qu'il alléguerait qu'il est de notoriété publique que sa maison est louée, qu'il demanderait à en faire la preuve, et qu'il soutiendrait que les poursuites auraient dû être dirigées contre son locataire. *(Cassation*, 19 février 1858.) — C'est en vain qu'il demanderait un sursis pour le mettre en cause. *(Cassation*, 15 juillet 1859.)

Il ne serait pas excusable pour le motif que sa maison serait inhabitée. *(Cassation*, 1er mars 1851 ; 6 novembre 1857 ; 28 juin 1861.)

BALCON.

Des articles 678, 679 et 680 du Code civil, il résulte qu'on ne peut avoir ni vues droites ou obliques, ni balcons sur l'héritage de son voisin, s'il n'y a pour les vues droites une distance de dix-neuf décimètres, et pour les vues obliques une distance de six décimètres dudit héritage.

Ces différentes distances se calculent depuis la ligne extérieure du balcon jusqu'à la ligne de séparation des deux fonds voisins.

Si l'un d'eux construit une maison ou bâtiment dont l'un des côtés est à la distance de deux mètres de la ligne séparative, il a bien le droit d'établir des fenêtres, mais il ne pourra placer parallèlement au mur un balcon en saillie sur tout ou partie du terrain intermédiaire, bien que ce terrain lui appartienne, car, de l'extrémité de ce balcon, il n'y aurait plus deux mètres jusqu'à la ligne séparative.

Cette règle doit-elle être appliquée aux vues droites ou obliques qui résulteraient de l'établissement d'un balcon sur la voie publique, avec la permission de l'autorité municipale ?

L'affirmative est enseignée par *Frémery-Ligneville*, Traité de la législation des bâtiments, t. II, n°ᵒˢ 595 et 605 ; *Solon*, n° 291. — Divers arrêts ont été rendus en ce sens : *Toulouse*, 18 avril 1820 ; *Dijon*, 7 mai 1847 et 8 janvier. 1848 ; *Cassation*, 17 février 1859.

Mais nous croyons, avec M. *Demolombe*, qu'il y a parité de motif avec le droit d'établir des fenêtres dans le mur des maisons qui bordent la voie publique, et que le balcon peut régner sur toute la façade et jusqu'à l'extrême limite des deux propriétés voisines.

Voici comment s'exprime à ce sujet le savant doyen de la Faculté de droit :

« Il faut appliquer aux balcons ou autres saillies sem-

blables la même solution qu'aux fenêtres qui sont pratiquées dans le mur des maisons qui bordent la voie publique.

« Le motif capital et décisif de cette solution, c'est que
le Code civil, dans les articles 675 et suivants, ne s'occupe
que des vues que le propriétaire d'un héritage privé exerce,
jure dominii, sur un autre héritage privé.

« Or, toutes les vues dont il s'agit ici sont exercées, au
contraire, *jure civitatis*, sur une dépendance du domaine
public ou municipal, et cela est aussi vrai à l'égard des
vues qui s'exercent au moyen de balcons établis en vertu
de la permission de l'autorité administrative, à laquelle
seule appartient la police des rues et des places, qu'à l'é-
gard des vues qui s'exercent au moyen de fenêtres pratiquées
dans le mur même.

« On objecte qu'il n'appartient pas à l'administration
municipale, de dispenser un propriétaire de l'observation
des règles prescrites par la loi civile, sur les rapports
entre héritages voisins ; — il est vrai ; mais apparemment
il lui appartient de permettre aux riverains d'employer la
voie publique elle-même à tous les genres de service que
comporte sa nature, et d'autoriser à cet effet telles constructions qu'elle juge convenables ; et ces constructions,
aussi bien que les vues qui en résultent, étant, nous le répétons, établies directement *jure civitatis* sur le domaine
public et municipal, en conformité des mesures administratives ou de police qui en règlent l'usage, les voisins ne
sauraient invoquer les dispositions du Code civil sur le
règlement des rapports des héritages privés les uns envers
les autres. »

Et voici, suivant nous, un argument encore qui le
prouve. Aux termes de l'article 680, lorsqu'il y a balcons
ou autres semblables saillies, la distance se compte *depuis
leur ligne extérieure*. Cela se conçoit parfaitement lorsque
les balcons sont établis sur un héritage privé, parce qu'ils
en sont alors une dépendance ; mais lorsqu'un balcon est

en saillie sur la voie publique, est-ce qu'il serait possible
de compter la distance depuis la ligne extérieure, puisque
cette ligne se trouve au dessus de la voie publique elle-
même? Or, à l'égard des vues qui s'exercent de la voie
publique elle-même sur les héritages privés, aucune distance n'est prescrite : c'est donc évidemment qu'il n'y a
aucune distance à observer.

· Supposons, par exemple, deux balcons qui vont être
établis, l'un à la suite de l'autre, sur deux maisons contiguës et placées sur le même alignement ; est-ce qu'il y
aura lieu d'observer alors une distance quelconque entre
l'un et l'autre? Quelle sera cette distance? Et comment la
compter ? — L'un des propriétaires est autorisé d'abord à
placer un balcon en avant de sa maison ; et supposons, si
l'on veut, qu'il laisse une distance de six décimètres entre
la ligne extérieure de ce balcon et la ligne séparative de
ses voisins de droite et de gauche ; mais voici que l'un de
ces derniers est autorisé lui-même à établir un balcon au-
devant de sa maison. Les côtés de ces balcons vont réciproquement se faire face et procurer de l'un sur l'autre
une vue droite ; si vous prétendez qu'il faut alors observer
la distance de dix-neuf décimètres, comment comptera-t-
on la distance? Sera-ce de la ligne extérieure du balcon
déjà établi ? Mais ce balcon n'est pas l'héritage du voisin,
puisque c'est un avancement sur la voie publique. Pourquoi prétendre alors faire reculer l'autre plutôt que
celui-là ?

La vérité est donc que chacun des balcons peut s'avancer, de chaque côté, jusqu'à la ligne séparative où ils se
touchent, sans qu'il y ait lieu de parler ainsi de vues droites
ni de vues obliques, pas plus sur l'héritage de l'un que
sur celui de l'autre, parce que les deux balcons prennent
directement leurs vues sur la voie publique, conformément
aux permissions administratives qui les y ont également
autorisés.

Cette opinion compte pour soutiens : *Cassation*, 31 janvier 1826; 16 janvier 1839 ; 27 août 1849 ; et *Marcadé*, art. 679, n° 2.

BORNAGE.

Tout propriétaire peut obliger son voisin au bornage de leurs propriétés contiguës, C. c., art. 646. Le bornage peut toujours être provoqué, alors même que les voisins seraient restés plus de trente ans sans le demander (art. 2232), et encore bien qu'ils se fussent interdit par écrit d'user de cette faculté (argument de l'art. 815 du même Code).

Cette opération peut être faite à l'amiable, si toutes les parties sont majeures et maîtresses de leurs droits. — Ce mode de bornage à l'amiable s'applique aux forêts de l'État, des communes, des établissements publics. (*Code forestier*, art. 9 ; *Ordonnance* du 1er-4 août 1827, art. 57 et 58.)

Nous avons eu souvent l'occasion de remarquer que, dans les opérations amiables, les géomètres plantent des bornes en promettant ou en ajournant la rédaction d'un procès-verbal, qui n'est jamais dressé; ou bien les parties ne le requièrent pas, se croyant suffisamment en règle par le fait seul de l'existence des bornes : c'est une erreur qu'il importe de détruire. Les bornes ne prouvent rien, dès lors que leur placement et leurs relations entre elles, ou avec des points de repère, ne sont pas légalement constatés et approuvés par les intéressés. Il est même prudent, pour obvier aux inconvénients de l'acte sous signatures privées, de faire, en l'étude d'un notaire, le dépôt du procès-verbal dressé par le géomètre. C'est, du reste, le seul mode praticable lorsque l'une des parties ne sait pas signer. Dans ce dernier cas, l'acte de dépôt mentionne l'approbation donnée aux opérations.

S'il y a des mineurs ou incapables, le bornage ne peut
être fait que judiciairement.

Nous allons examiner par qui et contre qui la demande
peut être formée.

Elle peut l'être par un particulier contre l'État, les communes et les établissements publics. En ce qui concerne
les immeubles appartenant à l'État, c'est contre le préfet
du département où ils sont situés que l'action doit être
dirigée, après la présentation d'un mémoire préalable, formalité prescrite, à peine de nullité, par la loi du 5 novembre 1790, pour toutes les actions principales, inci-
dentes ou en reprise.

En ce qui concerne les communes, la demande en
bornage, étant une action ordinaire, doit être autorisée
dans la forme prescrite par les articles 49 et suivants de la
loi du 18 juillet 1837 ; — l'article 58 n'en excepte que les
actions possessoires.

Quoique le droit de l'*usufruitier* soit un démembrement
de la propriété, il n'en est pas moins vrai que ce droit n'est
relatif qu'à la jouissance de l'objet auquel il s'applique ;
que ce droit n'est assurément pas à mettre en parallèle avec
la propriété elle-même, avec le *dominium*. Jouir d'une
chose est sans contredit un bien grand avantage, mais ce
n'est pas en être le maître absolu ; or, pour borner, il faut
avoir le pouvoir de disposer.

Donc, le bornage fait avec l'usufruitier seul n'a qu'un
caractère provisoire, et, si le propriétaire voisin veut faire
quelque chose de définitif, il doit appeler en cause le nu-
propriétaire.

Si c'est l'usufruitier qui désire le bornage des terres soumises à son usufruit, il peut obliger le nu-propriétaire à
en fixer les limites, et s'il intente seul l'action, le voisin
est en droit d'exiger qu'il mette en cause le nu-propriétaire.

Le fermier n'exerçant aucun droit réel ne peut exiger

le bornage. S'il est troublé dans sa jouissance, il doit examiner si c'est par son bailleur ou par un tiers. Dans le premier cas, il agit contre celui dont il tient le bail (article 1719, n° 3, du Code civil) ; dans le second cas, il faut examiner et distinguer si le trouble n'a d'autre but que de nuire à son droit de récolter, sans attaquer la possession d'aucune pièce de terre. On conçoit, en effet, que s'il s'agit seulement de la récolte actuelle, c'est une contestation qui n'intéresse que lui, et qu'ainsi lui seul doit se pourvoir contre le tiers qui lui cause du tort; mais si le trouble annonce une prétention à la propriété ou à la jouissance d'une portion des terres conférées au fermier, celui-ci est tenu de dénoncer l'usurpation au propriétaire, qui est garant du bail, et qui seul a qualité pour défendre le trouble.

Le *tuteur* peut, au nom du mineur, exercer l'action en bornage ou y défendre ; mais a-t-il besoin de l'autorisation du conseil de famille soit pour provoquer le bornage, soit pour défendre à cette action ?

D'après l'article 464 du Code civil, aucun tuteur ne peut introduire en justice une action relative aux *droits immobiliers* du mineur, ni acquiescer à une demande relative aux mêmes droits sans l'autorisation du conseil de famille ; et, d'après l'article 465, la même autorisation est nécessaire au tuteur pour provoquer un partage ; mais il peut, sans autorisation, répondre à une demande en partage dirigée contre le mineur.

Les auteurs conviennent en général que le tuteur ne peut *intenter* une action en bornage sans l'autorisation du conseil de famille, ou qu'au moins il est obligé de demander cette autorisation lorsqu'il s'élève une question de propriété.

En doit-on dire autant de la nécessité de l'avis des parents pour *défendre* à une action en bornage, soit qu'il s'agisse de contester, soit qu'il s'agisse d'acquiescer?

Quelques auteurs assimilant la demande en bornage à la demande en partage en ont tiré la conséquence, en s'appuyant sur l'art. 465 du Code civil, que le tuteur peut défendre à une demande en bornage, sans être pourvu de l'autorisation du conseil de famille, attendu que le bornage est forcé comme le partage. — Il y aurait peut-être lieu d'objecter, dit M. *Jay*, qu'il a fallu une disposition exceptionnelle pour dispenser le tuteur de l'autorisation, en répondant à une demande en partage dirigée contre le mineur, et que rien de pareil n'existe à l'égard de la défense en bornage. — Mais il est plus vrai de dire que l'art. 464 n'exige l'autorisation du conseil de famille que pour *introduire* l'action en justice, ou, pour acquiescer à une demande relative aux droits immobiliers du mineur. La même autorisation n'est donc pas nécessaire au tuteur pour défendre à une action. (*Jay*, p. 90 ; *Dalloz*, au mot « minorité », n° 625.)

Le mari n'étant qu'administrateur des biens de la femme, et ne pouvant jamais les aliéner soit directement, soit indirectement, on doit décider qu'il ne peut agir seul en bornage ; — mais il peut procéder seul en ce qui concerne les biens de la communauté.

L'article 646 du Code civil semble ne permettre l'action en bornage qu'entre voisins. Cependant, il arrive quelquefois que le déficit éprouvé par celui qui demande le bornage ne provient pas du voisin, ou, du moins, que son empiètement a été amené par une usurpation commise par l'arrière-voisin, de sorte que la preuve du déficit dépend surtout de la constatation de cette usurpation.

Dans ce cas, l'opération peut s'étendre et comprendre les propriétés qui ne sont pas immédiatement contiguës.

Il ne peut y avoir aucun doute lorsque le juge estime que cette mesure est nécessaire, et qu'il autorise la mise en cause. Ce principe a été consacré par un arrêt de la Cour de *Cassation* du 9 novembre 1857

Mais l'arrière-voisin peut-il être cité directement par le
demandeur principal, ou faut-il attendre que le défendeur
en bornage l'introduise dans la cause?

On pourrait dire, à la rigueur, que le demandeur ne devrait appeler les arrière-voisins que dans le cas où il serait
justifié qu'il ne peut trouver son déficit dans la pièce de son
voisin contigu ; mais, s'il n'a pas cette certitude, si, au
contraire, il a quelque raison de croire que le déficit se
trouve plus loin, nous pensons qu'il peut citer en même
temps les arrière-voisins. Si la demande contre eux n'est
pas fondée, ils pourront faire valoir leurs moyens et faire
condamner le demandeur aux frais ; mais, dans le cas
contraire, c'est-à-dire s'ils ne peuvent exciper d'un bornage antérieur, établir l'invariabilité des limites de leurs
propriétés, pourquoi obliger le demandeur à un circuit
d'actions, ou à faire ordonner par jugement la mise en
cause de l'arrière-voisin? Si l'on procédait de proche en
proche, ne serait-on pas obligé d'arriver au même résultat, avec cette différence que les frais seraient plus considérables, et que la solution serait retardée ?

Cette question a, du reste, été tranchée par un arrêt
de la Cour de *Douai* du 14 novembre 1842, et par un
autre arrêt de la Cour de *Cassation* du 20 janvier 1855.

La Cour de *Douai* a jugé qu'en matière de mesurage et
de bornage, l'opération devant s'étendre jusqu'à bornes
certaines, on peut appeler en cause même les propriétaires
des fonds non contigus à celui du demandeur.

L'arrêt de la Chambre des requêtes du 20 juillet 1855
a décidé que le demandeur en bornage peut appeler directement dans l'instance qu'il suit contre le voisin dont
la propriété est contiguë à la sienne les propriétaires d'héritages non contigus, lorsque leur présence est indispensable pour opérer le bornage régulier des propriétés limitrophes, et qu'il n'est pas même besoin que cette mise
en cause des arrière-voisins ait été préalablement de-

mandée au juge de l'action en bornage, et ordonnée par lui.

Nous ne nous sommes occupé que des principes généraux en matière de bornage, toutes les questions qui s'y rattachent ou qui en découlent étant assez multiples pour avoir donné lieu à des traités spéciaux. On pourra consulter avec fruit ceux de MM. *Jay* et *Millet*, dans lesquels les opinions souvent divergentes des jurisconsultes sont rapportées et discutées.

Voyez : *Alignement.*

CADASTRE.

C'est un registre public dans lequel la quantité, la nature et la figure des biens-fonds du territoire d'une commune sont indiquées en détail, pour servir de base à la répartition de la contribution foncière.

En faisant procéder au cadastre, le gouvernement n'a eu pour but que de parvenir à une meilleure péréquation de l'impôt foncier, à une base de statistique aussi exacte que possible ; mais il n'a jamais été décrété que les énonciations du cadastre feraient loi à l'égard des particuliers dans les contestations privées.

Aussi, il a été jugé que les délimitations cadastrales ne constituent qu'un indice dépourvu de toute valeur pour combattre un titre de propriété. (*Grenoble*, 5 décembre 1861.)

Cependant, en l'absence de toute possession utile, comme de tout titre, les tribunaux peuvent admettre, comme preuves suffisantes de propriété, les énonciations du cadastre. (*Cassation*, 13 juin 1838.)

CANTONNEMENT.

On donne le nom de cantonnement à l'acte de partage

qui s'opère entre les communiers qui ont des droits fonciers dans une chose, mais dont la mesure ou la proportion respective n'est pas déterminée par parties aliquotes.

On appelle aussi cantonnements les parties d'un territoire affectées divisément à la vaine pâture.

DU CANTONNEMENT EN MATIÈRE D'USAGE DANS LES FORÊTS.

C'est une opération par laquelle on distrait d'une forêt usagère une portion qui est cédée en toute propriété aux usagers pour leur tenir lieu du droit d'usage qu'ils exerçaient auparavant sur le tout.

L'action, pour ce cantonnement, est fondée sur ce double principe de droit naturel qui permet à toute personne de se libérer de ce qu'elle doit, et qui veut que personne ne puisse être contraint de rester dans l'indivision. Elle est d'ailleurs consacrée par des lois formelles. *Loi* du 28 septembre, 6 octobre 1791 ; *Loi* du 28 août 1792, art. 5 ; *Code forestier*, articles 63, 68, 111 et 118 ; *Proudhon*, de l'usufruit, n° 3341.

Le cantonnement ne peut être exigé que lorsqu'il y a droit d'usage réel, et il faut que ce droit d'usage ait pour objet une *prise de bois* quelconque dans la forêt d'autrui. (*Code forestier*, articles 63, 112 et 120.)

Quant à tous autres droits d'usage, même réels, dans les forêts, ils ne peuvent être convertis en cantonnements ; ils peuvent seulement être rachetés. (*Ibid.*, 64, 112 et 118.)

La mesure du cantonnement ne s'applique pas seulement aux bois des particuliers, mais encore aux bois et forêts de l'État, des communes, des établissements publics. (*Ibid.*, 63, 88, 111 et 118.)

Elle ne peut être provoquée par les usagers, mais seulement par le propriétaire. (*Ibid.*, 63, 111 et 118.)

Le cantonnement peut s'opérer à l'amiable, quand les parties sont d'accord, mais il faut qu'elles aient capacité.

Par exemple, si l'opération intéresse l'État ou les habitants d'une commune, elle doit être soumise à la sanction du chef du gouvernement dans la forme prescrite pour les règlements d'administration publique. (*Avis du conseil d'État* du 7 octobre 1809.)

DU CANTONNEMENT EN MATIÈRE DE SERVITUDE.

Nul doute, quand les parties sont d'accord, qu'on puisse limiter l'exercice d'une servitude sur une certaine partie de terrain pour que l'autre partie reste libre. Il s'agit seulement de savoir s'il y a quelque cas où la demande en cantonnement soit légalement autorisée.

Et d'abord, supposons que la question s'élève lorsque deux voisins n'ont entre eux qu'une cour ou un vestibule pour aller chacun à leur demeure. L'un de ces voisins peut-il forcer l'autre au partage de cette cour ou de ce vestibule, et provoquer une espèce de cantonnement dans lequel chacun des deux voisins se renfermerait?

La négative se fonde sur ce que cette cour ou ce vestibule faisant partie intégrante des deux maisons voisines, il ne doit pas être permis à l'un des copropriétaires de forcer l'autre à renoncer à son droit dans la jouissance indivise. (L. 19, § 1er, D. comm. divid. ; — *Fournel*, Traité du voisinage ; — *Cassation*, 10 décembre 1825.)

Mais le cantonnement peut être demandé pour mettre fin à tous les usages, servitudes réelles, établis en participation de fruits, sur les terrains des particuliers, puisque c'est précisément en ce qui touche à ces fonds que l'action en cantonnement a été introduite. (*Proudhon*, n° 3356.)

Le même auteur s'exprime ainsi dans son *Traité du droit de propriété*, n° 895 : « Les habitants d'une commune peuvent donc avoir le droit acquis, à titre de servitude, de faire pâturer leurs bestiaux, en certains temps de l'année, sur certains fonds grevés de cette charge, comme encore de participer au produit de certaines récoltes levées sur des héritages non communaux. Cette communion de jouissance, à titre d'usages d'une part, et de propriétaires de l'autre, cesse par la délivrance d'un cantonnement cédé en toute propriété aux usagers, à condition qu'ils n'auront plus aucun usage dans le surplus du terrain. »

Mais, pour que le droit de pâturage puisse autoriser une action en cantonnement, il faut qu'il ait le caractère d'une servitude, d'un droit de copropriété. En effet, si l'on considère que le cantonnement a surtout pour but de faire cesser une indivision de jouissance, il nous semble que l'exercice de ce droit ne peut appartenir qu'à l'usager dont le droit est fondé en *titre* ou a acquis le caractère d'une véritable servitude à laquelle le propriétaire ne peut plus se soustraire, par exemple, en faisant clore son héritage. Ce n'est qu'alors, en effet, qu'il existe une véritable indivision, une obligation dont le propriétaire peut avoir lui-même le désir de se dégrever. On ne peut pas considérer comme *usager*, dans le sens même de la loi de 1791, celui qui n'use du fonds que d'une manière révocable et temporaire.

Donc, point d'action en cantonnement de la part d'une commune qui n'a qu'un de ces droits de vaine pâture uniquement fondés sur la coutume ou sur la possession, et que, dans tous les cas, le propriétaire peut faire cesser d'un instant à l'autre, soit en changeant la culture de son terrain, soit en le faisant clore. (*Proudhon* et *Merlin*, *Duranton*, t. V, n° 69.)

DU CANTONNEMENT EN MATIÈRE DE VAINE PATURE.

L'autorité municipale est chargée du soin d'assigner aux troupeaux malades, sur le terrain du parcours ou de la vaine pâture, un espace où ces troupeaux doivent exclusivement pâturer. (*Loi* de 1791, art. 19, titre I⁰ʳ, section 4.)

Mais ce n'est pas le seul cas où des cantonnements

puissent être affectés aux bestiaux. Hors le cas d'épizootie, des cantonnements ou portions de terroir sont valablement assignés à chaque berger par les conseils municipaux, si cette mesure est appuyée sur des usages locaux anciens, ou si elle a pour effet de faciliter, dans l'intérêt de tous, l'exercice de la servitude, notamment dans les localités qui se composent de plusieurs hameaux éloignés les uns des autres. (*Cassation*, 15 juillet 1843.)

Le terrain exclu du pâturage commun par un cantonnement régulièrement établi doit être réputé terrain d'autrui dans le sens de l'article 479, n° 10, du *Code pénal*, parce que le cantonnement a pour effet légal de substituer des droits privatifs à une jouissance commune et indivise. (*Cassation*, 2 décembre 1864 et 6 mai 1865.)

CARRIÈRES.

Sous la dénomination de carrières, on entend des fosses profondément creusées en terre à l'effet d'en retirer les fossiles qu'elle recèle, tels que les ardoises, les grès, les pierres à bâtir, les pierres à chaux, les marnes, les argiles les craies, la houille, etc., etc.

Pour ouvrir une carrière, il faut avoir la propriété du fonds. Le fermier, l'usufruitier, qui ne possèdent que précairement et ne peuvent altérer la propriété de la chose, n'ont pas le droit d'ouvrir une carrière dans les biens qu'ils détiennent à ce titre ; mais l'usufruitier peut continuer l'exploitation d'une carrière ouverte avant l'usufruit. (*C. c.*, art. 598.)

Les carrières s'exploitent de deux manières, savoir :

1° *A ciel ouvert*, par éboulement ou par tranchées ouvertes ;

2° *Par galeries souterraines*, en forme de puits, par cavage ou bouches.

Pour pratiquer une carrière *à ciel ouvert*, le propriétaire du fonds n'a pas besoin d'autorisation spéciale, mais une carrière de cette espèce est subordonnée à la surveillance de la police pour l'observation des lois et règlements généraux et locaux qui intéressent l'ordre et la sécurité publique.

Les carrières exploitées par *galeries souterraines* tombent sous la surveillance de l'administration des *mines*. La permission d'ouvrir une carrière par galeries souterraines entraîne le droit de pousser la fouille jusque sous les propriétés voisines, à la charge de l'indemnité envers les propriétaires, et en les prévenant un mois à l'avance. (*Déclaration* du 27 mars 1780.)

Voir la loi du 21 avril 1810.

L'exploitation de carrières à plâtre, pierres, marne, moëlons, ne peut être établie qu'à la distance, savoir : de huit toises (environ 16 mètres) des chemins de traverse fréquentés ; de trente toises des routes et chemins vicinaux, *Ibid.* et *Arrêt du conseil d'État* du 5 avril 1772 ; et aussi de trente toises des murs des édifices qui se trouvent dans le voisinage. (*Déclaration* du 27 mars 1780.)

Il est enjoint à tous propriétaires ou locataires de carrières de faire entourer le trou par un mur ou une palissade qui prévienne les accidents. (*Ordonnance de police* du 15 novembre 1784.)

Voyez : *Fouilles.*

CAS FORTUITS OU DE FORCE MAJEURE.

Les cas fortuits s'entendent des événements qui n'ont d'autre cause que le hasard ou plutôt les décrets inconnus de la Providence, et qu'aucune prudence humaine ne peut conjurer : tels sont les incendies causés par le feu du ciel, les débordements des rivières, les orages, les ouragans, les tremblements de terre, etc.

Tout événement que sa nature même soustrait au pouvoir

de l'homme doit être considéré comme cas de force majeure.

Nul ne répond du dommage causé par force majeure.

Les caractères des cas fortuits ou de force majeure sont-ils appréciés souverainement par les juges ?

En l'absence d'une définition légale de force majeure, l'affirmative a prévalu devant la *Cour suprême*.

Voyez : *Dommage*.

CAVE.

De même que le propriétaire d'un terrain a le droit de construire à quelque hauteur que ce soit, de même il peut creuser ce terrain à telle profondeur qu'il juge à propos, parce qu'il est autant maître du dessous que du dessus ; mais il doit se conformer aux règlements de police et aux usages locaux, s'il en existe, et, dans tous les cas, prendre les mesures nécessaires pour ne porter aucune atteinte à la propriété des voisins.

Bien qu'en général la propriété du sol confère celle du dessus et du dessous, cependant la propriété peut se trouver modifiée en ce sens que l'on peut par acquisition, partage, transaction, posséder, à titre de propriétaire, une cave sous le terrain d'autrui, ce qu'il ne faut pas confondre avec une simple servitude. Dans ce cas, on peut considérer le sol comme partagé en deux étages distribués entre deux propriétaires, dont l'un a le premier, et l'autre, le second, cas prévu par l'article 664 du Code civil.

La règle d'après laquelle la propriété du sol emporte la propriété du dessus et du dessous n'est qu'une simple présomption qui peut être combattue par la preuve contraire, et qui, notamment, peut être détruite par d'autres présomptions résultant des titres ou de la possession. (C. c., art. 552 ; *Chambre des requêtes*, 24 novembre 1869.)

Le propriétaire de la surface d'un terrain au dessous duquel se trouve une cave appartenant au voisin est en droit de contraindre le propriétaire du dessous à construire et entretenir les murs, les contre-murs et les voûtes ; il est également en droit de se servir des murs de ces voûtes en fondation pour élever dessus un édifice, en payant, outre les travaux qu'il élèvera au dessus, la moitié de la valeur des murs dont il se servira ; mais le voisin qui a les caves reste seul chargé des frais de contre-murs et des voûtes. (*Tardif* sur *Fournel.*)

Dans les endroits où ni les règlements particuliers, ni un usage constant ne tiennent lieu de loi, a-t-on le droit d'empêcher le voisin d'appuyer la voûte de sa cave sur le mur mitoyen ? — Ici l'article 662 du Code civil reçoit son application. Il ne permet pas de faire une entreprise dans le mur mitoyen, sans le consentement du voisin ; et, quand celui-ci refuse, on fait décider par experts si la construction peut être faite sans nuire à son droit. Lorsqu'il s'agit, par exemple, d'une petite voûte en plein-cintre, appuyée sur un mur d'une épaisseur extraordinaire, il serait possible que les experts, ne se trouvant, comme dans l'hypothèse, gênés dans leur détermination par aucune loi ni aucun usage contraire, fussent d'avis d'appuyer la voûte sur le mur ; mais ce cas possible dont on vient de parler est fort rare, et il est à présumer que, le plus souvent, les experts ne laisseront pas une voûte porter contre un mur mitoyen. On sait que le poids d'une pareille construction agit latéralement, et que, par conséquent, le mur serait en danger de déverser du côté des voisins, si on ne prévenait pas l'accident.

Au reste, soit qu'on ait pris la précaution d'un contre-mur, soit qu'on l'ait négligée, si le mur mitoyen se trouve détérioré par l'effort de la voûte, celui à qui elle appartient est responsable du tort arrivé, par son fait, à la chose commune. Cette réflexion fait sentir que la prudence doit servir de loi à ceux qui construisent des voûtes près d'un mur mitoyen.

Il est clair que le contre-mur doit régner dans toute la longueur de la portion du mur commun qu'il s'agit de protéger. Quant à la hauteur, elle est déterminée par la nature de la voûte : la règle est que sa courbe prenne naissance sur le contre-mur. A l'égard de l'épaisseur du contre-mur, on peut dire la même chose, car il doit être assez fort pour soutenir la poussée de la voûte : on sait d'ailleurs qu'un plein-cintre pousse latéralement beaucoup moins qu'une voûte surbaissée, et que plus le surbaissement est grand, plus la poussée latérale est considérable. *Desgodets* conseille de donner trente-cinq centimètres d'épaisseur au contre-mur pour les berceaux de cave tels qu'on les fait ordinairement.

Autrefois, on avait soin de ne pas incorporer le contre-mur au mur mitoyen ; mais l'expérience ayant prouvé que le contre-mur est plus solide lorsqu'il est lié au mur, on pratique toujours l'incorporation lorsque le mur et le contre-mur sont faits en même temps. Quand le contre-mur est fait postérieurement au mur mitoyen, on ne peut incorporer sans le consentement du voisin, ou, à son refus, sans l'autorisation de la justice, conformément à l'article 662 du Code civil. (*Lepage*, lois des bâtiments.)

Voyez : *Mitoyenneté.*

CHANVRE.

En prescrivant les précautions à prendre pour l'établissement des manufactures et ateliers qui répandent une odeur insalubre et incommode pour le voisinage, le décret du 15 octobre 1810 a prévu les inconvénients que le rouissage du chanvre pourrait entraîner.

Les ordonnances des 14 janvier 1815, 29 juillet 1818,

15 avril et 15 mai 1838, qui modifient ce décret, n'ont en rien dérogé à ce qu'il statue à l'égard du rouissage du chanvre, qui est compris dans la première classe. Les établissements de cette classe ne peuvent être créés que par ordonnance rendue en conseil d'État.

Le décret du 15 octobre 1810, en réglant pour l'avenir les conditions d'autorisation des établissements insalubres et incommodes, n'a pas dépouillé l'autorité municipale, tant que cette autorisation n'a pas été obtenue dans la forme légale, du droit qu'elle tient de l'article 3, n° 5, du titre IX de la loi du 16-24 août 1790, de prescrire les mesures que la salubrité publique peut exiger. (*Cassation*, 14 février 1833.)

Ainsi, le maire peut, par un arrêté, interdire le rouissage du chanvre dans les mares publiques et même privées, et dans les cours d'eau avoisinant les habitations agglomérées. (*Cassation*, 5 février 1847.)

Voir : *Établissements insalubres et incommodes*.

Les voisins peuvent user de la complainte, lorsque l'établissement d'un rouissoir non autorisé nuit à la salubrité ou à la propriété. (*Bioche*, n° 309.)

La contravention à la défense de tiller du chanvre ou du lin dans l'intérieur des communes, avant ou après une heure déterminée, est punie par l'article 471 du Code pénal. (*Cassation*, 12 novembre 1812.)

CHAROGNES.

Les cadavres d'animaux pouvant porter une atteinte dangereuse à la salubrité de l'air, c'est sur le voisinage que les effets s'en font sentir.

Cette considération a donné lieu aux prescriptions de l'article 13, titre II, de la loi du 28 septembre-6 octobre 1791, ainsi conçu : « Les bestiaux morts seront enfouis dans la journée, à quatre pieds de profondeur, par le pro-

priétaire, et dans son terrain, ou voiturés à l'endroit désigné par la municipalité, pour y être également enfouis,
sous peine par le délinquant de payer une amende de la
valeur d'une journée de travail, et les frais de transport et
d'enfouissement. »

Mais, si le pays est infecté d'une épizootie, les précautions et la pénalité sont plus rigoureuses.

L'arrêté du Gouvernement du 27 messidor an v (15 juillet 1797) rappelle en ces termes les dispositions de l'article 5 de l'arrêt du Parlement de 1745, et de l'article 6 de
celui du Conseil de 1784 : « aussitôt qu'une bête sera
morte, au lieu de la traîner, on la transportera à l'endroit
où elle doit être enterrée, qui sera, autant que possible, au
moins à 50 toises des habitations ; on la jettera seule dans
une fosse de huit pieds de profondeur, avec toute sa peau
tailladée en plusieurs parties, et on la recouvrira de toute
la terre sortie de la fosse. Dans le cas où le propriétaire
n'aurait pas la faculté d'en faire le transport, l'agent municipal en requerra un autre, et même les manouvriers nécessaires, à peine de 50 francs contre les refusants. Il est
défendu de les jeter dans les bois, dans les rivières ou à la
voirie, et de les enterrer dans les étables, cours et jardins,
sous peine de 300 francs d'amende et de tous dommages
et intérêts. »

CHAUME.

Le chaume est une production utile de la terre ; dès
lors, le fait d'avoir arraché à l'aide d'un rateau et emporté
une certaine quantité de chaume, non encore détaché du
sol, constitue la contravention prévue et réprimée par
l'article 475, n° 15, du Code pénal. (*Cassation,* 18 novembre 1859.)

CHEMINÉES.

L'article 674 du Code civil prescrit, pour la construction des cheminées, de suivre les usages locaux, auxquels il n'a apporté aucun changement.

Quelques coutumes règlent ce qu'il faut faire, d'autres sont complétement muettes ; il y a même diversité dans celles qui en parlent.

C'est ainsi que la coutume d'*Auxerre* porte, art. 111 : « en mur mitoyen, le premier qui assied ses cheminées ne peut être contraint par l'autre à les ôter, ni reculer, pourvu que le premier assiégeant laisse la moitié du mur et une chantille pour contre-feu de son côté. »

L'article DCXI de la coutume de *Normandie* est ainsi conçu : « de tout mur mitoyen, chacun des voisins est tenu, en édifiant le tuyau ou canal de ladite cheminée, de laisser la moitié dudit mur entier, et quatre pouces en outre pour servir de contre-feu ; et ne pourra le voisin mettre aucuns sommiers contre ni à l'endroit de ladite cheminée qui aura été premièrement bâtie. »

Mais la coutume de *Paris* est toute différente. Elle considère le mur mitoyen comme une chose commune qui doit être maintenue intacte, sans qu'il soit permis à l'un des deux voisins d'y porter la moindre altération par l'encastrement de ses tuyaux. Ainsi, l'un n'a pas plus de droit que l'autre, pas même celui qui aurait bâti le premier. Ce principe est puisé dans la loi 13 FF, L. VIII, *de servitut. prædior. urban.*

C'est aussi le principe établi par notre législation actuelle. En effet : l'article 662 du Code c. défend à un propriétaire de pratiquer dans le mur mitoyen aucun enfoncement sans le consentement du voisin. Si cet article ajoute : « ou sans avoir, à son refus, fait régler par experts les moyens nécessaires pour que le nouvel œuvre ne soit pas nuisible aux droits de l'autre », cette seconde partie ne s'applique évidemment qu'aux percements nécessaires soit pour appuyer une poutre ou d'autres pièces de bois (art. 657), soit pour effectuer des travaux qui ne nuiraient ni à la solidité du mur, ni aux droits du voisin ; car, comment supposer que des experts puissent décider que l'encastrement d'une cheminée ne nuit pas à la solidité du mur mitoyen ? Et que deviendrait ce mur si le copropriétaire voulait, lui aussi, user du même droit de son côté ? Ils ne le décideraient assurément que dans le cas où le mur aurait une épaisseur exceptionnelle, d'après la règle générale qui veut que chacun des copropriétaires puisse retirer du mur commun tous les services que ce mur est susceptible de rendre suivant sa nature, sous la condition de ne nuire ni au mur, ni au voisin. (*Argument* de l'art. 1859, n° 2, du *C. c.*)

Celui qui est propriétaire de la totalité du mur de séparation peut évidemment y enclaver ses cheminées, puisqu'il est maître de faire de sa chose ce que bon lui semble ; mais, si le voisin de ce mur en achète la mitoyenneté, pourra-t-il exiger que les cheminées soient retirées hors du mur ? *Lepage* décide l'affirmative. Ce droit lui paraît du moins incontestable dans les coutumes qui défendent d'enclaver les cheminées ; car, celui qui bâtit sait bien qu'un mur qui le sépare immédiatement de l'héritage voisin est susceptible de devenir mitoyen ; il ne peut donc rien faire contre ce droit éventuel qu'il lui était facile de prévoir. A l'appui de cette opinion, on peut dire que celui qui a acheté la mitoyenneté d'un mur a le droit de le surélever, et qu'il ne pourrait jouir de ce droit qu'en faisant abattre le tuyau de la cheminée. — Nous pensons, toutefois, que si l'acquéreur de la mitoyenneté connaissait cette circonstance, contre laquelle il n'aurait pas immédiatement protesté, son silence, équivalant à un consentement, serait un obstacle à toute réclamation ultérieure. Mais, si le mur venait à être reconstruit, chacun des copropriétaires rentrerait dans le droit commun, à moins que cet état de choses n'eût duré pendant trente ans. (*C. c.*, art. 665.)

Quand un père de famille a encastré ses cheminées dans l'épaisseur d'un mur qui se trouve au milieu de son bâtiment, et que ses héritiers se partagent l'immeuble de manière que ce mur soit mitoyen, l'héritier du côté duquel se trouvent les cheminées est-il tenu de les rétablir hors de l'épaisseur du mur? La négative ne souffre aucune difficulté, parce que l'état dans lequel existent les cheminées a été considéré dans le partage; il en est une des conditions; dès lors, l'enfoncement des cheminées dans le mur mitoyen se trouve autorisé par le consentement du voisin, puisque c'est avec lui que s'est fait le partage.

Si le mur devenu mitoyen par l'effet du partage avait besoin d'être reconstruit en entier, faudrait-il le rétablir comme il était? Pourrait-on forcer le maître des cheminées de les refaire hors de l'épaisseur du mur? La reconstruction doit être exécutée sans changer en rien l'ancien état des choses. En effet, l'encastrement des cheminées ayant été consenti par le partage, c'est un droit que le propriétaire qui en jouit ne peut perdre que par la prescription, et c'est le cas d'appliquer l'art. 665 du Code civil, qui décide que, quand on reconstruit un mur mitoyen, les servitudes actives et passives continuent à l'égard du nouveau mur, comme elles étaient à l'égard de l'ancien. (*Lepage*, n° 150.)

Lorsque, par suite de la surélévation d'un mur mitoyen faite par l'un des communistes, il y a nécessité d'élever les tuyaux de cheminée du copropriétaire de ce mur, à qui incombent les frais de cette élévation?

Si l'on consulte *Pardessus*, Traité des servitudes, édition de 1838, n° 74, on voit que, si le voisin avait un tuyau de cheminée adossé au mur, et que, par l'exhaussement, ce tuyau devînt hors d'usage à cause du refoulement de la fumée, le tuyau devrait aussi être exhaussé aux dépens de celui qui fait exhausser le mur. — Mais cet auteur ne donne aucune raison à l'appui de sa proposition, qu'il regarde comme la conséquence du principe « que celui qui exhausse le mur doit payer, chez le voisin, le rétablissement des lieux dans leur premier état. » Cependant, la conséquence que l'on tire de ce principe est fausse, puisqu'il ne s'agit pas d'un *rétablissement*, mais bien d'une *construction nouvelle*.

Il est à croire que *Pardessus* a été conduit à poser une pareille règle par l'arrêt de la Cour de *Limoges* du 4 mai 1813, qui n'est point un arrêt de principe, mais seulement un arrêt d'espèce. Il s'agissait d'un voisin qui avait avancé la toiture de sa maison sur la cheminée de son adversaire; alors, il est évident qu'une réparation était due, parce qu'il n'y avait pas seulement l'usage d'un droit de la part du constructeur, qu'il y avait aussi abus dans l'usage de son droit, et que, si cette circonstance ne s'était pas rencontrée, si le voisin avait seulement exhaussé le mur, sans aucune autre aggravation, il est très-probable que la solution eût été toute différente. Du reste, il faut remarquer que, même dans le cas qui se présentait, la décision dont il s'agit est certainement contre les principes. La Cour ne devait pas ordonner l'élévation du tuyau de la cheminée par la veuve Vialle, elle devait seulement ordonner de faire disparaître l'avancement du toit sur le tuyau de la cheminée, puisque c'était ce qui avait été fait sans droit, et ce qui causait le préjudice. (*Duranton*, t. V, n° 331.)

Perrin, Code des constructions, n° 136, se range à l'opinion de *Pardessus*, et il invoque en outre les dispositions des articles 1382 et 1383 du Code civil. — Mais ces articles ne s'appliquent qu'au cas où le fait qui cause du dommage à autrui a lieu *injustement*, et non pas parce que l'auteur de ce fait use de son droit, comme quand le propriétaire du mur mitoyen en fait l'exhaussement, car la loi le lui permet, et ce n'est pas un tort qu'on fait à autrui quand on fait ce que la loi permet : *qui jure suo utitur neminem lœdit.* On ne peut pas être obligé à autre chose que ce à quoi la loi oblige, et, dans le cas donné, la loi n'oblige à aucune autre chose qu'à payer la surcharge. Ce sont là des principes certains, évidents, enseignés par tous les auteurs.

Si l'on étudie *Pothier*, 1er appendice au Contrat de louage, nos 109 et suivants; *Toullier*, Droit civil, t. III, art. 2, § 1er, section 3, chap. III, titre Ier, livre II; *Duranton*, § 1er, section 2, chap. II du titre des Servitudes, on y voit, à n'en pas douter, que c'est le maître des cheminées adossées au mur mitoyen qui doit les exhausser à ses frais, bien que le mur ait été exhaussé par le voisin. Cela ressort de ce qu'ils prétendent tous que le constructeur est tenu seulement du rétablissement des lieux dans l'état primitif; qu'il n'est obligé qu'à rétablir dans leur premier état les treillages, les édifices et autres choses semblables qui seraient adossés à l'ancien mur, ce qui s'applique surtout au cas de reconstruction du mur. Cela ressort aussi de ce que dit *Duranton*, n° 331, quand il reconnaît au constructeur le droit de déplacer la partie du toit de la maison du voisin (ce qui est surtout le cas de l'exhaussement), et qu'il ajoute : « sauf à lui à rétablir à ses frais le bâtiment du voisin en parfait état de couverture dans cette partie ». Cette doctrine veut bien, et avec raison, que le voisin qui exhausse le mur soit tenu des *rétablissements*, mais elle ne dit pas qu'il fera des édifications nouvelles au delà de ce qui existait avant son entreprise.

Desgodets, sur la coutume de Paris, art. 196, *Goupy*, son annotateur, et *Lepage* sont de cet avis que c'est le maître des cheminées qui doit payer l'exhaussement de ces travaux.

Enfin, qu'on lise le Répertoire de jurisprudence de *Merlin*, au mot « cheminées », on y voit que ce savant juris-

consulte distingue le cas de la *reconstruction* du mur mitoyen pour l'élever plus haut du simple *exhaussement* de
ce mur. Au premier cas, il dit : « si, pour élever davantage une maison basse, un propriétaire est obligé de
rebâtir le mur mitoyen, il doit faire rebâtir les tuyaux des
cheminées qui y sont adossées, si ces tuyaux ne sont pas
trop anciens et adossés les uns sur les autres. » C'est aussi
la doctrine de tous les auteurs. Quand il s'agit de reconstructions, celui qui veut reconstruire doit rétablir les
lieux, mais rien de plus. Au second cas, lorsqu'il ne s'agit
que d'un exhaussement, *Merlin* s'exprime ainsi : « un
propriétaire est obligé d'élever les cheminées de sa maison, quoique basse, aussi haut que celle du voisin, si elles
s'appuient sur un mur qui n'est mitoyen que dans la partie
qui règne jusqu'à la hauteur de la maison basse, et il doit
alors payer la moitié de la valeur du mur contre lequel les
cheminées sont adossées, non-seulement dans la largeur
occupée par les tuyaux, mais encore un pied au delà, de
chaque côté, sur toute la hauteur. » — Quoi de plus clair ?
Quoi de plus positif ? Voilà confirmée, en termes formels,
la conséquence qu'on a tirée plus haut de la doctrine des
auteurs qui sont cités. Voilà la règle qu'on suivait autrefois,
et que l'on doit suivre aujourd'hui.

Supposons, en effet, que je construise une maison sur
la limite de mon terrain, et que j'élève mon pignon à une
hauteur de dix mètres. Quelque temps après, mon voisin
construit également une maison de six mètres seulement ;
il m'achète la mitoyenneté de mon pignon jusqu'à cette
hauteur de six mètres, et, en plus, la largeur suffisante
dans le surplus de la hauteur pour y adosser ses cheminées, qu'il conduira jusqu'à l'extrémité supérieure de mon
pignon. Supposons maintenant que je surélève de trois
mètres mon pignon, qui n'avait d'abord que dix mètres,
mon voisin sera tenu d'élever d'autant ses cheminées, et il
devra même me payer la partie du pignon où il les ados-

sera. Si je dis que cette élévation de ses tuyaux doit avoir lieu à ses frais, n'est-ce pas avec raison? N'est-ce pas enfin la même chose que si mon pignon ayant eu primitivement treize mètres, il eût été tenu, de prime abord, d'établir les tuyaux de sa cheminée à cette hauteur? La seule différence, c'est qu'il fait l'ouvrage en deux fois.

Mais, dira-t-on, si le voisin ne peut vous forcer à élever ses tuyaux, il les laissera dans l'état actuel, pourvu que la surélévation de votre pignon ne refoule pas la fumée. A cela, nous répondrons qu'il ne le peut pas : en effet, la tête de sa cheminée joignant la partie du mur qui m'appartient privativement, n'en résulterait-il pas des dégradations à cette partie du mur? La fumée qui sortirait de ces tuyaux ayant leur orifice adossé au mur, parfois même des étincelles, des flammèches, ne corroderaient-elles pas mon mur et ne lui occasionneraient-elles pas dommages, surtout à la longue? Si l'on m'objecte encore que ce dommage est occasionné par un fait qui m'est personnel, je répondrai ce qui a été dit plus haut : *feci sed jure feci*, je n'ai fait qu'user de mon droit, et le fait de surélévation n'oblige à aucune autre chose qu'à celle de payer la surcharge.

Nous concluons donc :

1° Que les tuyaux de cheminée doivent être élevés jusqu'au haut du mur auquel elles sont adossées, même au delà de l'héberge, et jusqu'au sommet du mur élevé par le voisin ;

2° Que les frais de l'exhaussement de ces tuyaux de cheminée, alors même que le mur auquel elles sont adossées est surélevé par le voisin, sont à la charge du maître des cheminées ;

3° Enfin, que celui-ci doit payer la mitoyenneté de l'emplacement de ses tuyaux.

Voyez : *Mitoyenneté* et *Mur mitoyen*.

CHEMINS.

Les chemins sont *publics* ou *privés*.

Les chemins *publics* comprennent :

1° Les grandes routes, dites nationales ;

2° Les chemins vicinaux ;

.3° La voie publique intérieure des villes, bourgs et villages ;

4° Les chemins ruraux et communaux, et, en un mot, tous lieux ouverts à la circulation du public et que l'autorité administrative n'a pas classés comme routes nationales ou chemins vicinaux.

Les routes nationales et les chemins vicinaux sont imprescriptibles. Toutes les usurpations qui auraient été commises sur leur largeur peuvent toujours être poursuivies et réprimées, sans avoir égard à la durée du temps écoulé depuis l'entreprise.

Le terrain attribué par une décision administrative à l'établissement d'une route ou d'un chemin vicinal sur un ancien chemin d'une largeur indéterminée, ou à l'élargissement d'une route ou d'un chemin vicinal, se trouve dès lors acquis à la voie publique, et n'est plus susceptible d'actes de possession. Le riverain ne conserve qu'une action en indemnité. (*Loi* du 21 mai 1836.)

Toutefois, ce dernier, en cas de contestation, a l'action possessoire, contre l'État, le département ou la commune, non pour rentrer dans la possession du terrain, mais pour faire reconnaître sa possession antérieure et réclamer l'indemnité affectée au terrain contesté. (*Ordonnance du Conseil d'État*, du 28 novembre 1829 ; — *Cassation*, 26 février 1833, 22 novembre 1847 et 29 novembre 1848.)

Les rues des bourgs, villes et villages sont soumises aux mêmes règles que les routes ou chemins dont elles sont la continuation.

Les chemins communaux non déclarés vicinaux et les chemins ruraux sont prescriptibles, c'est-à-dire qu'on peut en acquérir la possession. Si l'on remonte à l'origine de la création de ces chemins, on trouve que la plupart se sont établis par l'usage continu des habitants. Cela a été souvent une usurpation de la propriété privée, laquelle usurpation est devenue, avec le temps, un droit respectable et légitime dans l'intérêt de la communauté.

N'est-ce pas le cas de dire que ce qui a été acquis par la prescription peut se perdre par la même voie, et que l'usage qui avait transformé en chemin, en rue, un terrain quelconque, peut l'abandonner définitivement et le faire rentrer dans la classe des propriétés livrées au commerce? C'est sur ces considérations que la Cour de cassation s'est fondée pour décider qu'un chemin, de même qu'une portion de chemin en largeur et en longueur, s'il est abandonné, devient susceptible d'appropriation privée. La Cour a suivi en cela l'opinion de son premier président, l'éminent M. Troplong, qui a enseigné cette doctrine dans ses remarquables et puissantes explications du Code civil.

Voir *Arrêt* du 27 novembre 1861 ; *Jay*, 1863 p. 166.

Le simple usage d'un chemin par les habitants d'une commune est insuffisant pour attribuer la propriété de ce chemin à la commune ; il faut qu'à cet usage se réunissent des actes et des faits qui démontrent que la commune a possédé le chemin *animo domini*. (*Caen*, 19 novembre 1862.)

Si le passage des habitants d'une commune peut quelquefois être considéré comme constituant une possession utile, ce n'est que dans le cas où ce chemin présente tous les caractères d'une voie publique, et notamment s'il est établi que ce chemin figure sur le cadastre ou sur l'état de classement des communaux, ou encore que la commune a fait sur ce chemin des travaux d'entretien ou de réparation indiquant l'intention de cette commune de posséder à titre de propriétaire. (*Tribunal de Senlis*, 17 décembre 1863.)

Par arrêt du 16 mars 1861, la Cour de *Paris* a jugé que le passage exercé, même depuis plus de 30 ans, par les habitants d'une commune sur un chemin ou sentier traversant des propriétés particulières, ne suffit pas à lui seul pour faire acquérir à la commune, par la prescription, la propriété de ce chemin. *C. c.*, 691 et 2229. — Cette décision est conforme à une jurisprudence constante. Les chemins ou sentiers de commodité ou d'exploitation des propriétés particulières sont, en effet, considérés comme ayant été établis par conventions entre les propriétaires auxquels le passage est nécessaire. La possession de tels chemins ou sentiers est donc toujours réputée avec titre ou de pure tolérance.

Toutefois, des actes de passage exercés non isolément par un ou plusieurs individus, mais par la généralité des habitants d'une commune, pour tous leurs besoins, doivent être considérés moins comme l'exercice d'une simple servitude que comme constitutifs d'une possession non précaire du terrain sur lequel ces actes sont pratiqués, surtout dès qu'ils sont assez fréquents et exclusifs pour ne pas laisser supposer l'ignorance ou la tolérance de la partie intéressée à les contredire. (*Cassation*, 2 décembre 1844.)

Les chemins privés appartiennent en général aux propriétés qu'ils bordent ou qu'ils traversent; ils sont établis pour l'exercice d'un droit de passage résultant ou de la loi, par exemple à cause d'enclave, ou d'une convention. — Ce qui, dans ces conditions, s'applique aux chemins privés, sera traité aux mots *enclave* et *passage*.

Nous avons déjà expliqué qu'un chemin d'exploitation est considéré comme une propriété commune entre les possesseurs des fonds riverains aux dépens desquels ils sont censés avoir été formés ; un arrêt de la *Cour de cassation*, du 19 novembre 1828, a décidé que le trouble à la jouissance apporté par l'un d'eux en repoussant le chemin sur son voisin, autorise l'action possessoire, sans que le complaignant soit tenu de produire un titre, alors même qu'il n'y a pas d'enclave.

Le *Droit romain* avait établi cette division de chemins :

Le *sentier* (iter) s'entendait d'un chemin qui n'admettait le passage que d'une personne à pied ou à cheval, mais sans voiture. Sa largeur était de deux pieds.

La *sente* (semita) n'avait qu'un pied de largeur.

Le *chemin* proprement dit (*actus*), dont la largeur était de quatre pieds, emportait le droit de passer avec cheval et voiture, et d'y faire passer les bestiaux ; mais il ne s'entendait pas de toute espèce de voitures : par exemple, on n'en pouvait pas user pour des charrettes chargées de pierres ou de solives.

Enfin la *voie* (via) était le droit le plus étendu ; il comprenait la faculté d'aller, de venir, de se promener à pied, à cheval ou en voiture, et de faire passer des chariots chargés de toute espèce de matériaux. Selon la loi des *Douze Tables*, la voie devait avoir huit pieds de largeur quand le passage était libre et droit, et seize pieds quand il était tortueux et tournant.

Ces largeurs ne sont pas adoptées uniformément en France ; elles varient suivant les coutumes et les usages.

L'usage le plus généralement suivi est d'admettre pour la *sente*, passage à pied, un mètre ; pour le *sentier*, passage à cheval, deux mètres ; et pour le *chemin*, passage avec voiture, deux mètres soixante-six centimètres.

Il est toujours prudent de déterminer la largeur par écrit lors de l'établissement de la servitude.

CIMETIÈRES.

Le décret du 24 prairial an XII a réglé la surveillance, la police et l'administration des cimetières.

Un autre décret du 7 mars 1808 contient les dispositions suivantes :

« Nul ne pourra, sans autorisation, élever aucune habitation, ni creuser aucun puits, à moins de *cent* mètres des nouveaux cimetières transférés hors des communes en vertu des lois et règlements. — Les bâtiments existants ne pourront également être restaurés, ni augmentés, sans autorisation. — Les puits pourront, après visite contradictoire d'experts, être comblés, en vertu d'ordonnance du préfet du département, sur la demande de la police locale. »

Mais, comme les propriétaires voisins ne peuvent, sans autorisation, élever des habitations ou creuser des puits à moins de cent mètres de distance des nouveaux cimetières, l'établissement de ces cimetières cause un préjudice à leurs propriétés, et donne droit aux voisins à une indemnité obligatoire pour les communes. Cette indemnité doit être réglée par l'autorité judiciaire. (*Ordonnance du Conseil d'État*, du 28 juillet 1824.)

Comme ces propriétaires ne sont pas dépouillés de leur chose, qu'il n'y a que ce qu'on nomme *dommage permanent*, ils ne peuvent paralyser l'ouverture du nouveau cimetière antérieurement à l'expropriation qui pourrait être prononcée contre eux.

Cependant, si un cimetière était établi dans le voisinage de la propriété d'un habitant plus près que la distance légale, cet habitant aurait le droit de former opposition à l'ordonnance qui aurait autorisé cet établissement. (*Solution implicite de l'ordonnance du Conseil d'État*, du 28 juillet 1824.)

Si le ministre avait autorisé la translation d'un cimetière à une distance des habitations égale à celle qui est fixée par la loi, le recours n'est pas permis par la voie contentieuse. (*Ordonnance du Conseil d'État*, du 8 novembre 1833.)

Il a été jugé, avec raison, que ce n'était pas le cas d'appliquer ici le principe d'après lequel un propriétaire ne peut être dépouillé par l'État ou les communes qu'après paiement d'une juste et préalable indemnité, et que les tribunaux étaient incompétents. — *Nancy*, 30 mai 1843. — En effet, il n'y a pas dépossession, il n'y a que dommage.

L'autorité judiciaire est compétente, à l'exclusion de l'autorité administrative, pour décider le caractère des constructions élevées sans autorisation à moins de cent mètres d'un cimetière transféré, et si elles sont de la nature de celles que prohibe le décret du 7 mars 1808. (*Cassation*, 27 avril 1861.)

Le décret de 1808, qui exige l'autorisation administrative pour l'établissement de toute construction à moins de cent mètres des cimetières transférés, doit recevoir son application non-seulement quand la construction à élever est destinée à l'habitation de jour et de nuit, mais aussi lorsque l'occupation doit en être habituelle, quoique non permanente, et spécialement lorsqu'elle est à destination de grange et d'écurie. (*Cassation*, 10 juillet 1863.)

CLOTURE.

Tout propriétaire peut clore son héritage, sauf l'exception portée en l'article 682 du Code civil. — Cette exception est en faveur des terre enclavées qui manqueraient d'issue sur la voie publique.

Pour qu'un champ soit réputé clos, il suffit qu'il soit entouré d'un mur de quatre pieds de hauteur avec barrière ou porte ; ou qu'il soit exactement fermé et entouré de palissades ou de treillages, ou d'une haie vive ou sèche ; ou enfin d'un fossé de quatre pieds de large au moins à l'ouverture et de deux pieds de profondeur. (*Loi* du 6 octobre 1791, section 4, article 6.)

Dans les villes et faubourgs, chacun peut *contraindre* son voisin à la construction d'un mur séparatif qui, à défaut de règlement spécial ou usage dans la localité, doit avoir au moins trente-deux décimètres de hauteur, y compris le chaperon, dans les villes de cinquante mille âmes et au dessus, et vingt-six décimètres dans les autres. (*C. c.*, art. 663.)

Le voisin peut-il se rédimer de cette obligation en abandonnant la moitié du terrain sur lequel la clôture doit être assise ? — Cette question a déjà été traitée.

Voyez : *Abandon.*

Si le sol de l'un des héritages est plus élevé, la hauteur légale se mesure de ce côté, et le propriétaire du sol le plus bas ne contribue aux frais que jusqu'à la hauteur mesurée de son côté ; le surplus est aux frais du propriétaire du terrain le plus élevé, qui doit supporter les charges auxquelles donne lieu l'état de sa propriété. (*Desgodets* ; — *Pardessus*, n° 150.)

Ce dernier est même tenu de faire, de son côté, un contre-mur pour empêcher que la clôture commune ne soit détruite par le mouvement des terres qui la pousseraient. (*Ibidem.*)

Si le terrain le plus élevé formait terrasse, le propriétaire ferait seul les frais du mur, puisqu'il servirait de soutien à son terrain. (*C. c.*, argument de l'art. 698 ; — *Pardessus*, n° 150.) — Ce propriétaire n'aurait pas droit à une indemnité de surcharge si le voisin exigeait la construction d'un mur de clôture sur le mur de terrasse : c'est un inconvénient de l'état de sa propriété qu'il doit subir. (*Pardessus*, ibid.)

Quant au mode de clôture, toujours dans le cas de l'article 663, c'est-à-dire à l'épaisseur du mur, à la profondeur de ses fondations, à la nature de ses matériaux, on suit les usages du pays.

Celui qui veut se clore n'a droit d'exiger du voisin que

la moitié de la dépense et du terrain d'un simple mur de clôture ; s'il désire un mur plus fort et plus coûteux, il doit prendre l'excédant du terrain de son côté, et supporter seul la dépense ; — mais ce mur ne sera commun, pour la jouissance et l'entretien, que jusqu'à la hauteur ordinaire de clôture, et le surplus restera la propriété de celui qui l'aura construit.

Dans les villes et faubourgs, celui qui a construit à ses frais un mur de clôture sur son héritage peut forcer son voisin d'en acquérir la mitoyenneté. (*Desgodets ; Pardessus ; Duranton*, n° 323.—*Toullier*, t. III, n° 198, professe l'opinion contraire.)

Voyez : *Fossé, Haie, Mur mitoyen.*

COMMUNAUX.

BIENS DE COMMUNE.

Le mot biens communaux comprend tout ce qui peut être possédé par une commune à titre de propriété privée ; mais, dans le patrimoine communal, entrent aussi des choses qui, comme étant affectées au service public, ne seraient pas susceptibles de propriété privée.

Les biens de commune peuvent donc se diviser en trois classes, savoir : 1° *les biens publics communaux ;* 2° *les biens et revenus patrimoniaux ;* 3° *les biens communaux* proprement dits.

1° Les *biens publics communaux*, comprenant le *domaine public communal*, sont tous ceux affectés soit à l'usage de tout le monde, soit à l'usage des habitants de la commune ; tels sont les rues, les places, les chemins, les églises, les fontaines, etc.

Si l'on doit comprendre dans le patrimoine des communes les objets dont nous parlons, ce n'est pas que la commune y ait un droit de propriété proprement dit ; il est vrai qu'elle en jouit, mais tout le monde peut en jouir de même. Les églises, par exemple, sont ouvertes à tous, les rues, les chemins, les places, les fontaines publiques sont à la disposition des étrangers aussi bien que des habitants. Ces biens sont hors du commerce ; ils ont le même caractère que ceux dont parle l'article 538 du Code civil ; ils sont inaliénables et imprescriptibles.

En effet, le domaine public municipal n'est qu'une fraction du domaine public général, et les mêmes raisons qui ont fait établir la règle de l'inaliénabilité et de l'imprescriptibilité pour le domaine public lui sont applicables.

Mais un hôtel de préfecture ne rentre pas dans la catégorie des édifices publics placés hors du commerce, et le voisin peut, en conséquence, demander à acquérir la mitoyenneté du mur de l'hôtel ou des bureaux. (*Cour de Paris*, arrêt du 18 février 1854.) — Suivant cette jurisprudence, et par assimilation, il devrait en être de même des mairies, des maisons d'école et des presbytères.

Il faut bien distinguer les places publiques proprement dites de certains emplacements qui sont demeurés vacants dans le bourg ou dans le village, et où les habitants pourraient avoir l'habitude de se réunir à certains jours de fête. Ces portions de territoire appartenant autrefois aux seigneurs, comme vacants, la loi du 10 juin 1793 a déclaré qu'ils appartiennent de leur nature aux communes sur les territoires desquelles ils sont situés. — C'est d'après les règles particulières établies par cette loi que devraient se juger les questions de propriété qui pourraient s'élever entre la commune et les particuliers à l'occasion de ces biens.

Nous avons dit que les rues et les places publiques font partie du domaine public municipal et sont par là même imprescriptibles. La fixation de leur étendue, de leur largeur, de leurs limites, existe dans les villes où sont dressés des plans d'alignement d'autorité publique ; il ne peut donc exister de difficulté ni au pétitoire, ni au possessoire, car, quelque longue, quelque évidente que soit la possession, elle est inefficace dès l'instant qu'elle a eu pour objet un terrain que le plan démontre avoir fait partie de la rue ou de la place. (*Cassation*, arrêt du 4 février 1825.)

Dans les villages, au contraire, les rues n'ont aucune dimension bien marquée ; elles sont tantôt larges, tantôt étroites, et souvent il existe des places vides au devant des maisons.

Il est vrai que dans les communes un habitant ne peut bâtir sur la rue sans avoir obtenu du maire un alignement ; le défaut d'accomplissement de cette obligation donne lieu à l'amende, et, qui plus est, le tribunal de simple police doit ordonner la démolition ; mais sur ce point les règlements ne sont pas observés d'une manière bien stricte ; d'ailleurs, il est possible que le maire élève la prétention de faire considérer comme appartenant à la commune une place à bâtir ou même un terrain construit qui ne serait qu'une propriété particulière.

La circonstance qu'un terrain borde les habitations ou les murs de clôture suffit-elle pour le faire considérer comme une partie intégrante de la rue, et, par conséquent, comme imprescriptible ?

L'auteur du Traité du domaine public ne le pense pas, mais, partant du système qu'il a embrassé, celui de la propriété native des communes, il regarde les places vides dont il s'agit comme des terrains communaux, et par arrêté du 21 mai 1838, la chambre des requêtes a décidé que les places vides qui se trouvent dans l'intérieur des communes sont présumées, jusqu'à preuve contraire, faire partie de la voie publique.

Toutefois, ce serait pousser les choses trop loin que de regarder les emplacements vides dont se servent les habitants en face de leurs habitations comme étant invariablement frappés de la même imprescriptibilité que la voie publique. Des dépôts de bois, de fumier, etc., ne peuvent, il est vrai, constituer une possession suffisante, à moins qu'il n'existe un titre constatant la propriété de l'emplacement ; l'occupation même, à défaut de titre, ne doit être attribuée qu'à la tolérance, et elle est une suite de la destination de ces places vides, dont l'encombrement momentané ne gêne point la circulation. Aussi la Cour de *Besançon*, par arrêté du 14 novembre 1844, a-t-elle décidé que, quelle que soit l'ancienneté des dépôts de fumier, de bois et d'autres matières au bord d'une rue ou d'un chemin public, les propriétaires du fonds dont le mur ou la haie joint la voie publique ont droit de faire enlever ces dépôts, la faculté d'y ouvrir une porte ne pouvant jamais leur être interdite.

On conçoit aussi que l'administration municipale fasse enlever un banc, un escalier, une échoppe faisant saillie sur la voie publique au devant d'une maison, surtout dans les villes où il existe un plan d'alignement arrêté en Conseil d'État, dans lequel cas des titres postérieurs ne seraient même d'aucun poids ; mais, dans les villages, où la largeur des rues n'est presque jamais déterminée, si le propriétaire, au lieu d'avoir fait de simples dépôts, a construit sur un emplacement joignant la rue, ou qu'il ait enfermé ce terrain par un mur de clôture, peut-on l'obliger de démolir, malgré sa possession, sous le prétexte qu'avant la bâtisse le terrain joignant des habitations ou des murs de clôture était un accessoire de la rue et partant imprescriptible ? Nous croyons, dans ce cas, que ce propriétaire, qui aurait bâti sans opposition, et qui serait troublé dans sa possession annale, devrait y être maintenu, attendu que cette possession suffit pour faire présumer, jusqu'à preuve contraire, que le terrain était une propriété privée, et qu'il ne fait point partie de la rue.

Cette présomption peut même, à défaut de constructions, résulter d'autres circonstances : par exemple, s'il est démontré qu'en élevant son habitation le propriétaire s'est retiré pour laisser au devant de sa maison une place d'aisances (ce qu'il est possible de reconnaître au vu de la localité), ou qu'il existe des bâtiments avançant sur la rue de chaque côté de cet emplacement, et qu'en retranchant la dimension de ce terrain la rue conserve encore la même largeur que plus haut et plus bas. Les titres, les vestiges d'anciennes fondations et une foule d'autres documents peuvent encore également servir à démontrer que le terrain vide ne faisait point partie de la voie publique, qu'en conséquence c'est une propriété ordinaire soumise au droit commun.

Ainsi, il serait donc téméraire de conclure, *a priori*, que tout terrain vague qui se trouve dans une commune au devant des habitations fait partie de la voie publique et est imprescriptible, puisqu'il peut résulter d'une preuve contraire que ce terrain a fait primitivement partie intégrante d'une propriété privée, qu'il a été laissé vague pour la commodité du propriétaire.

2° Les *biens patrimoniaux* sont ceux qui se louent, qui s'afferment et s'exploitent régulièrement au profit de la commune, tels sont les maisons, les halles, les métairies, les moulins, les usines, les prés et les terres labourables, les bois dont on vend les coupes, les rentes sur l'État, les créances. Ces biens peuvent être aliénés avec l'accomplissement des formalités particulières. Ils sont prescriptibles. (*C. c.*, art. 2227.)

3° Enfin les *biens communaux* proprement dits sont ceux dont la jouissance en nature est laissée aux habitants, tels sont les bois dont les coupes leur sont distribuées, les pâturages. Ils sont, comme les précédents, susceptibles d'aliénation et de prescription.

Une commune ne peut intenter aucune action ou y défendre, en ce qui concerne la propriété des biens de la commune, sans y être autorisée par le Conseil de préfecture. (*Loi* du 18 juillet 1837, article 49.)

Le maire peut toutefois, sans autorisation du Conseil de préfecture, intenter toute action possessoire ou y défendre (*Ibid.*, art. 55) ; mais il doit y être autorisé par le Conseil municipal.

COMMUNISTES.

Lorsque ni la loi ni la convention n'ont limité le mode de jouissance d'une propriété indivise, chacun des communistes peut tirer de la chose commune tout l'usage qu'elle procure, sous la seule condition que cet usage ne nuira pas aux droits des autres copropriétaires. Le droit réciproque d'user et de jouir, en pareil cas, doit être réglé d'une manière utile et libérale, et il ne saurait avoir pour limites des prohibitions volontaires et vexatoires, mais seulement des obstacles sérieux fondés sur un dommage certain qui résulterait pour l'un des communistes de la jouissance abusive de l'autre.

COMPLAINTE.

La complainte répond à l'interdit, *retinendæ possessionis,* donné à Rome par le préteur au possesseur pour se faire maintenir dans une possession qu'il n'aurait pu réclamer par l'action réservée au propriétaire civil. On en trouve des traces dans la Loi salique (titre 47), les Établissements de saint Louis et la coutume de Beaumanoir.

Il y a lieu à complainte toutes les fois que l'on est troublé dans une possession réunissant les caractères exigés par la loi. La complainte est l'action possessoire proprement dite.

Peu importe que le trouble ne cause aucun préjudice actuel (*Cassation,* 1ᵉʳ décembre 1829) ; il suffit qu'il annonce de la part du détenteur l'action d'acquérir la possession ou de la rendre équivoque en la personne du demandeur.

Mais il n'y a pas lieu à complainte s'il est établi que le demandeur n'a aucun préjudice sérieux à craindre pour l'avenir (*Cassation*, 14 août 1822) ; — que les travaux achevés sur le terrain du défendeur n'ont rien changé à l'état primitif des lieux. (*Cassation*, 20 juin 1843.)

Le fait des laboureurs qui contournent sur leurs voisins quand ils arrivent en tête de leurs champs ne donne pas lieu à la complainte ; il y a lieu seulement à une action pour dommage causé aux champs. (*Bélime*, n° 324.) — De même le fait, par un propriétaire, d'avoir élagué lui-même les branches des arbres d'un voisin qui avançaient sur son fonds n'emporte pas prétention à la propriété des arbres.

Jugé que la complainte est recevable de la part du propriétaire d'un immeuble contre un tiers qui, malgré la résiliation de son bail, prétend avoir le droit de posséder cet immeuble en qualité de fermier, et qu'il fait acte de jouissance. (*Cassation*, 6 frimaire an XIV.) — Il en est de même si le trouble résulte des usurpations du fermier d'un propriétaire voisin, sauf à lui à appeler ce dernier en cause. (*Cassation*, 19 novembre 1828.)

Voyez: *Actions possessoires* ; — *Interdits* ; — *Réintégrande.*

CONSTRUCTIONS.

Chacun peut faire au dessus et au dessous du sol de sa propriété toutes les constructions et fouilles qu'il juge à propos. (*C. c.*, articles 544 et 552.)

Toutefois, il est des règles à observer en ce qui concerne le voisinage des bois et forêts, des places fortes, des cimetières, de la voie publique et des héritages des particuliers.

Voici les règles concernant ces divers voisinages.

Voisinage des bois et forêts. — Aucun four à chaux ou à plâtre, aucune briqueterie ou tuilerie ne peuvent être établis à moins d'un kilomètre des forêts sans l'autorisation du gouvernement, à peine d'une amende de 100 à 500 francs et de démolition des établissements. (*Code forestier*, art. 151.)

Il ne sera non plus établi, sans la même autorisation, aucune maison sur perches, loge, baraque ou hangard, à moins d'un kilomètre des forêts, sous peine de 50 francs d'amende et de démolition. (*Ibid.*, art. 152.)

Aucune construction de maisons ou fermes ne peut être effectuée, sans la même autorisation, à la distance de 500 mètres des bois et forêts soumis au régime forestier, à peine de démolition. Il est statué dans le délai de six mois sur les demandes en autorisation ; passé ce délai, la construction peut être effectuée. (*Ibid.*, art. 153.)

Il y a exception à cette dernière défense à l'égard des bois et forêts appartenant aux communes, et qui sont d'une contenance au dessous de 250 hectares. (*Ibid.*)

Sont aussi exceptées de cette même défense les maisons et usines qui font partie des villes, villages ou hameaux formant une population agglomérée. (*Ibid.*, art. 156.)

Il y a enfin exception à la même défense en faveur des maisons ou fermes existantes à l'époque du 21 mai 1827, date du Code forestier. Elles peuvent être augmentées sans autorisation. (*Ibid.*, art. 153.)

Voisinage des places de guerre. — Dans l'étendue de 250 mètres des postes militaires et des places de guerre de toutes classes, il ne peut être bâti aucune maison ni clôture d'une construction quelconque. (Article 1er de l'*Ordonnance* du 1er avril 1821 pour l'exécution de la loi du 17 juillet 1819.)

Dans l'étendue de 487 mètres autour des places de 1re et de 2e classe, il ne peut être bâti ni reconstruit aucune maison ni clôture de maçonnerie ; mais au delà de la première zone de 250 mètres, il est permis d'élever des bâtiments et clôtures en bois et en terre, sans pouvoir y employer de pierres ni de briques, même de chaux ni de plâtre autrement qu'en crépissage, et à la condition de les démolir dans le cas où la place, déclarée en état de guerre, serait menacée d'hostilité. (*Ibid.*, art. 2.)

Tout propriétaire de bâtiment, maison, clôture ou autre construction quelconque existant dans l'une des zones des servitudes, ou en deçà de l'alignement de la rue militaire, qui veut faire exécuter des réparations, est tenu d'en faire préalablement la déclaration au chef du génie, et ne peut les faire commencer qu'après que celui-ci a délivré un certificat portant qu'elles sont dans l'un des cas où l'exécution est autorisée par l'ordonnance précitée.

Voisinage des cimetières. — Voir ce mot.

Voisinage de la voie publique. — Nul ne peut construire sur la voie publique sans observer les règlements de police, à ce point que la démolition des constructions est ordonnée aussi bien lorsqu'il y a contravention à ces règlements que lorsque les constructions menacent ruine. (*Loi* du 24 août 1790 ; *Loi* des 19–22 juillet 1791.)

Voir *Alignement.*

Règles envers le voisin. — Celui qui veut construire sur la ligne séparative doit non-seulement prendre les précautions nécessaires pour n'occasionner aucun dommage au voisin, mais encore prévenir celui-ci de l'instant où il commencera les travaux.

Cet avertissement au voisin se fait ordinairement par un acte extrajudiciaire, afin de constater la mise en demeure. Il est surtout nécessaire lorsqu'il y a lieu de fixer l'alignement ou lorsqu'on travaille sur ou contre un mur mitoyen.

La prudence commande de concerter avec le voisin la position que doit occuper la construction sur la ligne séparative, et, s'il s'agit d'une reconstruction, de faire constater l'emplacement des anciens murs et bâtiments,

l'avance des toits, etc., avant de faire disparaître les vestiges. Ce défaut de précaution a souvent donné lieu à des
procès qu'on aurait pu éviter. Il a été jugé que le propriétaire sur le fonds duquel a été commis un empiètement ne
peut être astreint à recevoir une indemnité, mais qu'il a le
droit d'exiger la démolition des constructions, quelque
léger que soit le dommage causé par l'empiètement.
(*Cassation*, 22 avril 1823.)

Lorsqu'on reconstruit une maison, les servitudes actives
et passives se continuent à l'égard de la nouvelle. (*C. c.*,
art. 665.)

Il n'est pas permis d'abaisser son sol plus bas que celui
du voisin sans le soutenir, ni de le hausser sans soutenir le
rehaussement. (*Desgodets*, p. 78.)

On doit observer pour la vue sur la propriété des voisins les distances prévues par les articles 675 et suivants
du *Code c.*

Voyez le mot *Vues*.

On ne peut faire verser l'eau de ses toits sur le fonds
voisin. (*C. c.*, art. 681.)

Voir *Égout des toits*.

Certaines constructions exigent des précautions particulières, telles sont celles des puits, des cheminées, des
forges, des fours, des fourneaux, des étables, lorsqu'on
les fait contre le mur voisin. On doit observer à cet égard
la distance voulue, ou faire les ouvrages prescrits par les
règlements et usages, pour éviter de nuire au voisin.

Pour un puits, s'il est à proximité d'une cave ou d'un
autre puits placé sur le terrain voisin, on doit établir un
contre-mur pour garantir ou le mur de séparation, ou la
cave du voisin, ou son puits, de tous les dommages que
pourrait causer l'infiltration des eaux.

Ce que nous venons de dire s'applique aux fosses
d'aisance.

Voyez ce mot et *Mur mitoyen*.

CONTRE-MUR.

Un contre-mur doit être établi dans certains cas pour prévenir les dégradations du mur principal.

L'article 674 du Cod. c. porte que : celui qui fait creuser un puits ou une fosse d'aisance près d'un mur mitoyen ou non ; — celui qui veut y construire cheminée ou âtre, forge, four ou fourneau ; — y adosser une étable ou établir contre ce mur un magasin de sel ou un amas de matières corrosives, est obligé de laisser la distance prescrite par les règlements et usages particuliers sur ces objets, ou de faire les ouvrages prescrits par les mêmes règlements et usages pour éviter de nuire au voisin.

Le législateur n'a indiqué ni la distance qui doit être observée entre l'héritage voisin, ni les sortes d'ouvrages intermédiaires qu'il faut faire quand on ne peut pas observer les distances ; mais le principe seul étant posé, on doit prendre toutes les précautions nécessaires pour empêcher que les constructions désignées par l'art. 674 ne portent aucun préjudice aux voisins. Ces précautions sont de deux sortes : ou bien on met une certaine distance entre le mur de séparation et la construction qui pourrait nuire ; ou bien on fait un ouvrage intermédiaire entre la construction nuisible et le mur de séparation ; par exemple un *contre-mur*.

Ce contre-mur doit avoir l'épaisseur prescrite par les règlements, ou, à défaut de règlement, par les usages locaux, et, en tous cas, il doit être de telle nature qu'il prévienne toute espèce de dommage.

Les coutumes de *Clermont, Nevers, Calais, Reims, Sédan, Troyes, Cambrai, Bar, Chalons et Paris* exigent un contre-mur pour les forges, fours et fourneaux ; quelques-unes veulent, de plus, que ce contre-mur soit éloigné du mur voisin par un intervalle vide. A Paris, ce vide, qui se nomme *tour du chat*, est d'un demi-pied.

Les puits, les fosses d'aisance, les mares, cloaques et dépôts de fumier doivent être établis de la manière suivante dans les localités appartenant au département de la Somme que nous allons énumérer.

Péronne. — Il doit y avoir du côté du voisin un mur en maçonnerie de briques et de ciment de 50 centimètres d'épaisseur,

Albert. — La distance à observer pour creuser un puits contre un mur mitoyen est, non compris le mur en maçonnerie, de 15 centimètres. — Pour une fosse d'aisance aussi de 15 centimètres.

Rue. — Une fosse d'aisance ne peut être ouverte plus près du fonds voisin que 2 pieds 1/2 (82 centimètres).

Poix. — Celui qui veut creuser un puits ou une fosse d'aisance à proximité du mur mitoyen ou non doit faire contre-mur fondé plus bas que le sol le moins élevé et montant jusqu'au niveau du terrain le plus haut, de manière à ce que le mur et le contre-mur aient ensemble une épaisseur de *un* mètre.

Nouvion et *Moyenneville.* — On ne fait les ouvrages intermédiaires qu'à la distance de 50 centimètres.

Moyenneville. — Si on creuse à une moindre distance, pour une mare ou une fosse d'aisance, on élève un contre-mur de 33 centimètres.

Rue. — On ne peut adosser une étable contre le mur mitoyen ou non qu'à la condition d'y faire un contre-mur de huit pouces (22 centimètres) d'épaisseur, trois pieds (1 mètre) de hauteur, et dix-huit pouces (50 centimètres) de fondation, construit en briques de choix ou pierres dures avec mortier de chaux et de ciment.

Corbie. — Pour les forges, fours, fourneaux, cheminées et atres contre le mur mitoyen, l'usage veut qu'il soit fait contre-mur en tuileaux ou autres matières d'une brique d'épaisseur.

Corbie et *Ailly-sur-Noye.* — Les distances à observer

pour les constructions et ouvrages intermédiaires sont régies par l'art. 166 de la coutume de *Picardie*, et, en partie, par l'arrêté de la préfecture de la Somme du 25 juillet 1824.

L'article 166 de la coutume de *Picardie* est ainsi conçu :

« Nul ne peut faire fosse à latrines ou retraits, qu'il n'y ait, entre ladite fosse et la terre de son voisin, deux pieds et demi de franche terre, et pour quelque temps qu'il l'ait autrement possédée, il ne peut acquérir aucune possession. »

Enfin l'article 53 de la coutume d'Abbeville porte ce qui suit :

« *Item*, — que nul ne peut faire en son tènement (sa propriété) fosse et basse chambre, qu'il ne convienne qu'il laisse de sa terre entre la fosse et la terre de son voisin, deux pieds et demi à vuide et ferme terre, et qui autrement le ferait, on abattrait la fosse et conviendrait qu'elle fût remplie. »

En raison de toutes ces divergences et du silence de la loi sur la distance à observer et sur la nature des travaux à exécuter, nous pensons qu'il est prudent de les faire déterminer contradictoirement et par écrit avec le voisin. Nous estimons que, le plus souvent, un contre-mur de 33 centimètres, en bonne maçonnerie de briques avec ciment, serait suffisant.

Au surplus, les règles dont l'article 674 du Code civil consacre l'application ne sont qu'une conséquence du principe général que nul ne peut user de sa propriété qu'avec les précautions nécessaires pour ne pas nuire à autrui. En observant les distances, en pratiquant les travaux d'usage, le constructeur se conforme à ce que la loi prescrit; et tant que l'insuffisance de ces travaux n'est pas démontrée, le voisin n'a point à se plaindre ; mais si, malgré leur exécution, il éprouve un dommage, il doit être réparé. L'article 1382 du Code civil renferme à cet égard une règle

générale et sans exception ; et le juge, en ce cas, doit
faire déterminer par des gens de l'art les précautions
nécessaires pour prévenir dans la suite toute espèce de
préjudice.

Enfin, à défaut d'usages ou de règlement, le constructeur ne doit pas moins prendre toutes les mesures nécessaires pour garantir le voisin de tout préjudice ; si ces
mesures sont insuffisantes, le juge doit y suppléer par ses
propres lumières et la vérification faite par des gens de
l'art. (*Curasson*, n° 788 ; *Solon*, n° 249 ; *Zachariæ*, t. II,
§ 243 ; *Marcadé*, art. 674, II.)

L'article 674 du Code civil, parlant de celui qui veut
établir *près d'un mur* l'un des objets énoncés dans ledit
article, ne peut s'entendre que d'un mur existant lors des
constructions du voisin. Mais supposons que le possesseur
d'une propriété voisine d'un puits ou d'une fosse d'aisance
construise sur son terrain un mur qui n'y existait pas auparavant, cette nouvelle construction l'autorise-t-elle à contraindre le propriétaire du puits ou de la fosse à établir un
contre-mur ?

La négative, dit *Curasson*, nous paraît incontestable. Ce
n'est que lorsqu'il existe un mur au voisinage de la propriété que la loi impose au propriétaire l'obligation
d'établir un contre-mur. S'il convient au voisin d'élever
un mur où il n'en existait pas, c'est à lui à prendre les
précautions nécessaires pour le fonder de manière à éviter
les infiltrations du puits ou de la fosse d'aisance. Tout ce
que devait faire celui dont la propriété ne joignait pas le
mur, c'était de n'établir son puits ou sa fosse qu'à la distance fixée par les règlements.

Voyez : *Cave* ; — *Constructions* ; — *Mur mitoyen* ; —
Cheminées.

COUR COMMUNE.

Une cour commune est un terrain laissé pour la com..odité et l'exploitation de divers bâtiments appartenant à plusieurs particuliers.

Cet état d'indivision peut provenir d'un héritage ou d'un legs, ou bien il résulte d'une convention. Dans ce dernier cas, l'indivision est ordinairement régie par des stipulations qui règlent les droits de chacun. A défaut de ces stipulations, comme dans le cas d'indivision entre cohéritiers, où rien n'a été prévu, cette communauté doit être régie par des principes généraux que nous allons exposer.

Remarquons tout d'abord que le principe énoncé dans l'art. 815 du Code civil, où il est dit que nul ne peut être contraint à demeurer dans l'indivision, n'est pas toujours applicable à ce genre de communauté, parce que, toutes les fois qu'entre deux propriétés et deux établissements principaux, possédés séparément par deux différents propriétaires, il existe un objet accessoire, une dépendance tellement nécessaire à l'exploitation des deux propriétés principales que, sans sa possession et sa jouissance communes, lesdites propriétés principales seraient ou de nul usage, ou d'un usage notablement plus difficile, alors, pour ne pas sacrifier le principal à l'accessoire, il n'y a pas lieu au partage dudit objet accessoire, et les deux copropriétaires sont censés demeurer à cet égard moins dans une indivision que dans une servitude réciproque l'un envers l'autre. Ainsi donc, il faut le reconnaître, il n'y a pas lieu à partage quand, par l'effet de la division, les choses deviendraient impropres à l'usage auquel elles sont destinées, *quando, facta divisione, res fierent ad usum inhabiles. In leg. 19, FF., com. divid.* — *Merlin*, Répert., vº Partage, § 10, nº 2 ; *Toullier*, t. III, nº 469 *bis* ; *Duranton*, t. VII, nº 77 ; *Rolland de Villargues*, Rép., vº Indivision, nº 39. — *Poitiers*, 21 juin 1822 ; *Cassation*, 10 octobre 1823.

Pardessus (Traité des Servitudes, nº 190) dit à ce sujet :

« Le principe de l'article 815 du Code civil, qui veut que
« personne ne soit tenu de rester dans l'indivision, est
« restreint en faveur des héritages auxquels il importe
« que cette indivision existe ; c'est là une véritable servi-
« tude légale. »

L'indivision de la cour a l'avantage de conférer à chacun son droit dans la totalité de la chose et dans chacune
de ses parties (*Cassation*, 30 octobre 1835).

Mais comment chacun peut-il jouir de la chose commune ? C'est de là que naissent toutes les difficultés contre
lesquelles on se heurte journellement. Il faut d'abord reconnaître que chacun des communistes a le doit de jouir de la
chose commune comme il l'entend ; toutefois, l'exercice de
ce droit s'arrête là où sa jouissance gênerait celle du copropriétaire ou lui causerait un préjudice.

Voir : *Communistes* ; — *Cassation*, 31 mars 1851 ; *Montpellier*, 30 mai 1868.

Ainsi il a été jugé qu'un communiste peut déposer dans
la cour commune le bois de chauffage et les autres objets
dont il a besoin pour l'utilité de son ménage, pourvu que
ce dépôt ne soit que temporaire.

Il peut y faire arrêter ses voitures de foin, de blé, etc.,
s'il doit les vider dans les bâtiments donnant sur la cour
commune ; — celles qu'il doit charger et décharger, s'il
est voiturier ; — il peut y déposer, mais seulement momentanément, les fumiers de ses étables et écuries qui
entourent la cour.

Toutefois, en ce qui concerne le communiste qui exer-
cerait la profession de voiturier, nous sommes d'avis que
s'il peut user de la cour commune pour y faire stationner
ses voitures et pour le service auquel elles sont affectées,
ce ne peut être qu'à la condition que cette entreprise sera
peu considérable, et qu'elle ne gênera pas, en encombrant
la cour, l'exercice du droit de propriété des autres communistes.

Une cour commune ne sert ordinairement qu'à desservir les bâtiments qui l'entourent, et celui qui veut la consacrer à une entreprise toute particulière est tenu d'obtenir le consentement des autres copropriétaires.

Il a été jugé que le propriétaire d'une cour commune peut établir, dans les bâtiments auxquels on accède par cette cour, un débit de boissons, pourvu toutefois que cet établissement ne donne point lieu à des abus. (*Caen*, 20 juin 1854.)

Mais aucun des communistes ne peut laisser des dépôts permanents dans la cour commune, parce qu'il empiéterait ainsi sur la jouissance des copropriétaires qui possèdent aussi *totum in toto, et totum in qualibet parte*. (*Cassation*, 24 novembre 1856.)

La Cour de *Bruxelles*, par arrêt du 13 octobre 1821, a jugé qu'il ne peut pratiquer d'ouvertures dans ses bâtiments, si ce n'est dans les cas prévus par les articles 676, 678 et 679 du Code civil, parce que ce serait établir une servitude au profit d'un seul sur l'objet commun, et qu'une servitude est un démembrement de la propriété.

Cependant nous ne pensons pas que le droit d'ouvrir des jours doive être refusé au communiste d'une manière absolue, même à celui dont les murs ne sont pas mitoyens. Un des principaux avantages d'une cour, c'est de servir à éclairer les bâtiments qui la bordent, à leur donner de la lumière et de l'air : nous ne croyons donc pas, nous le répétons, que le droit d'ouvrir des jours soit absolument en dehors de ceux que donne la copropriété d'une cour commune.

Il a été en effet jugé que le propriétaire qui, en exhaussant sa maison sur une cour commune, y pratique des jours nouveaux, use de son droit de copropriété et ne contrevient pas aux règles sur l'aggravation des servitudes inapplicables aux communistes. (*Cassation*, 10 novembre 1845 ; *Montpellier*, 30 mai 1868.)

Le propriétaire qui remplace des échoppes situées dans une cour commune par une maison de plusieurs étages, peut adapter à cette maison des tuyaux qui conduisent les eaux dans la cour commune, encore bien que, depuis un temps immémorial, les échoppes n'eussent eu aucun tuyau pour la descente des eaux. (*Requêtes*, 5 décembre 1827.)

Quant au point de savoir si la prescription peut avoir lieu entre les communistes, il faut distinguer. Tant qu'il y a indivision entre les copropriétaires, la prescription ne peut courir au profit de l'un d'eux au sujet de la chose commune, car le détenteur de cette chose est toujours censé posséder pour autrui et pour lui. (*C. c.*, art. 2231.)

Mais si l'un des communistes jouit en nom propre et privé d'une partie de la cour, laissant voir par des actes apparents que sa possession est exclusive, par exemple s'il a enceint une parcelle du sol, s'il y a fait quelque construction, alors il peut prescrire la portion sur laquelle il a fait ses actes apparents. C'est ce qu'ont décidé la Cour de *Bourges*, 24 février 1830 et 22 juillet 1831, et la Cour de *Cassation*, 2 août 1841. C'est aussi ce qu'enseigne M. *Troplong*, n° 721.

Voir aussi *Arrêt de la Cour de Caen*, 24 novembre 1856.

L'autorité municipale a le droit d'ordonner aux propriétaires d'une cour commune donnant immédiatement sur la voie publique de la fermer pendant la nuit, ou, s'ils la laissaient sans clôture et entièrement ouverte, d'éclairer les objets qui s'y trouvent placés. *Cassation*, 7 juillet 1854.

COUTUME.

Ce mot, qui est aussi synonime d'*Usages*, désignait particulièrement nos anciennes lois municipales.

L'ancien *Droit* de la France était composé d'une infinité de lois, des Capitulaires et d'un usage particulier à chaque province. Les juges, à défaut de lois spéciales, puisaient dans les lois romaines pour décider sur ce qui n'avait pas été prévu.

Les lois romaines ont été longtemps conservées et appliquées dans les pays de Droit écrit, comme dans le Languedoc, la Provence, le Dauphiné, le Lyonnais ; cela tenait à ce que ces provinces ont été les premières conquêtes des Romains, et les dernières à se rendre à la France. On se contentait alors de les assujettir aux Ordonnances sans changer leurs anciennes mœurs.

L'abrogation des coutumes a eu lieu par la loi du 30 ventôse an XII, sur la réunion des lois civiles en un seul corps sous le titre de *Code civil*. Voici ce que porte l'article 7 de cette loi ?

« A compter du jour où ces lois seront exécutoires, les lois romaines, les Ordonnances, les Coutumes générales ou locales, les Statuts, les Règlements, cessent d'avoir force de loi générale ou particulière dans les matières qui sont l'objet des dites lois composant le présent code.

Voyez : *Usages*.

DÉLIT. — QUASI-DÉLIT. — FAUTE.

Le délit, le quasi-délit, la faute, entraînent contre ceux qui les ont commis la réparation du dommage occasionné. (C. c., art. 1382 et suivants.)

Que doit-on entendre par délit, quasi-délit et faute ? C'est ce qu'il faut expliquer.

D'abord, nous entendons par le mot *délit* tout fait qui est illicite en lui-même, et par lequel on porte préjudice à autrui, en agissant avec l'intention de nuire.

Le quasi-délit consiste dans tout acte illicite ou condamnable en lui-même par lequel on porte préjudice à autrui, mais sans agir dans l'intention de nuire.

Les fautes simples supposent aussi l'absence du dol ou de l'intention de nuire, mais elles n'attaquent immédiatement et directement que l'intérêt privé, tandis que les délits et les quasi-délits supposent des faits illicites en eux-mêmes et contraires à l'ordre public.

Quand on veut déterminer le degré de culpabilité d'une faute, on se sert des termes d'imprudence, de négligence, etc. Ce sont ceux qu'emploie l'art. 1383, comme les Romains employaient les termes de faute lourde, faute légère ou très-légère ; — mais, pour définir la faute en général, il faut entendre par là toute chose qu'on n'avait pas le droit de faire, *quod non jure fecit* : car on ne peut être en faute en faisant ce qu'on a le droit de faire, *nullus videtur dolo facere qui suo jure utitur.*

Voyez : *Dommages* et *Cas fortuits* ou de force majeure.

DÉMOLITION.

Les démolitions peuvent être envisagées sous deux rapports : celui de l'ordre public et celui de l'intérêt privé.

La démolition faite en contravention aux règles de l'alignement administratif, et celle d'un bâtiment en péril, sont ordonnées par l'autorité administrative.

Cette autorité peut faire démolir, pour cause de sûreté publique et d'intérêt général, des bâtiments qui sont sur une propriété particulière, lorsqu'ils sont reconnus en état de dégradation et de vétusté par deux experts nommés l'un par le propriétaire et l'autre par l'administration, encore bien que l'expert du propriétaire soit d'avis qu'il y a possibilité de les conserver à l'aide de réparations proposées. Dans ce cas, il n'y a pas lieu à indemnité ; seulement les frais de démolition ne sont point à la charge du propriétaire. (*Conseil d'État,* 24 mars 1820.)

Le voisin peut-il demander la démolition du bâtiment en péril ? Voir ce que nous avons dit à ce sujet au mot : « *Accident.* »

La démolition peut être exigée par le propriétaire du

terrain sur lequel on a bâti sans droit. Voir « *Accession.* »
— Néanmoins, la femme sur le terrain de laquelle le mari
a bâti ne peut exiger la démolition pour se soustraire à la
récompense due en pareil cas à la communauté. (*Bellot*,
t. Iᵉʳ, p. 528.)

En matière de voisinage, la démolition d'un bâtiment
appuyé ou adossé sur un mur mitoyen doit être précédée
d'un avertissement au voisin.

En général, lorsque la démolition n'est faite que pour
l'intérêt d'un voisin, c'est celui-ci seul qui est chargé des
frais d'étaiement et autres accessoires, et l'autre voisin
doit être remboursé de tout ce qui aurait pu lui coûter à
cette occasion. (*Fournel*, édition de 1827.)

Toutefois, dit encore Fournel, cela ne s'applique pas
au cas où il s'agirait de démolir une maison seulement
adossée à un mur mitoyen, qui venant, par l'effet de cette
démolition, à perdre son appui, serait en danger de tomber et aurait besoin d'étaiement. Dans cette circonstance,
le propriétaire de la maison démolie n'est pas tenu d'étayer
le mur mitoyen, ni de prévenir à ses dépens le danger qui
menace la maison d'autrui. C'est le propriétaire de cette
dernière maison qui doit, à ses frais, veiller à sa conservation et prendre les mesures nécessaires en attendant que
le mur mitoyen soit renforcé ; et s'il était assez téméraire
pour se jouer du péril, il pourrait être contraint à étayer,
et même le propriétaire de la maison démolie, ainsi que
tout autre voisin, serait autorisé à faire étayer à ses dépens.
Ce serait ici la question du bâtiment en péril, que nous
avons traitée au mot « *Accident.* »

Lorsqu'on démolit un mur ou un bâtiment joignant immédiatement le voisin, il est utile d'en faire constater auparavant la position, afin d'éviter les difficultés que pourrait entraîner l'absence de tout vestige propre à faire
reconnaître ultérieurement la ligne séparative des héritages et les droits d'égout qui pourraient y être attachés,

DOMMAGE.

Tout fait de l'homme qui cause à autrui un dommage oblige celui par la faute de qui il est arrivé à le réparer. (*C. c.*, art. 1382.)

Chacun est responsable du dommage qu'on a causé non-seulement par son fait, mais encore par sa négligence ou par son imprudence. (*C. c.*, art. 1383.)

Enfin, on est responsable non-seulement du dommage que l'on cause par son propre fait, mais encore de celui qui est causé par le fait des personnes dont on doit répondre, ou des choses que l'on a sous sa garde.

La disposition de ces articles comprend tous les faits quelconques qui causent immédiatement et par eux-mêmes du dommage à autrui, soit qu'ils aient le caractère d'un délit, ou d'un quasi-délit, ou d'une simple faute.

Voir : *Délits.*

Notez que pour qu'un fait, même nuisible à autrui, oblige celui qui l'a commis à réparer le dommage, il faut toujours qu'il y ait eu de sa part faute, négligence ou imprudence.

Quoique l'ivresse fasse perdre l'usage de la raison, une personne ne laisse pas d'être obligée à la réparation du tort qu'elle fait à quelqu'un dans l'état d'ivresse, car c'est sa faute de s'être mise volontairement dans cet état. (*Pothier*, n° 119 ; *Proudhon*, n° 1527.)

Toutes les pertes, tous les dommages qui peuvent arriver par le fait de quelque personne, soit imprudence, légèreté, ignorance de ce qu'on doit savoir, soit toutes autres fautes semblables, quelque légères qu'elles puissent être, doivent être réparés par celui dont l'imprudence ou la faute y a donné lieu. (*Domat*, t. II, liv. VIII, section 4 ; *Toullier*, t. XI, n° 153.)

Peu importe qu'il n'ait pas eu l'intention de nuire :

etiam ab eo qui nocere noluit. (*Treilhard, Domat et Toullier,*
ibid.)

En vain encore on voudrait s'excuser sur l'ignorance,
car les lois rangent au nombre des dommages causés par
des fautes ceux qui arrivent par l'ignorance des choses
qu'on doit savoir.

Il y a plus : quoiqu'un fait n'ait pas été la cause immédiate d'un dommage éprouvé par un tiers, mais seulement
l'occasion, si l'on n'a pris aucune précaution pour empêcher le dommage, il y a lieu à responsabilité. Par
exemple, vous serrez du foin dans votre grenier : c'est là
un fait très-licite ; mais vous l'avez serré avant qu'il fût
assez sec, il a fermenté et a occasionné un incendie qui
a détruit ma maison voisine : vous serez responsable de
ce dommage, car il y a eu faute ou au moins imprudence
de votre part d'avoir serré du foin encore humide. (*Nouveau
Dénisart,* v° Cas fortuit ; *Toullier, ibid.*)

Par exemple encore : je fais brûler le chaume ou les
mauvaises herbes de mon champ ; le feu se propage, soit
par les progrès qu'il fait en suivant les matières inflam-
mables, soit par le vent qui enlève les herbes enflammées,
et il consume la moisson ou endommage les arbres du
voisin : je suis tenu de réparer le dommage. En vain
même, dans ce cas, prétendrais-je avoir pris les précautions convenables pour prévenir l'incendie ; je ne serais pas
excusable. (*Rolland de Villargues,* v° Dommage, n° 46.)

Le propriétaire d'un bâtiment est responsable du dommage causé par la ruine de cet ouvrage, lorsqu'elle est
arrivée par une suite du défaut d'entretien ou par le vice
de sa construction. (C. c., art. 1386.)

Le dommage causé par la chute d'un arbre peut être
l'objet d'une action en réparation, tout aussi bien que le
dommage causé par la chute d'un bâtiment, si c'est par la
faute ou la négligence du propriétaire qu'il est tombé.
(*Toullier,* t. II, n° 17 ; *Rolland de Villargues,* n° 69.)

Ceux qui font quelque nouvel œuvre, c'est-à-dire quelque changement à l'état des lieux, doivent s'arranger de sorte qu'ils ne blessent en rien le droit des autres personnes intéressées au changement. — Ils ne doivent surtout rien exécuter qui nuise au voisin, à moins qu'ils ne fassent qu'user de leur droit sans blesser l'usage, sans malignité.(*Ibid.*, n°ˢ 70 et 71.)

Celui qui ne fait qu'user de son droit, bien qu'il en résulte un dommage pour autrui, ne peut être tenu à réparation.

Par exemple : en labourant la terre de mon jardin, je coupe les racines des arbres du jardin de mon voisin, et cette opération les fait périr ; je n'en suis pas responsable. — Il en est de même si, en creusant un puits dans ma cour, je détourne la source qui alimentait le puits inférieur de mon voisin.

Le dommage occasionné par un cas fortuit ou de force majeure ne donne lieu à aucune réparation, s'il n'apparaît qu'il y ait eu négligence ou imprévoyance.

Par exemple : la violence du vent renverse un bâtiment ou une cheminée dont la chute blesse quelqu'un ; si ce bâtiment, cette cheminée, étaient en bon état au moment de l'accident, le maître n'est pas responsable ; mais s'il est reconnu que la construction était défectueuse, qu'elle menaçait ruine, le propriétaire doit s'imputer la faute de ne pas l'avoir réparée de manière à prévenir tout accident. — Si des tuiles tombent d'un toit en bon état par le seul effet de l'orage, le dommage qui peut en résulter est un cas fortuit dont le propriétaire ou le locataire ne peut être tenu ; mais si le toit était en mauvais état, celui qui devait y pourvoir pourra être tenu du dommage arrivé, selon les circonstances. (*L.* XXIV, § 3, et *L.* XLIII, *D. de damno infecto.*)

De même encore, un arbre abattu ou cassé par la tempête fait un notable dommage au bâtiment du voisin ; si l'arbre était sain et planté solidement, il n'y a pas lieu à réparation ; mais s'il présentait quelque vice apparent, soit par son peu d'adhérence au sol, soit par une lésion quelconque, il y aurait eu négligence de la part du propriétaire de l'avoir laissé en place, et il devrait la réparation du dommage.

Il est bien entendu que, dans l'un et l'autre cas, la preuve incombe au réclamant.

Nous avons dit que le propriétaire d'un bâtiment est responsable du dommage causé par sa ruine, lorsqu'elle est arrivée par une suite du défaut d'entretien ou par le vice de sa construction. Mais que décider dans le cas où le dommage ne serait pas encore effectivement réalisé, s'il était néanmoins imminent et certain? Le voisin, dans ce cas, serait-il obligé, pour agir, d'attendre que le dommage fût accompli, ne pourrait-il demander que son voisin fît cesser la cause du dommage prochain et inévitable qui le menace? Par exemple, la maison du propriétaire voisin menace ruine, et c'est sur mon fonds qu'elle va s'écrouler; puis-je agir avant que le mal soit fait?

Cette question est controversée. Après avoir cité divers arrêts et les auteurs qui se prononcent pour la négative, M. *Demolombe* adopte l'affirmative. Tout fait quelconque de l'homme qui cause à autrui un dommage, oblige celui par le fait de qui il est arrivé à le réparer ; telle est, dit M. *Demolombe*, la règle générale; et il ajoute : or, lorsque mon voisin a élevé sur son fonds un bâtiment ou tout autre ouvrage qui menace de s'écrouler sur le mien, et dont la ruine est imminente et certaine, le dommage qu'il me cause n'est pas seulement futur et éventuel, il est actuel et présent ; car il m'inquiète dès actuellement chez moi, il m'empêche de me livrer aux opérations que je voudrais faire ; il m'oblige peut-être à prendre moi-même des précautions contre l'écroulement qui me menace ; il rend mon fonds inhabitable et fait fuir mes locataires, etc. •

donc, la raison et l'équité exigent que j'aie le droit actuel de contraindre le propriétaire voisin à faire cesser un tel état de choses. (*Demolombe*. t. XII, p. 158 et 169.)

Nous avons exprimé la même opinion au mot « *Acci-dents.* »

Voir ce mot et *Cas fortuits ou de force majeure.*

DRAINAGE.

Tout propriétaire qui veut assainir son fonds par le drainage ou un autre mode d'assèchement peut, moyennant une juste et préalable indemnité, en conduire les eaux sou-terrainement ou à ciel ouvert à travers les propriétés qui séparent ce fonds d'un cours d'eau ou de toute autre voie d'écoulement. — Sont exceptés de cette servitude les mai-sons, cours, jardins, parcs et enclos attenant aux habita-tions. (*Loi* du 12 mai, 10 juin 1854, art. 1ᵉʳ.)

Les propriétaires des fonds voisins ou traversés ont la faculté de se servir des travaux faits en vertu de l'article précédent pour l'écoulement des eaux de leurs fonds. Ils supportent, dans ce cas : 1° une part proportionnelle dans la valeur des travaux dont ils profitent ; 2° les dé-penses résultant des modifications que l'exercice de cette faculté peut rendre nécessaires ; 3° pour l'avenir, une part contributive dans l'entretien des travaux devenus communs. (*Ibid.*, art. 2.)

Les associations de propriétaires qui veulent, au moyen de travaux d'ensemble, assainir leurs héritages par le drai-nage ou tout autre mode d'assèchement, jouissent des droits et supportent les obligations qui résultent des ar-ticles précédents. Ces associations peuvent, sur leur de-mande, être constituées, par arrêté préfectoral, en syndi-cats auxquels sont applicables les articles 3 et 4 de la loi du 14 floréal an ix. (*Ibid.*, art. 3.)

Les travaux que voudraient exécuter les associations

syndicales, les communes ou les départements, pour faciliter le drainage ou tout autre mode d'assèchement,
peuvent être déclarés d'utilité publique par décret rendu
en Conseil d'État. — Le règlement des indemnités dues
pour expropriation est fait conformément aux para-
graphes 2 et suivants de l'art. 16 de la loi du 21 mai 1836.
(*Ibid.*, art. 4.)

Les contestations auxquelles peuvent donner lieu l'établissement et l'exercice de la servitude, la fixation du parcours des eaux, l'exécution de travaux de drainage ou
d'assèchement, les indemnités et les frais d'entretien, sont
portées en premier ressort devant le Juge de Paix du canton, qui, en prononçant, doit concilier les intérêts de l'o-
pération avec le respect dû à la propriété. — S'il y a lieu
à expertise, il pourra n'être nommé qu'un seul expert.
(*Ibid.*, art. 5.)

Le juge de paix compétent est, sans contredit, celui dans
le ressort duquel se trouvent les ouvrages qui donnent lieu
à la contestation, alors même que les travaux auraient leur
point de départ dans un autre canton.

L'exception établie par la seconde disposition de l'article 1er de la loi du 10 juin 1854 sur le drainage, exception relative seulement au cas où les drains devraient traverser des maisons, cours, jardins, parcs ou enclos
attenant aux habitations, ne saurait être étendue au cas
où les eaux sont conduites dans un cours d'eau placé en
dehors, bien que ce cours d'eau traversât ensuite une propriété de cette nature.

En conséquence, celui dont cette propriété est traversée
par un cours d'eau qui reçoit d'ailleurs dans son parcours
les eaux de plusieurs sources, ne peut s'opposer à ce que,
en vertu dudit article, un propriétaire voisin qui veut
assainir son héritage par le moyen du drainage déverse
dans ce cours d'eau les eaux provenant de cette opération.

Et il en est encore ainsi lors même que ces eaux, en se

joignant à celles qui traversent la propriété, les rendent alors moins bonnes et moins propres à l'usage auquel elles étaient employées pour le service de l'habitation. (*Justice de paix* de *Dourdan*, 10 décembre 1858. *Bulletin* des décisions, 1859, p. 6.)

Il a été jugé que l'article 1er de la loi du 10 juin 1854 doit être interprété d'après les mêmes principes que la disposition du Code civil relative à la servitude de passage pour cause d'enclave; dès lors, il n'est pas nécessaire, pour l'application de la servitude de drainage, que l'impossibilité de faire écouler les eaux autrement qu'en les dirigeant sur le fonds voisin soit absolue ; il suffit qu'il existe des obstacles équivalents à cette impossibilité. (*Cassation*, 1er juin 1863.)

L'indemnité dont parle l'article 1er de la loi du 10 juin 1854 doit être entièrement et sans réserve acquittée d'une manière définitive avant la prise de possession du sol ou l'établissement de la servitude ; le propriétaire ne peut être ni dessaisi ni grevé qu'autant qu'il a, avant tout, reçu l'équivalent des droits dont il est dépossédé et du préjudice qu'il éprouve. En conséquence, cette indemnité ne peut consister en une simple rente ou prestation annuelle. (*Cassation*, 14 décembre 1859.)

La destruction totale ou partielle des conduits d'eau ou fossés évacuateurs est punie des peines portées à l'article 465 du Code pénal. — Tout obstacle apporté volontairement au libre écoulement des eaux est puni des peines portées par l'article 457 du même Code. (*Loi* du 10 juin 1854, art. 6.)

Voyez : *Irrigation ; Aqueduc.*

DROIT.

Considéré sous le rapport de la science ou de l'étude dont il peut être l'objet, le *Droit* est synonyme de jurisprudence. Ce sont les préceptes qui enseignent à vivre honnêtement, à n'offenser personne, et à rendre à chacun ce qui lui appartient. *Juris præcepta sunt hæc: honeste vivere, alterum non lædere, Jus suum cuique tribuere.* (*Instit.*, lib. Ier, § 3.)

Nous avons dit au mot « *Coutume* » que la loi du 30 ventôse an XII a abrogé les Lois romaines, les Ordonnances, les Coutumes générales ou locales, en réunissant les lois civiles en un seul corps sous le titre de Code civil, qui est aujourd'hui la seule et unique règle.

Toutefois, on a encore recours quelquefois au Droit romain, soit pour les matières qui n'ont pas été spécialement prévues, soit pour expliquer les points douteux de notre législation. Nous avons donc pensé qu'il ne serait pas sans intérêt de faire connaître l'origine et les progrès du Droit romain, et d'en donner une idée à ceux qui n'en ont pas fait une étude particulière.

L'histoire nous apprend que le peuple romain a été au commencement gouverné par des rois, et à la fin par des empereurs, mais qu'il y a eu un temps intermédiaire, qui est celui de la République.

Le premier de ces rois a été Romulus, qui régla d'abord, comme un arbitre souverain, les affaires des particuliers selon les diverses occurrences ; et ce ne fut qu'après s'être aperçu que le nombre de ses sujets augmentait, qu'il entreprit de faire des lois qu'on appela *Royales* et *Curiales*, parce qu'elles étaient émanées du prince, par le Conseil des sénateurs qu'il avait choisis, et approuvées du peuple, qui était divisé en trente cours ou *curies*.

Après lui, Numa-Pompilius, qui lui succéda, et les autres qui régnèrent ensuite, prirent toutes les précautions nécessaires pour assurer les fondements de la monarchie. *Servius Tullius* fit assembler les lois de ses prédécesseurs dans un seul volume qui composa le Droit qu'on appelle *Droit Papinien*, du nom de celui qui en fit la compilation.

8

Mais le dernier des rois, Tarquin le Superbe, qui ne voulait pour règle que son ambition, les abrogea toutes, sans consulter ni le peuple, ni le Sénat, et entreprit de décider les affaires des particuliers et de l'État dans un Conseil privé.

Une ville dont les citoyens étaient si entreprenants ne pouvait pas souffrir longtemps la domination de ce prince ; aussi les sénateurs n'attendaient-ils qu'un prétexte pour exciter une révolte qui pût faire changer la forme du gouvernement. La passion de Tarquin pour Lucrèce éclata fort à propos ; et il n'en fallut pas davantage pour rendre le nom de roi odieux à la postérité des Romains.

Aussitôt qu'on vit la puissance royale abattue, il devint nécessaire de jeter les premiers fondements d'une république : c'est pourquoi on créa deux Consuls auxquels on donna toute l'autorité, mais qu'on avait soin de changer tous les cinq ans, dans la crainte que cette fonction, qui approchait assez de la souveraineté, ne les fît aspirer à l'honneur du diadème.

Pendant dix-sept ans, les Consuls firent observer les lois royales, et principalement celles de *Servius*, qui avaient été abrogées, et elles ne cessèrent d'être en vigueur qu'après que Brutus, tribun du peuple, en eut fait publier une pour les supprimer.

Ce fut en ce temps-là que le peuple, accablé de misère, voulant se délivrer de la persécution des Grands, se retrancha sur le Mont-Sacré, d'où il ne descendit que lorsqu'on lui eut accordé qu'il choisirait tous les ans cinq tribuns, auxquels il en ajouta bientôt cinq autres, qui eurent le pouvoir de le protéger contre les entreprises du Sénat.

Alors les Sénateurs, de leur côté, faisaient des lois qu'on appelait *Senatus-Consultes* ou arrêts du Sénat ; et les Tribuns, d'un autre côté, en faisaient qu'on nommait *Plébiscites* ou Ordonnances du peuple ; et cet État, oligarchique et démocratique tout ensemble, était sur le bord de sa ruine, lorsque les deux partis convinrent d'envoyer chez les Grecs pour chercher des lois qui rendissent le Droit certain et universel.

Les dix envoyés, à leur retour de Grèce, l'an 302 de la fondation de Rome, proposèrent à l'assemblée du peuple des lois qui étaient composées en partie de celles de Lacédémone et d'Athènes, et en partie de celles des rois ; et comme elles furent également bien reçues, on les fit graver sur dix tables d'airain qui furent posées aux endroits les plus apparents de la place publique. Enfin, l'année suivante, ces mêmes envoyés, qu'on appelait *Décemvirs*, firent encore assembler le peuple, pour ajouter deux tables aux dix premières, en sorte que les douze ensemble composaient tout le *Droit romain*.

Les termes de ces lois étaient précieux, mais d'autant plus difficiles à comprendre qu'ils contenaient beaucoup de choses en peu de mots ; c'est pourquoi on fut obligé d'en demander l'interprétation aux plus savants, lesquels, par cette raison, furent appelés à bon titre *Jurisconsultes*. Ce fut aussi dans ce temps-là que les mêmes Jurisconsultes dressèrent des formules selon lesquelles les parties devaient diriger leurs actions.

Mais la multitude des procès, faisant naître tous les jours de nouvelles questions dont on ne trouvait point les décisions dans le style serré des Douze Tables, porta le Sénat à faire des lois qui furent reçues et approuvées, par une Ordonnance que le Dictateur fit publier, à la charge que les Sénateurs recevraient pareillement les Plébiscites. *Quibus rogationibus ante Patricii non tenebantur; donec Q. Hortensius dictator eam lege tulit, ut eo quod plebes statuisset omnes quirites tenerentur.* (Gell., liber **XV**, caput **XXVII.**)

Ce fut assez d'avoir donné au peuple le pouvoir de faire des Ordonnances, pour l'en détourner dans la suite ; et, en effet, la difficulté de s'assembler devint si grande, à cause du nombre infini d'habitants qui composaient alors cette fameuse République, que le peuple lui-même se déchargea volontiers sur le Sénat du soin de faire des lois.

Or, quoiqu'il y eût une infinité de règles sur lesquelles on pouvait établir une bonne jurisprudence, comme il était cependant impossible de prévoir tous les cas qui donnent des faces différentes aux affaires, on trouva bon : 1° de permettre aux Préteurs, qui avaient été créés l'an de Rome 388, de faire des édits sous le bon plaisir du peuple, qui les approuvait tacitement ; 2° d'apporter des tempéraments à la rigueur du Droit ; 3° de suppléer à ce qui pouvait y manquer ; 4° de le réformer, s'il était nécessaire. (*Lipsius ad prim. annal. Tacite*, caput XVII.)

Ces magistrats, abusant de la confiance qu'on avait en eux, donnèrent lieu à quelques changements qui diminuèrent leur crédit ; toutefois, ils demeurèrent toujours juges des différends des particuliers.

Mais la République, qui avait été si florissante pendant cinq cents années, se vit enfin affaiblie par l'ambition de Jules César, qui rendit la dictature perpétuelle, et Auguste, en prenant le nom d'*empereur,* acheva de la renverser.

Ce dernier changement introduisit encore une nouvelle espèce de Droit ; car les Empereurs établirent des Constitutions qu'ils firent observer dans toute l'étendue de leur Empire. — Sous Justinien, l'an de *J.-C* 529, toutes ces Constitutions, qui composaient trois codes, savoir : le *Grégorien,* l'*Hermogénien* et le *Théodosien,* furent réduites en un seul volume qu'on appela le Code de *Justinien.*

Quatre ans après, on tira les plus belles décisions qui se trouvèrent dans deux mille volumes des anciens Jurisconsultes, pour en composer les cinquante livres du *Digeste ;* et, sur la fin de la même année 533, l'empereur Justinien composa les quatre livres des *Institutes,* qui expliquèrent les premiers éléments du Droit, et qui furent observées comme les autres lois.

L'année suivante (534), il fit faire une seconde édition de son Code, qui est celle qui nous reste ; il y apporta beaucoup de changements, et voulut, par cette raison, que la première fût supprimée.

Enfin, pendant le reste de son règne, il fit publier cent soixante-huit nouvelles Constitutions, qu'on appelle *Novelles*, et treize édits dont *Irnérius* a inséré au Code les *Authentiques*.

Nous avons dit que le *Digeste*, du latin *Digestum*, c'est-à-dire ce qui est disposé et mis en ordre, est la compilation des lois romaines contenues dans les cinquante livres composés par l'ordre de Justinien. Les Jurisconsultes qui citent le *Digeste*, au lieu d'écrire *Digestis*, se servent indifféremment de deux abréviations, savoir : un *D*, ou deux *FF*.

EAU.

L'eau, que la nature a destinée à l'usage de tous les êtres, fait partie, comme l'air, des choses que les hommes ont été forcés de laisser dans cette communauté originaire appelée par les Jurisconsultes *communauté négative*.

En thèse générale, l'eau n'appartient donc à personne ; cependant, dans certains cas, elle devient susceptible d'une propriété privée, et elle est alors considérée par la loi civile comme l'accessoire, ou plutôt comme une portion du fonds, soit qu'elle y naisse, soit qu'elle y tombe. Elle est également susceptible de droits d'usage ou de possession.

Le régime en est différent suivant qu'il s'agit des eaux courantes, des sources, des eaux pluviales et des eaux stagnantes.

L'eau courante n'est soumise qu'aux lois de police qui règlent la manière d'en jouir (*C. c.*, art. 714). Chacun a la faculté d'y puiser pour les besoins de la vie, en y accédant par la voie publique.

En ce qui concerne les sources et les eaux pluviales, nous renvoyons à ces mots.

Les fleuves et les rivières navigables et flottables font partie du Domaine public, et sont inaliénables et imprescriptibles. (*C. c.,* art. 538.)

Les autres cours d'eau et les eaux stagnantes qui ne rentrent pas dans cette catégorie, peuvent être l'objet d'une possession privée.

Il ne suffit pas qu'une rivière porte un bateau pour qu'elle soit réputée navigable ; généralement on ne comprend sous ce nom que les rivières portant des bateaux pour des transports publics qui nécessitent l'établissement d'un halage, d'un port ou quai, ou tous autres accessoires d'une navigation véritable. (*Garnier,* t. Ier, pages 7 et 8.)

Les riverains ne peuvent détourner l'eau des rivières navigables et flottables, ni en affaiblir le cours, en pratiquant des fossés ou canaux. Ils ont toutefois la faculté de fortifier le bord de leurs héritages, d'entretenir et relever la rive, mais l'administration a le droit de veiller à la solide confection et au bon entretien des travaux. Il est prudent de faire constater l'état préexistant pour se mettre à l'abri de tout soupçon d'envahissement. Aux termes de l'article Ier de la loi du 22 floréal an x, toutes anticipations et détériorations commises sur les lits, bords, chemins de halage, fossés et ouvrages d'art des canaux, fleuves, rivières navigables et flottables, doivent être constatées, réprimées et poursuivies par voie administrative.

Dans le cas où le Gouvernement a accordé une prise d'eau, un cours de dérivation provenant d'une rivière navigable ou flottable, la jouissance de cette prise d'eau peut être l'objet d'une action possessoire, comme tous les autres droits ou propriétés dont jouissent les particuliers. A l'égard des usines et autres établissements légalement autorisés sur les rivières même navigables ou flottables, l'action possessoire peut également avoir lieu en cas de trouble. — Dans ces différents cas, si le propriétaire n'a point de domaine incommutable sur la rivière navigable ou flottable, attendu la révocabilité de la concession, elle lui accorde du moins, vis-à-vis des tiers, le droit de jouir paisiblement de la chose, sous la seule condition d'en être privé si l'intérêt général exige une mesure contraire : cette jouissance ne peut donc être troublée dans un intérêt particulier. (*Curasson*, t. II, n° 620.)

Les jurisconsultes les plus éminents sont en désaccord sur le point de savoir si le lit des cours d'eau non navigables ni flottables appartient à l'État ou aux riverains. *Merlin, Nadaud de Buffon, Dubreuil, Tarbé de Vauxclairs, Dalloz, Laferrière, Dumoulin, Proudhon,* se prononcent en faveur de l'État. — Au contraire, *Toullier, Pardessus, Garnier* et *Troplong,* soutiennent que le lit des rivières appartient aux voisins.

Cette question divise aussi les Cours ; et la divergence qui existe sur le caractère légal des eaux courantes a donné lieu à divers systèmes.

Ainsi, la Cour d'*Agen,* par arrêt du 4 mars 1856, décide que les rivières non navigables ni flottables sont considérées comme des choses communes. La Cour de *Douai,* au contraire, décide que les eaux et leur lit sont une dépendance du domaine public sur lequel les riverains n'ont que des droits d'usage déterminés par la loi. (*Arrêt du 18 décembre 1845.*)

La Cour de *Cassation,* par arrêt du 6 mai 1861, a décidé que le lit des rivières non navigables ni flottables n'est pas la propriété des riverains. Nous reproduisons cet arrêt, qui nous paraît concluant.

« *La Cour :* attendu que Gontaut n'aurait pu être déclaré propriétaire de la moitié du lit de la rivière de la Vence, rivière qui n'est ni navigable ni flottable, et par suite obliger la Compagnie à enlever les matériaux déposés dans le lit de cette rivière et obtenir des dommages et intérêts, à

raison de ce dépôt, qu'autant qu'il aurait établi par titre ou
par une disposition de la loi que la totalité ou la moitié du
sol du lit de la rivière, en face de ses prés, lui appartient ;
— attendu que Gontaut ne produit aucun titre qui lui attribue la propriété de tout ou partie du sol ou du lit de la
rivière, mais qu'il prétend que ce droit de propriété résulte
en sa faveur de ce qu'il est riverain de la Vence, soit par
son pré dit de Mary, soit par celui dit Sous-le-Pont, et que
ce droit de propriété au profit des riverains est établi par
les articles 556, 557, 561, 644, 645 du Code civil ; — attendu
que les alluvions (art. 556) sont attribuées aux riverains,
non comme propriétaires du lit de la rivière, mais en com-
pensation des inconvénients et du dommage qui peuvent
résulter pour leur fonds du voisinage des eaux ; que les
îlots sont attribués aux riverains (art. 561) par cette raison
qu'ils sont présumés provenir des pertes que les riverains
ont faites d'une partie de leur fonds ; que si l'art. 557 dudit
Code accorde au propriétaire de la rive découverte les relais
que forme l'eau courante en se retirant insensiblement,
c'est pour éviter les difficultés auxquelles donneraient incessamment lieu les recherches des riverains s'il leur était
permis de démontrer que la rive ne s'est découverte d'un
côté qu'à raison de l'invasion des eaux sur les fonds de
l'autre rive, et si les propriétaires du fonds dont la rive
aurait été insensiblement envahie avaient eu le droit de
réclamer sur la rive découverte une part de terrain égale à
celle qu'ils auraient perdue ; — attendu que les dispositions des articles 644 et 645 qui permettent aux propriétaires riverains de se servir des eaux à leur passage pour
l'irrigation de leurs fonds, ou lorsque leurs fonds sont traversés par une eau courante, de s'en servir dans l'intervalle qu'elle y parcourt, loin de démontrer que les propriétaires riverains sont propriétaires des eaux et du lit de la
rivière, prouvent tout le contraire, puisque le droit de propriété donne celui d'user de la chose de la manière la plus
absolue, et que la loi n'a pu déterminer le droit des riverains ou de celui dont le fonds est traversé par une eau
courante à l'usage de cette eau *qu'en admettant que les
cours d'eau n'étaient pas la propriété des riverains* ; —
attendu d'ailleurs que les dispositions de l'art. 563 qui
porte que si la rivière se forme un nouveau lit en abandon-

nant l'ancien, les propriétaires des fonds nouvellement
occupés prendraient, à titre d'indemnité, l'ancien lit abandonné, est la preuve la plus manifeste que la loi n'a pas
considéré les propriétaires riverains comme propriétaires
du lit des cours d'eau. »

Par un arrêt du 10 juin 1846, la Cour suprême avait
déjà jugé que les eaux courantes et leur lit sont au nombre
des choses qui, aux termes de l'article 714, n'appartiennent à personne, et dont l'usage est commun à tous.
Elle a de nouveau consacré ce principe par arrêt du
7 juin 1871.

Il faut donc en conclure que les cours d'eau n'appartiennent ni aux riverains, ni à l'État ; que c'est une propriété négative que l'État surveille et réglemente, mais
dont il ne peut lui-même disposer d'une manière absolue
que dans l'intérêt public.

Cependant, tous les auteurs, d'accord avec la jurisprudence, décident que les riverains supportant les charges
des rivières non navigables ni flottables, notamment celle
du curage, en ont au moins le domaine utile et superfi-
ciaire, puisqu'ils profitent de tous les émoluments que
produisent les cours d'eau, tels que droit de puisage, de
pêche, d'irrigation, etc.

En ce qui concerne la propriété des *ruisseaux*, voyez
ce mot.

Voyez aussi : *Irrigations ; — Sources; — Eaux pluviales ; — Égout des toits.*

EAUX PLUVIALES.

Suivant l'article 640 du Code civil, les fonds inférieurs
sont assujettis, envers ceux qui sont plus élevés, à recevoir
les eaux qui en découlent naturellement sans que la main
de l'homme y ait contribué. — Le propriétaire inférieur
ne peut point élever de digue qui empêche cet écoulement.

— Le propriétaire supérieur ne peut rien faire qui aggrave la servitude du fonds inférieur.

C'est une servitude légale qui, selon la jurisprudence de la Cour suprême, forme un droit réel fondé en titre, et donne par conséquent au possesseur troublé dans sa possession l'action en complainte contre l'auteur du trouble. (*Arrêt* du 13 juin 1814.)

Le propriétaire du fonds sur lequel les eaux tombent, ou découlent naturellement, peut les retenir, en former un étang, en disposer de toute autre manière. Le propriétaire inférieur, quoiqu'il soit tenu d'en supporter la charge sans pouvoir rien opposer à leur écoulement, ne peut exiger la transmission de ces eaux, s'il devait en retirer quelque utilité. — Mais, de son côté le propriétaire supérieur ne peut rien faire qui soit de nature à aggraver la charge du fonds inférieur ; il ne pourrait pas, par exemple, diriger les eaux de manière à les faire couler dans un fonds où ne tendrait pas leur cours naturel ; il ne pourrait pas en changer la direction, ou les faire couler avec plus de violence et de rapidité sur le fonds voisin, les réunir en plus grande masse sur un même point, de manière que leur chute produisît un effet plus nuisible que quand elles étaient divisées.

Toutefois, la prohibition d'aggraver la servitude que la loi impose à l'héritage inférieur doit être entendue sainement. Le propriétaire de l'héritage supérieur peut y pratiquer les travaux nécessaires à l'amélioration et au changement de sa culture ; la stagnation des eaux pouvant nuire au succès de ses récoltes, il lui est libre de tracer des sillons indispensables pour en faciliter l'écoulement. Qu'il soit tenu de diriger ces travaux de la manière la moins dommageable pour le fonds asservi, rien de plus juste ; mais, quelle que soit l'incommodité que le propriétaire en éprouve, il n'a pas à se plaindre dès l'instant que son voisin agit sans affectation ni dessein de nuire, et dans le seul but d'une bonne culture. C'est au juge à distinguer, suivant les circonstances, l'usage du droit de propriété, de l'entreprise qui tendrait à aggraver la servitude légale. (*Curasson*, t. II, n° 690 ; *Pardessus*, n° 86 ; *Proudhon*, t. IV, n° 1308 ; *Duranton*, t. V, n° 156 ; *Daviel*, n° 757 ; *Arrêt*, Chambre des *Requêtes*, 31 mai 1848.)

Aucun texte de loi ne s'oppose à ce qu'un propriétaire inférieur élève des digues pour défendre sa propriété contre les inondations auxquelles un cours d'eau peut l'exposer. L'article 640 ne s'applique qu'au cas où les eaux découlent naturellement d'un fonds supérieur. C'est ce qui a été jugé par arrêt de la Chambre des Requêtes, le 11 juillet 1860. — En effet, il n'est pas défendu aux propriétaires de se garantir par des travaux défensifs établis sur le bord de la rive ou dans l'intérieur de leurs héritages, soit de l'action permanente et insensible de ces cours d'eau, soit surtout de leurs débordements acciden-tels ou extraordinaires ; et lors même que l'effet de ces travaux, plantations, digues ou autres, serait, comme il arrive presque toujours, de rendre les eaux plus hostiles et plus dommageables aux autres fonds, les propriétaires de ceux-ci ne seraient pas fondés à se plaindre : ce droit de préservation est de légitime défense et réciproque.

ÉCHELLAGE.

L'échellage ne doit pas se confondre avec le *Tour de l'échelle*. On appelle échellage l'espace qui environne un domaine ou une maison. Cet espace est pris sur le fonds même du propriétaire pour lui ménager la facilité de tourner autour de son domaine, de sa maison, sans empiéter sur le fonds voisin ; ce n'est donc pas une servitude, mais c'est un droit de propriété tout différent du *Tour d'échelle* qui ne suppose pas de propriété, et qui se réduit au droit de poser une échelle sur le fonds voisin pour le cas de réparations.

Voyez : *Tour d'échelle.*

ÉGOUT DES TOITS.

Nous n'avons parlé jusqu'ici que des eaux pluviales tombant immédiatement sur le sol, et s'écoulant ensuite sur le fonds voisin : en ce qui concerne les eaux qui tombent d'abord sur les maisons et bâtiments avant d'atteindre le sol, nous les traitons sous ce mot : *Égouts des toits.*

Ces eaux, ainsi que nous le verrons ci-après, peuvent donner lieu à des servitudes actives ou passives; car, par l'effet de la convention, ou par suite de la prescription réunissant les caractères voulus par la loi, la transmission de ces eaux peut n'avoir lieu que sous certaines conditions, ou bien elles ne peuvent être retenues au mépris des droits acquis.

L'admirable concision de la langue latine permettait aux Romains de donner un nom spécial et expressif à chacune des servitudes : ainsi, par exemple, la servitude *stillicidii vel fluminis recipiendi* obligeait à recevoir sur son terrain les eaux d'un bâtiment voisin. *Henneccius* fait observer qu'on appelait *stillicidium* l'eau qui tombait naturellement des toits, goutte à goutte, et *flumen* l'eau recueillie dans une gouttière qui en versait beaucoup à la fois. La servitude *stillicidii vel fluminis non avertendi* obligeait au contraire à laisser couler ses eaux chez son voisin, sans pouvoir les détourner pour son propre usage.

Lorsque les eaux pluviales qui coulent sur la surface de la terre passent d'un terrain sur le fonds voisin, par suite de la pente ou de l'inclinaison du sol, c'est là une servitude naturelle résultant de la situation des lieux (*C. c.*, art. 640) ; mais il n'en est pas de même de l'eau de pluie que reçoivent les toits. Les bâtiments ne sont rien moins que l'effet de la nature, puisqu'ils sont l'ouvrage de l'art.

Chaque propriétaire doit donc construire de telle sorte que les eaux pluviales qui arrosent ses toits ne retombent ni sur ceux de son voisin, ni sur aucune portion de l'immeuble de ce dernier ; c'est le précepte consacré par l'article 681 du Code civil, qui ordonne à tout propriétaire d'établir des toits de manière que les eaux pluviales s'écoulent sur son propre terrain, ou sur la voie publique. Le même texte défend expressément de les diriger sur les fonds voisins.

En effet, si chacun peut faire usage de son droit de propriété en construisant de la manière qui lui convient, c'est avec la restriction qu'il ne cause aucun préjudice, aucune incommodité à ses voisins.

Il s'ensuit de là que ni le toit, ni même les gouttières, ne doivent point faire de saillie sur la propriété voisine. Faisons remarquer, toutefois, que la défense de laisser couler ses eaux sur l'héritage voisin cesse lorsqu'on a acquis le droit de gouttière, appelé *servitus stillicidii et fluminis*.

Celui qui construit un bâtiment dont l'égout sera du côté du voisin, doit laisser au delà de son mur un espace de terrain suffisant pour recevoir les eaux de ses toits. Il ne peut y avoir de règles certaines sur l'étendue de ce terrain. Les auteurs estiment qu'il faut laisser trois pieds (1 mètre), ou le double de l'avancement du toit. (*Desgodets*, sur l'art. 210 de la Coutume de Paris, n° 14 ; *Demolombe*, Servitudes, t. II, p. 72 ; *Toullier*, n°ˢ 537 et 538 ; *Duranton*, t. V, n° 415 ; *Pardessus*, n° 212 ; *Favart*, v° Servitudes, section 2, § 4, n° 15.)

Peut-on se dispenser de laisser un terrain intermédiaire en plaçant une gouttière qui ne s'avance pas au delà de la ligne séparative ? — Nous ne le pensons pas. Les gouttières que l'on adapte à un toit pourront toujours se déranger, s'obstruer ; quelquefois même elles ne seront pas

suffisantes contre l'abondance des pluies ou des neiges ;
le terrain voisin sera donc, quoi que l'on fasse, exposé à
recevoir les eaux des toits : c'est ce que l'article 681 du
Code civil a pour but d'empêcher.

L'espace laissé pour la chute des eaux pluviales demeure
la propriété de celui qui a élevé des bâtiments ; il peut y
ouvrir une porte, des jours, pourvu que les distances
prescrites par la loi soient observées, et qu'il se conforme
aux dispositions des articles 616 et suivants du Code
civil. — Mais il est est prudent qu'il fasse constater par un
acte contradictoire avec les voisins l'espace de terrain
qu'il laisse au delà de son mur, ou qu'il fasse construire
un avancement de mur à son extrémité qui dépose sans
cesse de la propriété qu'il s'est réservée. (*Pardessus*, t. Ier,
p. 172 ; *Demolombe*, page 75.) — *Pothier* enseigne en
effet que, sans cette précaution, les voisins pourraient lui
opposer la présomption qu'on est réputé bâtir à l'extrémité
de sa propriété.

Mais si le propriétaire qui construit n'a pris aucun des
moyens indiqués pour se mettre à l'abri des envahisse-
ments de ses voisins, comment, s'il est inquiété, pourra-
t-il justifier qu'il est réellement propriétaire du terrain
nécessaire pour l'égoût de ses toits ? Le voisin d'abord ne
manque presque jamais d'avancer jusqu'au mur, souvent il
cultive la bande de terrain, il y place des espaliers, y fait
certains travaux ou des dépôts permanents ; il crée ainsi
en sa faveur des faits de possession qui ont d'autant plus
de force que le propriétaire du bâtiment n'est pas dans
l'usage de se réserver un passage au delà du mur, de telle
sorte qu'il ignore souvent les empiètements du voisin.

Dans l'ancien Droit, comme le principe dominant était :
« *nulle servitude sans titre* », on n'admettait pas que le
maître du bâtiment fût présumé propriétaire de la bande
de terrain sur laquelle les eaux tombaient. On ne voulait
pas, dit M. *Demolombe*, t. II, p. 73, que le voisin qui avait

toléré la servitude de *stillicide*, croyant, sur la foi de la
coutume locale, qu'elle ne pouvait pas s'acquérir par
prescription, fût injustement déçu en se voyant, par
l'effet de cette tolérance, privé de son droit même de propriété. Pour que le maître du bâtiment eût été réputé
propriétaire de ce terrain, il fallait des actes non équi-
voques d'occupation à titre de propriétaire.

Aujourd'hui, une autre présomption domine en faveur
du propriétaire du bâtiment : c'est que celui qui bâtit sur
son terrain doit être présumé avoir laissé un espace suffisant pour recevoir l'égout de ses toits. On ne peut admettre
que le propriétaire qui fait la dépense d'une construction
s'expose volontairement à un procès pour deux à trois
pieds de terrain, et que le voisin, s'il eût été en droit, ne
l'eût pas immédiatement arrêté dans son entreprise. A
moins de preuves contraires, on ne doit pas être présumé
avoir violé la loi. Ajoutons que la servitude d'égout des
toits étant continue et apparente et pouvant être acquise
par la prescription, le silence du voisin ne peut plus recevoir la même interprétation que dans l'ancien Droit. C. c,
articles 688, 689 et 690. — Telle est aussi l'opinion de
M. *Demolombe*, p. 74. — Il a été jugé dans ce sens que le
propriétaire d'un bâtiment faisant saillie est présumé,
jusqu'à preuve contraire, propriétaire du terrain compris
entre son mur et la ligne d'aplomb de ses égouts. *(Bordeaux*, 20 novembre 1833 ; 14 décembre 1833 ; *Amiens*,
20 février 1840 ; *Cassation*, 28 février 1872.)

Cependant, le voisin a pu acquérir le terrain jusqu'au
pied du mur, soit par titre, soit par prescription. A l'é-
gard du titre, les conditions qu'il renferme sont la loi des
parties (C. c., art. 1134) ; c'est donc au titre, s'il en
existe un, qu'il faut s'attacher pour apprécier le droit du
constructeur, ainsi que les droits du voisin.

Quant à la prescription, il est clair que le terrain
sur lequel tombent les eaux peut être soumis, comme

toute autre propriété foncière, à la prescription trentenaire réunissant tous les caractères voulus par la loi.

Mais, pour que la possession devienne attributive de propriété au profit du voisin du bâtiment, il faut, dit M. *Pardessus*, qu'elle ne soit pas en opposition avec une possession contraire ; en un mot, il faut qu'elle soit exclusive ; or, elle ne l'est pas ; puisque le terrain reçoit les eaux de la propriété voisine ; il y a donc ici une possession partagée. — Il faut que la possession ne soit ni équivoque, ni clandestine (*C. c.*, art. 2229). Or, y a-t-il bien une jouissance publique dans le fait de celui qui prétend acquérir par la possession un terrain assujetti à des droits reconnus, non contestés du voisin ? — Comme le dit encore M. *Pardessus*, la jouissance du propriétaire, dont l'égout tombe sur le terrain contesté, se rattache à l'instant même qu'il a consacré le terrain à cet usage : elle est l'exercice de son droit de propriété, de la seule manière qu'exige son intérêt. — En effet, ce propriétaire n'a pas un grand intérêt à vérifier ce que devient un terrain sur lequel il ne conserve presque jamais ni jours, ni sortie. A quels principes donc se rattacher pour trancher la question de prescription ?

Il nous semble qu'on doit admettre en thèse générale, et avec M. *Demolombe*, que celui qui a bâti a dû se retirer sur lui-même, et laisser l'espace nécessaire à l'égout du toit. Il a été jugé en ce sens que la possession du terrain couvert par la saillie du toit ne peut en faire acquérir la propriété au voisin qu'autant que cette possession est exclusive de l'usage et de l'égout. (*Amiens*, 20 février 1840.)

Toutefois, dit M. *Dalloz*, nous pensons, malgré les observations de M. *Pardessus*, que l'égout des toits n'établit en faveur du propriétaire du bâtiment qu'une présomption *Juris*, qui peut être détruite par une présomption contraire. Or, les droits des deux voisins peuvent facilement s'expliquer, l'un peut posséder le terrain sur lequel les eaux tombent *Jure dominii*, tandis que l'autre n'exerce sur cette chose qu'une possession *Jure servitutis*. (*Demolombe*, p. 77.)

Si la possession est équivoque, clandestine, les juges apprécieront ; mais enfin les deux droits peuvent coexister légalement. — Comme le dit lui-même M. *Pardessus*, p. 476, « l'effet de la prescription est de supposer un titre. Cette supposition, si elle a lieu pour attribuer la propriété à l'un, elle a lieu aussi pour attribuer la servitude à l'autre ; ce sont deux corrélatifs inséparables. » Tout ce que l'incertitude absolue, si elle existait au procès, pourrait produire, c'est que le terrain fût déclaré commun (*Cæpolla*, tr. caput XL, n° 8), ou qu'en l'attribuant au possesseur du terrain, on déclarât l'espace qui reçoit l'égout des toits grevé de cette servitude.

Il a été jugé en ce sens : 1° — que si le stillicide établit en faveur du propriétaire du toit une présomption de la propriété du sol qui reçoit les eaux pluviales, l'existence de cette servitude ne s'oppose pas à ce que la prescription du sol qui la souffre ne s'acquière par une possession suffisante (*Limoges*, 26 décembre 1839) ; — 2° que la présomption en vertu de laquelle le terrain qui reçoit les eaux pluviales tombant du toit d'un bâtiment, n'est pas une présomption légale, mais forme une présomption simple qui peut être détruite par des présomptions contraires, et notamment par celle résultant au profit du voisin de la possession paisible, publique et à titre de propriétaire que le voisin aurait du même terrain. (*Requêtes*, 28 juillet 1851.) — Et cette possession peut être considérée comme exclusive, malgré l'exercice de stillicide, le stillicide constituant un droit de servitude distinct du droit de propriété. (*Même arrêt.*)

Lorsque le propriétaire du bâtiment n'a qu'un droit de servitude sur le fonds voisin, on doit observer sévèrement la maxime : *tantum præscriptum, quantum possessum*. Le propriétaire du fonds dominant peut, si cela lui convient, rendre meilleure la condition du fonds asservi, mais il ne peut la rendre plus incommode. (C. c., art. 702.) — Quant au propriétaire du fonds servant, il est soumis aux règles prescrites par l'art. 701. — Les lois romaines décident qu'il peut bâtir sur le lieu où tombent les eaux, pourvu qu'il n'élève pas son bâtiment assez haut pour supprimer l'égout du voisin ou ses gouttières.

Il a été jugé que le propriétaire du fonds servant peut, au lieu de continuer à recevoir sur son toit les eaux découlant goutte à goutte de chaque tuile du toit supérieur, les recueillir toutes sur une dalle établie en saillie de ce dernier toit supérieur, pour les reverser ensuite sur la voie publique. (*Bordeaux*, 1er février 1839.)

Décider ainsi, ce n'est pas détruire la servitude, mais seulement la modifier, sans porter aucun préjudice au propriétaire de l'héritage dominant. (*Requêtes*, 9 mars 1840.)

Toullier enseigne, d'après *Desgodets*, que si le voisin a un mur contigu, l'espace de terrain laissé par le constructeur du bâtiment, pour recevoir ses eaux pluviales, devra être pavé, pour préserver les fondements du mur voisin.

Lorsque les eaux pluviales viennent d'une maison dont le sol est plus élevé que celui qui les reçoit, le propriétaire de l'héritage servant peut-il faire des travaux pour empêcher l'écoulement des eaux sur son terrain ?

Il a été jugé en ce sens que l'article 640 du Code civil ne s'applique qu'aux fonds qui sont dans leur état naturel, et non aux fonds que la main de l'homme a couverts d'édifices ; qu'ainsi le propriétaire d'une maison a pu construire des ouvrages pour empêcher l'écoulement dans sa cour des eaux pluviales tombant du toit de son voisin, quoique la maison de ce dernier se trouvât assise sur un terrain plus élevé. L'article 681 du Cod. c. dit en effet : « Tout propriétaire doit établir ses toits de manière que les eaux pluviales s'écoulent sur son terrain ou sur la voie publique ; il ne peut les faire verser sur le fonds de son voisin. »

La dame Ziégler possédait une maison dont la cour était séparée par un mur mitoyen de la maison du sieur Roth. Le terrain sur lequel était assise la maison de la dame Ziégler se trouvant plus bas que celui où était placée celle de Roth, les eaux pluviales tombant de cette dernière maison s'écoulaient sur le fonds de la dame Ziégler. En 1814, celle-ci élève quelques constructions destinées à mettre sa cour à l'abri des eaux pluviales de son voisin ; assignation lui est aussitôt donnée par Roth en démolition des ouvrages. Roth justifiait sa prétention par la disposition de l'article 640 du Code civil, d'après laquelle les fonds inférieurs sont assujettis à recevoir les eaux qui découlent naturellement des fonds supérieurs. La dame Ziégler répondait que cet article ne devait s'appliquer, comme le prouve son texte, qu'au cas où les fonds ne sont pas bâtis. Lorsqu'il s'agit des eaux tombant du toit d'un édifice, il faut s'en tenir à l'article 681, qui défend au propriétaire de faire verser ces eaux sur le fonds de son voisin. De là jugement du 16 juin 1817 qui dit droit à la défense de la madame Ziégler, « attendu que la servitude naturelle définie par l'article 640 n'existe que pour les fonds qui sont dans leur état naturel, et non en faveur de ceux que la main de l'homme a couverts de bâtiments ; que l'article 681, au contraire, est seul applicable à ces derniers, etc. » Appel et arrêt de la Cour de *Colmar* : adoptant les motifs des premiers juges, *Confirme.*

Dalloz, v° Servitude, n°° 78, 789 et suivants.

Le fonds assujetti par servitude à recevoir les eaux de gouttière, et celles qui viendraient d'une cour voisine, n'est cependant pas tenu de recevoir les eaux ménagères et urinaires provenant de cette cour. *Paris*, 14 mars 1836.

En terminant cet article, nous croyons utile de reproduire les principes généraux suivants :

1° Tout propriétaire doit construire de telle sorte que les eaux qui arrosent les toits de ses bâtiments ne retombent pas sur le fonds du voisin.

2° Il doit donc laisser un espace intermédiaire qui, suivant les auteurs, doit être d'un mètre ou du double de l'avancement du toit.

3° Il est prudent de faire régler, contradictoirement avec le voisin, l'étendue du terrain laissé pour recevoir l'égout du toit.

4° Dans le cas où cette étendue de terrain n'a pas été déterminée et réglée, le maître du bâtiment n'est présumé propriétaire du terrain que jusqu'à l'aplomb de l'avancement de son toit.

5° Bien que le terrain qui reçoit l'égout du toit soit réputé appartenir au maître du bâtiment, le propriétaire voisin peut en acquérir la propriété, comme lorsqu'il s'agit de toute autre propriété foncière, par une possession trentenaire réunissant tous les caractères nécessaires pour prescrire. — Si son droit est reconnu, il ne peut néanmoins rien faire qui nuise à l'exercice du stillicide.

Nous ferons encore remarquer que si, au lieu du *larmier*, c'est le pignon qui se trouve tourné du côté du voisin, et que la bordure du toit, appelée *oin verge*, excède ce pignon, la présomption est encore que le terrain couvert par cet avancement du toit au delà du pignon appartient au maître du bâtiment jusqu'à l'aplomb de l'arête du toit. — Cette présomption ne céderait qu'à la preuve d'une possession ayant les caractères voulus par la loi. — Dans ce dernier cas, si le voisin était déclaré propriétaire du terrain, il ne pourrait en disposer qu'en respectant l'avancement du toit, si le bâtiment avait trente ans d'existence.

ENCLAVE.

C'est l'état d'un fonds qui n'a point d'issue sur la voie publique.

L'intérêt général de la société, tout aussi bien que l'intérêt privé, exige que les fonds enclavés ne demeurent pas inexploités et stériles ; aussi le législateur a autorisé le propriétaire dont les fonds sont enclavés à réclamer un passage sur les fonds de ses voisins. Les articles ci-après du Code civil ont pourvu à cette nécessité.

Art. 682. Le propriétaire dont les fonds sont enclavés, et qui n'a aucune issue sur la voie publique, peut réclamer un passage sur les fonds de ses voisins pour l'exploitation de son héritage, à la charge d'une indemnité proportionnée au dommage qu'il peut occasionner.

Art. 683. Le passage doit régulièrement être pris du côté où le trajet est le plus court du fonds enclavé à la voie publique.

Art. 684. Néanmoins il doit être fixé dans l'endroit le moins dommageable à celui sur le fonds duquel il est accordé.

Art. 685. L'action en indemnité, dans le cas prévu par l'art. 682, est prescriptible, et le passage doit être continué, quoique l'action en indemnité ne soit plus recevable.

De ces articles découlent les propositions suivantes :

1° Pour que le passage puisse être réclamé en faveur d'un héritage, *il faut que le fonds soit enclavé.* — Nature de l'enclave.

2° Le passage doit avoir lieu sur la partie des fonds des voisins *qui concilie les divers intérêts.* — L'appréciation en appartient aux tribunaux.

3° Le réclamant doit consentir *une indemnité proportionnée au dommage.* — Malgré la prescription de l'indemnité, le passage doit être continué.

Nous allons examiner successivement ces propositions :
1° *Il faut que le fonds soit enclavé.*

Est-ce à dire qu'il suffît, pour repousser la demande, que l'héritage en faveur duquel le passage est réclamé confine à la voie publique? — Nous ne le pensons pas. L'enclave doit s'entendre non-seulement du défaut de contiguïté, mais encore de l'existence d'obstacles périlleux ou tels qu'on ne pourrait les faire disparaître qu'à l'aide de frais ruineux. Ainsi l'on devra considérer comme enclavé et sans issue sur la voie publique, le fonds qui n'aurait qu'une issue vraiment impraticable ou tout à fait dangereuse, ou encore pour laquelle il faudrait des dépenses extrêmes et hors de proportion avec le dommage qui résulterait pour le voisin du passage réclamé sur son fonds, et de l'indemnité qu'il serait nécessaire de lui payer.

Un fonds entouré de toutes parts et sans accès à la voie publique peut être considéré comme enclavé, alors même que l'un des fonds qui le bordent serait un terrain communal. En effet, les biens communaux ne sauraient être assimilés à la voie publique ; ils sont susceptibles d'être ensemencés, cultivés ou affermés comme toute propriété privée ; le propriétaire d'un fonds ne peut donc, à moins d'en avoir acquis le droit par possession, prescription ou autorisation spéciale, passer sur un terrain communal pour le desservissement de son fonds, s'il y a une autre voie pour le desservir. Il ne pourrait, vis-à-vis de la commune propriétaire, qu'exciper de l'enclave pour acquérir le droit au passage, comme il en exciperait vis-à-vis de tout autre voisin. — Il y a cependant lieu de remarquer qu'il en serait autrement si les communaux qui bordent un propriétaire étaient spécialement affectés aux aisances des habitants, s'ils étaient l'objet d'une jouissance commune à tous, et s'ils donnaient eux-mêmes accès à la voie publique proprement dite. Dans ce cas, évidemment, le propriétaire du fonds situé de la sorte et qui aurait ainsi une issue libre, ne pourrait se dire enclavé, ni réclamer le passage sur un fonds privé.

Le but essentiel de la loi, dit M. *Demolombe*, étant de rendre possible l'exploitation du fonds pour laquelle l'article 682 permet de réclamer le passage, c'est eu égard à la nature et aux besoins de l'exploitation que doit être apprécié le fait d'enclave. Il se pourrait donc qu'un héritage, lors même qu'il aurait une issue sur la voie publique, dût être considéré néanmoins comme enclavé, et comme n'ayant aucune issue dans le sens de l'article 682, si celle qu'il avait était insuffisante pour les besoins de l'exploitation, comme si, par exemple, il n'était point possible d'y passer avec des voitures chargées, si cela était nécessaire.

L'exigence absolue de l'enclave doit donc se combiner avec l'intérêt de l'exploitation du fonds, car cet intérêt est la raison d'être et l'esprit de la loi ; ou même céder devant un danger évident ou des dépenses exorbitantes.

Il a été jugé dans ce sens :

1° Que le passage doit être accordé, sur le fonds voisin, au propriétaire du fonds enclavé, encore qu'il ait une issue sur ses autres fonds attenants, si le passage ne peut être pratiqué par cette issue qu'avec de grandes difficultés. (*Colmar*, 26 mars 1816.)

2° Que quand la loi dispose qu'il suffit qu'un fonds ait une issue sur la voie publique pour qu'il n'y ait pas enclave, elle entend exprimer que l'issue sera suffisante pour l'exploitation de l'héritage ; et spécialement, on ne peut pas regarder comme une issue faisant cesser l'enclave, une issue fort étroite et dangereuse, à peine viable pour un piéton. (*Cassation*, 16 février 1835.)

3° Que la constatation de l'état d'enclave résulte juridiquement de la décision qui établit que la seule issue possible ne serait praticable qu'au moyen de dépenses qui excéderaient la valeur de l'héritage, et qui ne procureraient d'ailleurs qu'un passage périlleux. (*Paris*, 24 mai 1844.)

4° Qu'un terrain bordant la voie publique est réputé en état d'enclave dans le sens de l'article 682, lorsque sa pente sur cette voie exclut la possibilité d'y aboutir par un chemin praticable, et que, d'ailleurs, l'établissement de ce chemin causerait une dépense excessive relativement à la valeur de l'immeuble à desservir. (*Requête*, 14 avril 1852.)

5° Qu'un héritage qui, entouré de bâtiments dans sa plus grande partie et fermé ensuite par une crête, n'a d'issue sur la voie publique que par le terrain d'autrui, est réputé en état d'enclave ; qu'en conséquence le passage pratiqué sur ce terrain par le propriétaire de l'héritage ainsi enclavé, est réputé exercé en vertu de la servitude légale établie par l'article 682, et peut dès lors donner lieu à l'action possessoire. (*Requête*, 8 mars 1852.)

6° Qu'une propriété qui n'a d'issue que sur une rivière est enclavée. (*Bordeaux*, 9 janvier 1838.)

7° Qu'un terrain est réputé en état d'enclave dans le sens de l'article 682, lorsqu'il n'a d'issue que du côté d'une rivière dont le passage par bac ou bateaux présente des dangers qui s'opposent à l'exploitation par cette voie. (*Requête*, 31 juillet 1844.)

8° Qu'il y a enclave dans le sens de l'article 682, non pas seulement dans le cas où il y a défaut absolue d'issue, mais aussi lorsque les issues existantes ne pourraient être mises en état de livrer passage qu'au moyen de frais in—comparablement hors de proportion avec la valeur de l'héritage à desservir. (*Paris*, 24 mai 1844.)

9° Enfin, qu'il y a enclave, non-seulement lorsque le fonds n'a aucune issue sur la voie publique, mais encore lorsque l'accès ne serait possible qu'au moyen de dépenses considérables eu égard à la valeur du fonds, et alors que les travaux à faire ne procureraient qu'une accession difficile et dangereuse. (*Caen*, 14 janvier 1861.)

(Voir aussi un arrêt de la Cour de *Bordeaux* du 5 février 1863.

Ainsi, il faut regarder comme établi que l'article 682 ne subordonne pas l'état d'enclave à une impossibilité absolue d'arriver à la voie publique : il suffit qu'il résulte des faits constatés que la seule issue possible ne procurerait qu'un passage périlleux ou insuffisant pour l'exploitation du fonds, ou ne serait praticable qu'au moyen de dépenses de telle importance que l'obligation de les faire causerait un préjudice considérable au propriétaire du fonds relativement à la valeur de ce fonds.

On peut, à titre d'enclave et si l'exploitation de la propriété l'exige, réclamer un passage avec charrettes, alors même que l'on avait déjà un droit de passage à pied et avec chevaux et bêtes de somme. Peu importe que ce dernier droit résulte d'un titre dont le demandeur aurait même, dans une précédente instance, demandé purement et simplement l'exécution; il ne peut y avoir là de fin de non-recevoir ; le fait d'enclave domine tout. (*Cassation*, 16 janvier 1864.)

Le passage, au cas qui précède, ne doit pas nécessaire-être pris par l'endroit où la servitude avait été primitivement établie; il ne doit pas non plus être nécessairement pris par le trajet le plus court. Il faut consulter à cet égard les besoins de l'exploitation, et les magistrats jouissent sur ce point d'un pouvoir discrétionnaire. (*Même arrêt ;* et *Caen*, 16 avril 1859.)

L'action possessoire doit protéger la possession telle qu'elle a été exercée, sauf au propriétaire du fonds grevé à provoquer le déplacement du passage, conformément à l'article 702 du Code civil.

2° Sur quels fonds et sur quelle partie de ces fonds le passage peut-il et doit-il être exercé *pour concilier les divers intérêts?*

Il n'y a pas lieu de distinguer si le fonds sur lequel le passage est réclamé se trouve de libre disposition ou inaliénable, par exemple comme un immeuble dotal; ni s'il appartient à une personne majeure et maîtresse de ses droits, ou à une personne incapable d'aliéner, comme un mineur, un interdit, (*Cassation*, 7 mai 1829; — *Ibid.*, 19 janvier 1848, — *Demolombe*, t. XII, p. 102.) ni s'il appartient à l'État. (*Angers*, 20 mai 1842.)

L'article 682 ne fait non plus aucune distinction relativement à la nature ou à la distinction des fonds qui peuvent être soumis à cette servitude; d'où il suit que le passage peut être réclamé même sur des fonds en nature de cours et jardins, et lors même qu'ils seraient clos de haies ou de murs, bâtis ou non bâtis. Il est vrai qu'on devra l'accorder de préférence sur les terrains ouverts, et que l'indemnité, si le passage est accordé sur des cours ou jardins, sera déterminée en raison du dommage qui en résultera, mais enfin la règle est que tous les fonds qui forment l'enclave sont soumis, indépendamment de leur nature, à l'application de l'article 682.

Le riverain de la voie publique est obligé de souffrir le passage, quelle que soit la nature ou la destination de son héritage : ce qui s'appliquerait même au cas où il serait contraint, pour le fournir, de percer un mur ou de faire à sa propriété tel autre changement que la circonstance rendrait nécessaire. (*Pardessus*, n° 219; *Parnier*, n° 527; *Duranton*, n° 422.)

L'article 683 porte que le passage doit *régulièrement* être pris du côté où le trajet est le plus court du fonds enclavé à la voie publique. D'où il faut conclure qu'un des voisins contre lequel la demande serait dirigée pourrait se refuser à fournir le passage, en alléguant et en prouvant que l'héritage d'un autre voisin présente un trajet moins long.

Cependant la loi ne pose qu'une règle générale, et dès lors il est permis de considérer l'équité et la position des lieux; le mot *régulièrement* employé dans l'article 683 démontre que la règle n'est pas absolue : ainsi le passage

peut, à raison des convenances locales, être pris d'un côté
où le trajet du fonds enclavé à la voie publique n'est pas le
plus court. (*Toullier*, t. III, n° 548 ; *Pardessus*, n° 219 ;
Duranton, t. V, n°⁵ 423 et 425 ; *Delvincourt*, t. Ier, p. 390,
et les arrêts suivants ; *Requêtes*, 1er mai 1811 ; *Nancy*,
8 janvier 1838 ; *Bordeaux*, 15 janvier 1835.)

En effet, si l'héritage offrant un trajet plus court était un
enclos, un jardin, un bâtiment, il ne serait pas juste de
s'adresser par préférence au propriétaire de ce lieu ; et si
l'on s'adressait à un autre voisin dont le terrain ouvert ou
moins précieux offrait un trajet plus long, ce dernier ne
serait pas admis à invoquer le texte rigoureux de l'article 683. (*Pardessus*, ibid. ; *Garnier*, p. 526.)

D'un autre côté, si l'usage du plus court trajet obligeait
le demandeur à des dépenses considérables, par exemple à
la construction d'un pont, il pourrait s'adresser à un autre
voisin dont la propriété offrirait un trajet plus long, mais
plus commode. (*Pardessus* et *Toullier*, ibid. — *Cassation*,
1er mai 1811.)

Il faut observer que lorsque le fonds actuellement enclavé a été démembré, par suite de partage, de vente ou
de tout autre contrat, de l'un des héritages par lesquels le
propriétaire peut communiquer à la voie publique, le passage doit être pris de préférence sur ces héritages, et que,
dans ce cas, il n'y a même pas lieu à l'indemnité dont
nous parlerons ci-après. La raison est que l'on pourrait,
en s'entendant avec un tiers, changer son droit et grever
de servitude un héritage qui ne devrait pas y être assujetti ;
d'un autre côté, le droit de passage est implicitement
compris dans le partage, la vente, la donation, comme
un accessoire indispensable de la chose qui en fait
l'objet.

Quand on sait par qui le passage doit être fourni, reste
encore à fixer le lieu où il sera pris, ainsi que sa largeur
et les autres conditions relatives. Les tribunaux ne peuvent

guère se déterminer qu'après avoir ordonné une expertise.

Ce qu'on peut seulement observer, c'est qu'on ne doit établir le passage que dans l'endroit le moins dommageable à celui sur qui il est accordé (C. c., art. 684). En pareil cas, il ne faut point rechercher la commodité de celui qui réclame le passage : on ne doit s'occuper que de celle du voisin qui sera tenu de le fournir, et le prendre du côté où le trajet est moins long pour arriver au chemin public le plus proche, ou à une autre possession ou héritage de celui à qui le passage est accordé, à moins que des considérations puissantes n'engagent à agir différemment. (*Rolland de Villargues*, t. VII, p. 136; *Pardessus*, n° 226 ; *Toullier*, n° 549.)

Quelquefois il arrive que le seul objet du passage demandé est de cultiver une propriété enclavée ou d'en enlever les fruits. Dans ce cas, celui qui est tenu de livrer le passage peut se refuser à ce qu'il soit permanent et indéfini; il peut ne le consentir que pour l'objet et le temps nécessaires. (Argument de l'art. 684, qui veut que le passage soit le moins dommageable possible.) (*Pardessus*, ibid.)

Par suite, celui à qui un simple sentier serait suffisant ne pourrait exiger un chemin : on ne doit accorder que ce qui est strictement nécessaire pour l'exploitation de l'héritage.

Mais, comme nous l'avons déjà dit, le passage dû à un fonds enclavé peut, de simple passage à pied, être converti en passage avec voiture et chevaux, si cela devient nécessaire pour l'exploitation du fonds, par suite d'un nouveau mode de culture, — sauf l'indemnité due à raison de ce surcroît de servitude. — (*Agen*, 18 juin 1823 ; *Bordeaux*, 9 janvier 1838 et 18 juin 1840; *Cassation*, 16 janvier 1864.)

Dans les prairies divisées entre plusieurs propriétaires et formant un amas unique, le droit de passage peut exister sans titre, comme résultant, non d'un droit de servitude, mais d'une convention présumée faite primitivement entre tous les propriétaires pour la desserte de toutes les parties de la prairie. — Le passage peut être exercé dans ce cas sans aucune indemnité, et il peut l'être non-seulement pour l'enlèvement des foins, mais encore pour la conduite des bestiaux. (*Bourges*, 8 juin 1831.)

Le propriétaire du fonds servant peut-il barrer le passage par une barrière ou une porte, en offrant la clef au propriétaire de l'enclave ?

Duranton, n° 434, se prononce pour la négative. — Nous ne partageons pas son opinion. L'article 647 du Code civil dispose que tout propriétaire peut clore son héritage, sauf l'exception portée en l'article 682. C'est sur cet article 647 que se fonde *Duranton*.

Mais ce que veut dire l'article 647, c'est que le propriétaire dont le fonds est assujetti à un droit de passage ne peut pas, au moyen d'une clôture, s'affranchir de cette servitude ; or, il n'en résulte nullement qu'il ne puisse pas du tout se clore, si d'ailleurs le mode et les conditions de la clôture qu'il adopte sont compatibles avec l'exercice de la servitude du passage, eu égard à la manière dont le propriétaire du fonds dominant a le droit d'en user. C'est donc là une question de fait à décider d'après l'article 701.

« Attendu, dit très-bien la Cour de *Cassation*, que la faculté de se clore appartenant, aux termes de l'art. 647 du Code civil, à tout propriétaire d'héritage, doit nécessairement subir quelques restrictions, ainsi qu'il résulte de la disposition même dudit article, lorsque l'héritage se trouve grevé d'une servitude de passage au profit d'un autre fonds, soit en vertu d'un titre, soit aux termes de l'article 682, et que, dans ce cas, il y a lieu pour les tribunaux, tout en respectant, autant que possible, le droit de clôture du fonds servant, de veiller à ce qu'aux termes de l'art. 701 il ne soit rien fait qui tende à diminuer ou à rendre plus incommode, au préjudice du fonds dominant, l'usage de la servitude. »

(*Arrêt* du 28 juin 1853 ; *Cassation*, 31 décembre 1839 ; *Rouen*, 16 août 1856 ; — *Demolombe*, page 128.)

Et le 4 mai 1832, arrêt de la Cour de *Bordeaux*, qui porte que si la barrière ne gêne pas l'usage de la servitude, en ce qu'elle s'ouvre facilement, qu'elle n'est fermée ni par une serrure ni par un cadenas, et qu'elle n'est établie que pour rendre la servitude moins dommageable à celui qui la doit, en écartant les bestiaux et en apprenant aux étrangers que le passage n'est pas public, celui à qui la servitude est due est sans intérêt et sans droit pour demander la suppression de la barrière. (*Bordeaux*, 4 mai 1832.)

Enfin la Cour de *Cassation*, par arrêt du 15 février 1870, a jugé que la constitution d'une servitude de passage n'implique pas, par elle-même, prohibition pour le propriétaire du fonds servant de fermer sur la voie publique, par des barrières ou autres clôtures mobiles, la partie de sa propriété qui est grevée de la servitude. — Ainsi, il peut établir des grilles ou barrières, à la condition de les laisser ouvertes en toutes saisons, pendant toutes les heures du jour, et d'en remettre une clef au propriétaire du fonds dominant, s'il est certain que ce dernier n'en doit éprouver aucune gêne sérieuse pour la facilité de circulation que réclame son industrie. (*Chambre des requêtes*, rejet de pourvoi sur un arrêt de la Cour de *Rouen*, 26 mai 1869.)

Le passage peut être l'objet d'une action possessoire, lorsqu'il s'agit d'un héritage enclavé. Dans ce cas, le propriétaire a le droit de passer sur le fonds voisin, qu'il appartienne soit à un particulier, soit à l'État, soit à la commune. S'il s'agit d'un communal, comme il est destiné aux aisances des habitants, ce n'est pas même à titre de servitude, mais bien à titre de jouissance de la propriété communale que le passage qui s'y exerce peut, en cas de trouble, donner lieu à l'action possessoire.

Le propriétaire a un droit dans la loi ; sa possession n'a rien de précaire. Le voisin a le droit, à la vérité, de réclamer une indemnité, droit qui se prescrit par au moins 30 ans, mais c'est là une action personnelle à intenter devant les tribunaux ordinaires. Le juge du possessoire n'a point à s'en préoccuper; la question de savoir si le passage a été pratiqué dans l'année est la seule qu'il doive examiner. (*Cassation*, 7 juillet 1854 et 22 janvier 1857.)

La possession ne saurait non plus être considérée comme délictueuse, et c'est justement que l'on a décidé que le propriétaire enclavé qui passe sur les héritages voisins avant le paiement de l'indemnité due et même avant la fixation du lieu de passage, n'est point passible des peines de police. (*Cassation*, 25 avril 1846; — 16 septembre 1853; — 22 janvier 1857; — 2 mai 1861.)

En cas d'enclave, la circonstance que le passage aurait été pratiqué tantôt sur un point, tantôt sur un autre du même fonds, par esprit de bon voisinage et pour éviter un plus grand dommage, ne peut paralyser l'effet de la possession, et faire considérer le passage comme précaire et de pure tolérance.

3° *De l'indemnité en cas d'enclave.*

On ne peut même, en cas d'enclave, c'est-à-dire en cas de nécessité absolue, acquérir une servitude sur les fonds d'autrui, sans payer une indemnité.

La base de l'indemnité est établie dans l'article 682 du Code civil; elle doit être en proportion avec le dommage que le voisin peut éprouver.

Si c'est par suite de vente ou de partage que le vendeur ou le copartageant se trouve enclavé, il n'est dû aucune indemnité. La difficulté alors ne pourrait s'élever que sur l'endroit où le passage devrait être exercé, c'est-à-dire accordé, ce qui serait déterminé par les tribunaux, après expertise, ou sur le vu d'un plan des lieux.

L'indemnité peut-elle être réclamée avant tout exercice du droit de passage? — *Favard*, v° Servitudes, s°n 2, § 7, n° 4, et *Duranton*, t. V, n° 429, note 1re, soutiennent l'affirmative,

ils se fondent sur ce que, comme l'État, qui exproprie un
citoyen, est tenu de payer préalablement une indemnité, à
plus forte raison doit-il en être ainsi à l'égard d'un simple
particulier qui réclame, dans son unique intérêt, un droit
sur le fonds d'autrui. — Mais, dit *Dalloz*, n° 862, il y a
lieu de remarquer que l'article 682 n'exige pas une indemnité *préalable*, comme en cas d'expropriation pour
cause d'utilité publique. Le droit de passage pour cause
d'enclave existe dans la loi, il peut y avoir dommage et
péril dans l'ajournement. — C'est aussi l'opinion de
Pardessus, t. Ier, n° 221.

L'indemnité, lorsque les parties ne s'accordent pas pour
la régler à l'amiable, doit être déterminée judiciairement
au moyen d'une expertise. Les frais en sont à la charge de
celui qui réclame le passage dans son intérêt.

Mais si le demandeur, en réclamant le passage, faisait
offre réelle d'une somme d'argent, et que le défendeur la
refusât comme étant trop minime, celui-ci devrait-il être
condamné aux frais de la procédure et de l'expertise, si,
par le résultat de cette dernière, il était établi que l'offre
suffisait ?

Après avoir cité les opinions différentes à ce sujet,
M. *Demolombe* enseigne la marche qui doit être suivie, et
qui lève toute difficulté.

« Celui qui réclame le passage doit notifier sa demande
au propriétaire voisin et lui déclarer qu'il se trouvera à
un jour et à une heure déterminés, sur les lieux, avec un
expert, et inviter le voisin à s'y rendre, de son côté, avec
un expert de son choix, pour procéder à l'estimation, en
offrant de payer tous les frais de cette vacation ; et alors,
soit que le voisin ne se rende pas à cette sommation, soit
qu'après s'y être rendu les parties ne puissent pas s'accorder sur l'estimation, si les offres faites par le réclamant
sont ensuite déclarées suffisantes, les frais que le refus du
voisin aura occasionnés, tels que ceux d'une demande en

justice, d'une expertise nouvelle, doivent rester à sa charge. »

L'indemnité est prescriptible par 30 ans, comme toute autre action personnelle ; et quoiqu'elle ne puisse plus être réclamée, le passage n'en doit pas moins être continué. (*C. c.*, art. 685.)

Celui qui a construit un mur ou un bâtiment à l'extrémité de son héritage, sans se réserver un certain espace au delà, a-t-il le droit, en offrant une indemnité, de faire passer ses ouvriers et de déposer des matériaux sur le fonds du voisin pour les réparations de son mur ou de son toit ?

Pour la négative, on peut dire que le propriétaire constructeur doit s'imputer à lui-même de s'être mis dans l'embarras.

Lorsqu'il s'agit de travaux à faire au toit d'un bâtiment, et que le voisin est assujetti à la servitude d'égout, le passage pour les réparations ne peut être refusé, parce que c'est là une suite nécessaire de la servitude d'égout. (*C. c.*, argument de l'art. 696.) Dans les autres cas, il est évident que, d'après toute la rigueur du droit, le propriétaire ne pourrait pas passer sur le voisin.

Cependant, s'il justifiait qu'il n'a aucun autre moyen de faire ces réparations, il serait fondé par une induction aussi juste que naturelle de l'article 682 du Code civil, à exiger de son voisin qu'il lui accordât cette faculté, moyennant indemnité. (*Pardessus*, n° 228 ; *Godefroy*, sur l'art. 607 de la Coutume de Normandie ; *Dupineau*, observ. sur l'art. 450 de la Coutume d'Anjou, t. II, p. 502 ; *Bannelier*, sur *Davot*, Traité à l'usage de Bourgogne, t. III, p. 249 ; — *Bruxelles*, 28 mars 1823 ; *Bordeaux*, 20 décembre 1836.)

4° *De la cessation de l'enclave.*

Lorsque le passage sur l'héritage du voisin a été exercé pendant 30 ans pour l'exploitation d'un fonds enclavé, le propriétaire de ce fonds a-t-il acquis, par la possession, la servitude de passage ; et si, après ce temps-là, l'enclave vient à cesser, la servitude doit-elle cesser aussi, ou survit-elle à la cessation de l'enclave ?

Cette question est une des plus controversées que nous connaissions.

La doctrine d'après laquelle le fait de l'enclave est la condition indispensable de la permanence, comme de l'établissement, de la servitude légale de passage, est consacrée par un grand nombre d'arrêts et par la majorité des auteurs. Voir notamment en ce sens : *Angers*, 20 mai 1842 ; *Limoges*, 20 novembre 1843 ; *Rouen*, 13 décembre 1862 ; *Limoges*, 3 février 1870. — Voir aussi : *Solon*, des Servitudes, n°⁵ 331 et 332 ; — *Pardessus*, ibid., n° 225 ; *Zachariæ*, t. II, § 331, p. 188 ; *Aubry* et *Rau*, t. II, p. 65 ; *Toullier*, t. II, p. 423 ; *Demante*, cours analytique, t. II, n° 539 bis ; *Dalloz*, v° Servitudes, n° 877.

Le système contraire, qui consiste à appliquer le principe de la perpétuité des servitudes à la servitude légale de passage pour cause d'enclave, est enseigné par *Duranton*, t. V, n° 435 ; *Demolombe*, t. XII, n° 642. — « Lorsque, dit ce dernier auteur, la servitude de passage est accordée au fonds enclavé, ce n'est pas pour un temps, mais pour toujours ; ce n'est pas sous une condition résolutoire quelconque, c'est d'une manière incommutable et absolue ; et c'est en raison de la perpétuité du droit concédé que l'indemnité est réglée de gré à gré ou en justice ; d'autre part, lorsque la servitude est une fois établie, aucun texte ne la soumet à un mode particulier d'extinction, et n'autorise ni l'une ni l'autre des parties à revenir, en aucun cas, sur ce qui a été fait. Donc, on se trouve nécessairement sous l'empire de la règle générale, qui déclare la perpétuité des servitudes réelles. L'établissement de cette servitude constitue, en effet, une sorte d'expropriation forcée pour cause d'utilité publique ; or, il est de principe que cette expropriation est irrévocable, et que l'exproprié ne pourrait pas redemander son ancienne propriété, lors même que l'utilité publique, qui a été la cause de l'expropriation, viendrait à cesser. »

Jugé en ce sens, par la Cour de *Cassation*, que l'exercice du passage nécessaire pour cause d'enclave, lorsqu'il s'est prolongé plus de 30 ans, fait acquérir au propriétaire de l'héritage enclavé non-seulement la libération de l'indemnité originairement due, mais encore la servitude même de passage, selon l'assiette qui lui a été donnée par cette longue possession. — Le droit absolu de servitude, se trouvant ainsi acquis par l'effet légal de la prescription, ne reçoit aucune atteinte de l'événement ultérieur qui vient à faire cesser l'état primitif d'enclave, soit d'une manière accidentelle, soit d'une manière définive. (*Cassation*, 19 janvier 1848. — Voir aussi dans le même sens: *Douai*, 23 novembre 1850; *Bordeaux*, 25 juin 1863; *Amiens*, 9 décembre 1868; *Cassation*, 19 juin 1872.)

Voyez: *Passage, Servitude.*

ETABLISSEMENTS DANGEREUX, INSALUBRES OU INCOMMODES.

On nomme ainsi les ateliers, manufactures, usines et autres établissements qui sont de nature à nuire à la santé des habitants, à mettre en péril ou à incommoder les propriétés voisines.

Ces établissements sont divisés en trois classes:

La première renferme ceux qui doivent être éloignés des habitations particulières.

La deuxième, ceux qui peuvent ne pas être éloignés des habitations, mais dont la formation ne peut avoir lieu que lorsqu'on a justifié qu'on les mettra en activité de manière à ne causer ni dommage, ni incommodité.

La troisième comprend aussi ceux qu'on peut créer au-

près des habitations, mais qui sont soumis à la surveillance de la police.

Pour connaître dans quelle classe est compris tel ou tel
établissement, il faut recourir au décret du 15 octobre
1810, et aux ordonnances générales de classement des
14 janvier 1815, — 29 juillet 1818, — 8 juin 1822, —
25 juin et 29 octobre 1823, — 20 août 1824, — 9 février 1825, — 20 septembre 1828, — 31 mai 1833, —
27 janvier 1837, — 27 mai 1838. — Il a été dressé, par
ordre du ministre du commerce, un tableau général
d'après ces règlements. Nous y renvoyons.

On peut poser comme règle générale que tout établissement non classé peut être formé sans aucune autorisation. (*Conseil d'Etat*, 14 janvier 1818 et 15 août 1821.)

Aucun établissement insalubre ou incommode ne peut
être formé sans une permission de l'autorité administrative, qui reserve toujours les droits des tiers. — En conséquence, ceux-ci peuvent poursuivre devant les tribunaux la réparation du dommage résultant de l'exercice
de l'industrie autorisée. (*Colmar*, 5 mai 1864.)

Il peut arriver que les établissements insalubres ou incommodes endommagent les fruits et récoltes; qu'ils
rendent même improductifs les jardins, les vergers, les
champs voisins ; dans ce cas, l'action doit être portée
devant le juge de paix, qui est compétent pour connaître
du dommage, alors même que le défendeur opposerait que
les travaux ont été autorisés par l'administration. (*Cassation*, 2 janvier 1833.)

Quels que soient les termes de l'autorisation, les établissements de toute nature sont soumis aux règlements
généraux de police sur la propreté et la salubrité, et le
maire qui jugerait convenable, dans l'intérêt général, de
faire un règlement particulier sur l'écoulement des eaux,
sur la direction des tuyaux de cheminée, leur élévation et
autres moyens d'empêcher l'infection de l'air et l'exhalai—

son des miasmes ou odeurs nuisibles, le pourrait, sans néanmoins entraver la marche de l'établissement autorisé. Ce règlement serait exécutoire, et les contraventions, passibles d'amende, sauf au propriétaire de l'établissement à en provoquer la réformation devant l'autorité supérieure. (*Cassation*, 20 pluviôse an XII, 23 août 1818, 26 janvier 1821 et 2 octobre 1824.)

Le droit accordé au préfet par le décret du 15 octobre 1810 d'autoriser la création d'un établissement insalubre ou incommode, ne fait pas obstacle au droit de l'autorité municipale de prescrire à ces établissements toutes les mesures de police nécessitées par l'intérêt public. (*Cassation*, 1er août 1862.)

Des voisins ont le droit de faire retirer la permission à un manufacturier, s'il ne remplit pas les conditions prescrites. Pour cet effet, s'il s'agit d'un établissement de 1re classe, ils adressent une requête au chef du Gouvernement en son Conseil d'État, laquelle est communiquée au ministre du commerce, chargé de faire les instructions nécessaires ; — s'il s'agit d'un établissement de 2e ou 3e classe, les voisins s'adressent au Conseil de préfecture.

La contravention résultant de l'exploitation, sans autorisation, d'un établissement insalubre se renouvelle autant de fois qu'il est constaté que l'exploitation continue. (*Cassation*, 17 décembre 1864.)

EXHAUSSEMENT.

Tout copropriétaire peut faire exhausser le mur mitoyen ; mais il doit payer seul la dépense de l'exhaussement, les réparations d'entretien au dessus de la hauteur commune, et en outre l'indemnité de la charge en raison de l'exhaussement et suivant la valeur (*C. c.*, art. 658.)

Le propriétaire qui veut faire exhausser un mur mitoyen, n'a pas besoin d'en obtenir le consentement de son communiste, ou de s'y faire autoriser par justice. (*Cassation*, 18 avril 1866.)

L'indemnité est fixée par des experts nommés à l'amiable, ou qui sont nommés juridiquement ; elle est évaluée en raison de la qualité du mur mitoyen, de ses dimensions, de l'exhaussement qu'on veut faire, de la nature des matériaux qu'on emploiera.

La dépense des travaux qui seraient jugés nécessaires pour la consolidation du mur mitoyen et le mettre en état de supporter la surcharge est due par celui qui veut faire l'exhaussement.

Si cette construction cause quelque dommage au voisin, par exemple, si elle le force à des indemnités envers ses locataires, celui qui fait construire en doit tenir compte ; cela fait partie de la dépense d'exhaussement. Par la même raison, dans le cas où il faudrait donner plus d'épaisseur au mur, le terrain nécessaire pour l'excédant de cette dimension serait pris du côté de celui qui fait exhausser. (*C. c.*, art. 659.)

Il est évident que si celui qui fait l'exhaussement prend sur lui de reconstruire en entier le mur mitoyen, qui, quoique bon, n'était pas assez fort pour supporter l'élévation, il ne doit aucune indemnité.

Si un mur mitoyen est mauvais, le voisin qui veut l'exhausser peut exiger qu'il soit refait à frais communs, sauf à payer l'indemnité pour la surcharge qu'il y mettra. — Mais s'il veut employer des matériaux plus chers que ceux dont l'ancien mur était composé, il devra supporter l'excédant de la dépense.

Voyez : *Mitoyenneté* et *Mur mitoyen*.

FEU.

Aux termes de l'article 10, titre II, de la loi des 28 septembre et 6 octobre 1791, toute personne qui aura allumé

du feu dans les champs plus près que 50 toises (100 mètres)
des maisons, bruyères, vergers, baies, meules de grains,
de paille ou de foin, sera condamné à une amende égale à
la valeur de douze journées de travail, et paiera en outre le
dommage que le feu aura occasionné. — Le prix de la
journée de travail est fixé par le préfet.

Par l'article 148 du Code forestier, il est défendu de
porter ou allumer du feu dans l'intérieur et à la distance
de 200 mètres des bois et forêts, sous peine d'une amende
de 20 à 100 francs, sans préjudice, en cas d'incendie, des
peines portées par le Code pénal, et de tous dommages et
intérêts, s'il y a lieu.

Une Ordonnance du 8 juillet 1666 porte « que toutes
les voitures chargées de poudres du Gouvernement seront
laissées à 500 pas au dessous des villes, bourgs et villages
dans lesquels les charretiers et chevaux qui serviront à la
conduite desdites poudres seront obligés de coucher ou de
faire la dinée. — Injonction aux maires, échevins et communautés desdits bourgs, villes et villages de donner, à
leurs frais et dépens, quatre habitants des lieux et autres
gardes, pour veiller et prendre garde aux dites poudres,
tant de jour que de nuit, desquelles ils seront responsables, etc. »

La loi du 15 juillet 1845 sur la police des chemins de
fer défend de placer des meules de paille ou de fourrage à
une distance de moins de 20 mètres d'un chemin de fer
desservi par des machines à feu.

FOSSÉ.

Les articles 666 à 669 du Code civil donnent quelques
règles relatives à la propriété des fossés et à leur entretien.

Aux termes de l'article 666, tous fossés entre deux

héritages sont présumés mitoyens, s'il n'y a titre ou
marque du contraire.

Il y a marque de non mitoyenneté lorsque la levée ou
le rejet de la terre se trouve d'un côté seulement du fossé.
(*Art.* 667.)

Le fossé est censé appartenir exclusivement à celui du
côté duquel le rejet se trouve. (*Art.* 668.)

Enfin le fossé mitoyen doit être entretenu à frais communs. (*Art.* 669.)

Comme nous venons de le voir, la présomption de mitoyenneté des fossés cède devant les titres ou les marques
que la loi a déterminées.

En ce qui concerne le titre, l'expression tenant à X,
fossé *entre deux,* par cela même qu'elle n'attribue pas à un
seul la propriété exclusive du fossé, indique que le fossé
est mitoyen entre les propriétaires dont il sépare les héritages. (*Bordeaux*, 31 janvier 1835.)

La propriété d'un fossé peut s'acquérir par prescription.
Si la prescription était accomplie, elle prévaudrait incon-
testablement contre les indications fournies par les titres.
(*Duranton*, t. V, n° 351.)

Quant aux signes ou marques de mitoyenneté, on ne
peut en admettre d'autres que ceux que le Code reconnaît,
et les tribunaux n'auraient pas le droit de voir des signes
équipollents en dehors des prévisions de la loi, et en se
fondant sur des usages ou d'autres circonstances. Aussi
a-t-il été jugé que la marque de mitoyenneté d'un fossé
résultant du rejet d'un seul côté de ce fossé des terres qui
en proviennent, ne serait pas détruite par la présence, de
l'autre côté du même fossé, d'exhaussement de terrain non
continu et provenant de dépôts purement accidentels.
(*Cassation*, 22 juillet 1861.)

Dans le doute sur la propriété d'un fossé, il est présumé
appartenir à celui des deux propriétaires qui avait intérêt
à se clore. Par exemple si, d'un côté du fossé, il se trouve

un jardin, et que de l'autre il n'y ait que des terres labourables, le fossé sera réputé faire partie du jardin.
(*Fournel.*)'

A défaut de titre ou d'une possession trentenaire équivalant à un titre, les présomptions légales indiquées par
le Code ne peuvent avoir d'effet absolu qu'au pétitoire ;
elles ne sauraient infirmer en rien les preuves certaines
qui seraient fournies à l'appui de la possession annale :
elles ont seulement pour effet de conduire à l'interprétation
du caractère de la possession.

On ne pourrait voir une preuve de propriété exclusive
du fossé au profit de l'un des riverains par ce fait qu'il en
aurait seul fait faire le curage : ce riverain aurait seulement le droit de se faire rembourser par l'autre la moitié
des frais de l'opération. (*Duranton*, t. V, n° 358.)

L'action possessoire peut être intentée pour qu'on soit
maintenu dans la possession soit exclusive, soit mitoyenne
d'un fossé, contre celui qui se permet un acte contraire à
cette possession.

Si l'un des voisins se permettait d'usurper le fossé, ou
même de troubler la possession de l'autre voisin, comme
s'il s'opposait à ce qu'il curât le fossé et mît le rejet de
son côté, il y aurait lieu d'intenter l'action possessoire dans
l'année du trouble. (*Pardessus*, n° 183 ; *Duranton*, n° 352.)

Le fait de curage, s'il avait été répété pendant plusieurs
années, suffirait-il pour établir une présomption de propriété ? Non, répond M. *Curasson*, n° 358. C'est le rejet
d'un seul côté qui l'établit, parce que le curage a pu être
clandestin, ou l'effet de la violence, ou le résultat d'une
possession équivoque, ce qui ne fonde ni possession, ni
prescription, *C. c.* 2229 ; ou bien il a pu, tant qu'il n'y
avait pas de rejet du côté seul de celui qui le faisait, être
vu avec indifférence par le voisin, ce qui n'était de sa part
qu'un acte de simple tolérance, incapable aussi de fonder
une possession valable. (*Art.* 2232.)

On a vu que le fossé mitoyen doit être entretenu à frais communs.

Celui qui veut créer un fossé doit en prendre toute la la largeur sur son héritage. Plusieurs jurisconsultes enseignent en outre que comme, nonobstant cette précaution, il nuirait encore au voisin si le bord du fossé commençait précisément à la limite de sa terre, parce que, insensiblement, la terre de l'héritage voisin s'ébboulerait dans le fossé, la largeur du talus de la berge du voisin doit être proportionnée à la profondeur du fossé, suivant la nature du terrain, de manière que ce talus soit suffisant pour empêcher que la berge ne s'éboule, et qu'il reste toujours un espace (tel qu'un pied) au delà, entre le talus et la terre du voisin (*Desgodets*; *Fournel*; *Toullier*, t. III, n° 227; *Pardessus*, n° 186; *Duranton*, n° 364.)

Quelques coutumes, telles que celles de Normandie, de Valois, de Bourgogne, d'Auvergne, avaient en effet des dispositions sur ce point. Le Code qui, dans l'article 671, fixe une distance pour les plantations d'arbres, de haies, et, avant tout, renvoie aux règlements particuliers et aux usages constants et reconnus, ne dit rien de pareil pour l'ouverture des fossés. Nous dirons donc, avec M. *Daviel*, t. II, n° 859, que, comme autorité légale, ces usages ne peuvent être invoqués; il ne subsiste que l'obligation de laisser entre les deux héritages un espace suffisant pour ne pas causer de dégradations à la propriété contiguë, et le droit de n'en laisser aucun, si la terre est assez ferme pour résister. — La Chambre des Requêtes a rendu le 3 janvier 1854, un arrêt sur cette question : « attendu, porte cet arrêt, qu'il résulte du jugement attaqué, qu'aucune ancienne coutume, aucun usage ne s'opposent, dans la localité où le fossé litigieux a été creusé, à ce que des fossés soient établis à l'extrême limite des propriétés; que dès lors le défendeur éventuel avait le droit, aux termes de l'article 554, de jouir et de disposer de sa chose de la manière la plus absolue. Attendu, en outre, que le jugement attaqué constate en fait que le demandeur en Cassation ne se plaignait d'aucun fait de dégradation ou d'éboulement par suite de l'établissement du fossé litigieux... *Rejette*, etc. »

Il faut en conclure en droit : que le fossé peut être créé à l'extrémité de la limite de la propriété ; — que, toutefois, si le terrain est de nature à s'ébouler, il est prudent soit de garantir le terrain du voisin par un ouvrage quelconque, soit de laisser au delà de l'ouverture du fossé un petit espace de son propre terrain pour prévenir l'éboulement du terrain du voisin. Il est bon également que le propriétaire qui a fait creuser le fossé, fasse borner la berge du côté du voisin contradictoirement avec celui-ci, pour prévenir la présomption de mitoyenneté que la loi attribue aux fossés.

Les *riverains* sont obligés de faire et d'entretenir à leurs dépens des fossés séparatifs de leurs bois d'avec ceux de l'état. (*Code forestier*, art. 14.)

FOSSES D'AISANCES.

L'article 674 du Code civil ne permet de creuser une fosse d'aisances près d'un mur mitoyen ou non, qu'en observant la forme prescrite par les règlements et usages relatifs à cet objet, c'est-à-dire en pratiquant les ouvrages déterminés par ces règlements ou usages pour ne nuire en aucune façon au voisin.

La Coutume générale du Baillage d'Amiens porte, art. 166 : « Nul ne peut faire fosse à latrine, qu'il n'y ait, entre ladite fosse et la terre de son voisin, deux pieds et demi de franche terre ; et, pour quelque temps qu'il l'ait autrement possédée, il ne peut acquérir aucune possession. »

Les diverses coutumes locales prescrivent l'établisse-

ment d'un contre-mur dont l'épaisseur varie ; mais l'usage
le plus général est que le contre-mur ait une épaisseur de
33 centimètres en bonne maçonnerie de briques.

Quand bien même on aurait construit la fosse d'aisances
en observant les prescriptions des règlements, on n'en serait pas moins tenu de réparer les dommages que le voisinage de la fosse ferait éprouver au propriétaire voisin par
infiltration ou autrement. (*Le Page.* Lois des Bâtiments,
t. 1er, p. 136.)

Voir : *Contre-mur ; — Constructions ; — Mur mitoyen.*

FOUILLES.

La propriété du sol emportant celle du dessus et celle
du dessous, suivant les dispositions de l'article 552 du
Code civil, le propriétaire d'un fonds peut faire de ce
fonds ce qu'il juge convenable, y pratiquer toutes les
fouilles qu'il lui plait, et en tirer tous les produits, sous
les seules restrictions qui peuvent y être apportées par les
lois et règlements de police.

Ces fouilles peuvent avoir lieu, encore qu'elles aient
pour résultat de couper les veines de l'eau servant à ali-
menter un puits ou une source existant dans le fonds voisin
celui-ci ne faisant par là que subir la loi qui dérive de
l'état naturel de sa propriété.

Toutefois, lorsque deux propriétaires voisins ont réglé
entre eux l'usage d'une source qui surgit dans le fonds de
l'un d'eux, l'un des voisins ne peut rien faire dans sa propriété qui soit de nature à porter atteinte à la convention ;
et spécialement ce voisin ne peut, en cas pareil, pratiquer
sur son fonds des fouilles dont le résultat serait de couper
les veines alimentaires de la source et de la faire surgir
chez lui. C'est en vain qu'il prétendrait que, en pratiquant
ces fouilles, il n'a fait qu'user de son droit de propriété.
(*Req.*, 10 juin 1842.)

L'article 643 du Code civil ne fait pas obstacle au droit qu'a tout propriétaire de faire des fouilles dans son fonds pour y découvrir des eaux de source; et la commune n'aurait aucune action contre lui, lors même que ces fouilles, faites sans intention de diminuer le volume des eaux, nuiraient à la source nécessaire aux habitants. (*Dalloz*, n° 185; *Demolombe*, t. Iᵉʳ, p. 117; *Daviel*, n° 893; *Pardessus*, n° 138; — *Metz*, 16 nov. 1826 et *Rejet* du pourvoi par arrêt du 29 nov. 1830). — La commune ne pourrait s'opposer aux fouilles qu'autant qu'elle aurait un droit d'aqueduc portant sur le terrain même où les fouilles auraient été pratiquées. (*Arrêt de Rejet* du 26 juillet 1836.)

Celui qui, par des fouilles dans son propre terrain, par l'exploitation d'une carrière, ou par tout autre moyen, aurait avancé sous le terrain d'autrui, n'y acquerrait aucun droit ; ce ne serait là qu'une possession clan-destine.

FOUR.

Les fours ne doivent être établis qu'à une certaine dis-tance des murs mitoyens, réglée par les usages locaux. (Art. 674 du Code civil.)

La coutume de Paris exigeait, par l'article 190, un vide d'un demi-pied entre le mur mitoyen et le mur du four, lequel devait être d'un pied d'épaisseur. L'usage à peu près général est de faire un contre-mur d'un pied d'épaisseur, sans laisser de vide.

Tout ce qui se rapporte aux contre-murs, ou, à défaut de contre-murs, aux distances prescrites pour certaines constructions à élever près d'un mur mitoyen ou non, a été renvoyé par la loi aux règlements et usages locaux. En effet, elle ne pouvait exiger l'emploi de tels ou tels maté-riaux, attendu qu'ils n'existent pas tous également par-tout : ici se trouve la pierre de taille, là, il n'y a que la brique ; et pourtant ces éléments incombustibles sont la

vraie, même l'unique mesure des obligations ultérieures ;
car, si mon voisin veut construire un four, une cheminée,
il ne doit pas pour cela mettre ma propriété en danger,
et cependant elle y sera selon qu'il emploiera tels matériaux au lieu de tels autres, ou que, suivant la nature de
mes constructions, il en approchera plus ou moins les
siennes. (*Curasson*, n° 638.)

En ce qui concerne l'usure des fours par suite de l'action
du feu, l'usage est que le bailleur en entretienne les murs
et la cheminée, ainsi que la voûte extérieure, s'il en existe
une ; le locataire n'est tenu que de réparer l'aire du four et
la chapelle en voûte intérieure qui est soumise immédiatement à l'action du feu. (*Dictionnaire des juges de paix*,
v° *Four*, n° 5.)

Lorsqu'un four nuit au voisin parce qu'on n'aurait pas
observé les règles de l'art dans sa construction, la démolition peut en être ordonnée par Justice, bien que d'ailleurs
aucune loi, règlement ou usage n'ait prescrit ni les distances à observer dans la construction du four, ni les
ouvrages à faire pour éviter de nuire au voisin. (*Cassation*,
29 janvier 1829.)

FRANCS-BORDS.

On appelle ainsi l'espace de terrain nécessaire pour les
berges d'un canal.

La propriété d'un canal fait de main d'homme, entraîne
la présomption légale de la propriété des francs-bords de
ce canal et des arbres qui y sont plantés.

Mais si la propriété d'un cours d'eau ou d'un canal
emporte présomption de la propriété des francs-bords, ce
n'est là qu'une présomption simple, qui ne met point obstacle à ce qu'un tiers acquière la propriété de ces francs-
bords, soit par titre, soit par prescription. (*Code civil*,
art. 546 et 2229; — *Cassation*, 6 mars 1814.) — Et, par

arrêt du 21 mars 1855, la même Cour a jugé que les francs-bords d'un canal peuvent être l'objet d'une possession séparée de celle de ce canal, et susceptible dès lors de servir de base à une action possessoire ; — qu'en conséquence, le riverain qui a la possession plus qu'annale des francs-bords d'un canal a le droit de s'opposer au rejet, sur ces francs-bords, des terres provenant du curage du canal lorsqu'il n'est justifié à cet égard de l'existence d'aucune servitude.

Voir en ce sens : *Cassation*, 22 juin 1853.

Il est de jurisprudence constante, en effet, que la propriété d'un canal et celle de ses francs-bords ne sont pas tellement unies et incorporées qu'elles forment un tout indivisible ; par suite, la propriété des francs-bords peut, isolément de celle du canal, s'aliéner ou se perdre par la prescription,

Voyez : *Servitudes.*

FUMIER.

L'article 674 du Code civil, qui oblige celui qui veut adosser une étable près d'un mur mitoyen à laisser la distance prescrite par les règlements et usages particuliers, ou à faire les ouvrages nécessaires pour éviter de nuire au voisin, impose les mêmes obligations en ce qui concerne les tas de fumier.

Voyez : *Contre-mur.*

HAIE.

C'est une clôture fréquemment employée dans les campagnes.

La haie est sèche ou vive.

Nous examinerons la matière au triple point de vue de : 1° *la distance pour la plantation ;* — 2° *la mitoyenneté* ou *la propriété* exclusive; — 3°. les *droits* et les *obligations* des voisins.

1° DISTANCE POUR LA PLANTATION.

La haie sèche n'étant point susceptible de nuire au voisin, soit par les branches, soit par les racines, peut être plantée à l'extrémité du fonds. — La haie vive ne doit être plantée qu'à la distance fixée par les règlements, et, à défaut de règlements, à la distance d'un demi-mètre de la ligne séparative des héritages. (*Code civil*, article 671.)

Notez que cet espace est présumé appartenir au propriétaire de la haie, sauf preuve contraire; et si le voisin ne réclame pas dans les 30 ans, la présomption est inattaquable. (*Duranton*, n° 384.)

Le voisin peut exiger que les haies plantées à une moindre distance soient arrachées.

Le voisin d'une haie ne peut la rendre mitoyenne contre la volonté de celui à qui elle appartient.

La haie vive ne peut comprendre que des plants d'essence à basse tige, quand bien même le propriétaire s'engagerait à rabattre les autres à la hauteur ordinaire des haies.

2° MITOYENNETÉ.

En principe, toute haie qui sépare deux propriétés, qu'elle soit vive ou sèche, est mitoyenne. (*Code civil*, art. 670.)

Cependant cette règle souffre plusieurs exceptions que nous allons indiquer:

Première section. — Lorsqu'un seul des héritages est en état de clôture, la haie appartient à cet héritage. — Remarquez que lorsque l'un seulement des deux héritages est clos, si le propriétaire de l'autre héritage se mettait en devoir de clore aussi le sien, comme il acquerrait par là une présomption de mitoyenneté, le maître de l'héritage primitivement clos devrait lui faire signifier un acte de protestation pour conserver la présomption de propriété exclusive qui résulte en sa faveur de ce que son héritage est seul présentement en état de clôture.

Il est utile d'observer également que, si entre la haie et l'un des deux héritages qu'elle sépare, il existe un fossé, la haie est censée appartenir à celui dont elle touche immédiatement l'héritage, quand même le fossé appartiendrait au voisin ; à moins que le fonds de ce dernier ne soit entouré de haies de tous côtés. (*Pardessus*, n° 188 ; *Toullier*, n° 230 ; *Duranton*, n° 375.)

Deuxième exception. — Lorsqu'il y a titre qui attribue la haie à l'un des voisins exclusivement, il est évident que la présomption de la loi doit cesser : il n'y a plus à considérer dès lors l'état de clôture de l'un ou l'autre fonds.

Troisième exception. — Il n'y a pas non plus mitoyenneté lorsqu'il se trouve des bornes qui attribuent la haie exclusivement à l'un des héritages, peu importe d'ailleurs qu'ils soient tous deux en état de clôture, ou que l'un des deux seul soit clos. (*Duranton*, t. V, n° 367.)

Quatrième exception. — La mitoyenneté n'existe pas encore quand, au contraire, il y a *possession suffisante* en faveur de celui qui prétend que la haie lui appartient en propre. (*C. c.*, art. 670.)

Il n'est pas nécessaire, dans ce cas, que les deux fonds soient en état de clôture, ni même que le fonds de celui qui revendique la propriété exclusive le soit.

Mais quelle doit être la durée de cette possession contraire à la mitoyenneté ? — Faut-il que cette possession soit trentenaire ? — Suffit-il qu'elle soit annale ?

La question est très-controversée.

Voici comment s'exprime M. *Dalloz* en faveur de la possession trentenaire. La loi dit aux propriétaires : « toute haie qui sépare votre propriété est réputée mitoyenne. »

11

Chacun des copropriétaires a donc un titre dans la loi ; or, on ne peut détruire un titre par une possession annale. — Si donc Pierre, par exemple, prétend avoir la possession annale d'une haie pour l'avoir émondée et avoir disposé, comme sien, du bois qui en provenait, et qu'un jugement, reconnaissant la possession annale, déclare sa maintenue possessoire, Paul, copropriétaire de la haie en vertu de la loi, aura droit de l'actionner au pétitoire, et là, invoquant en sa faveur la copropriété que l'article 670 lui reconnaît, il fera déclarer à son profit l'existence de cette copropriété, si Pierre ne présente pas un *titre*, ou ne justifie pas d'une possession trentenaire. — Ainsi, le jugement obtenu par Pierre au possessoire sera sans force devant les juges du pétitoire : c'est à Pierre qu'incombera la preuve à fournir.

A l'appui de cette opinion, on trouve comme doctrine : *Delvincourt*, t. 1er, p. 561 ; *Marcadé*, t. III, sur l'art. 670; *Solon*, n° 202; *Carou*, Traité des Actions possessoires, page 213, n° 288; *Demolombe*, p. 525; *Duvergier*, t. II, n° 229; *Demante*, t. II, n° 524 bis; *Massé* et *Vergé* sur *Zachariæ*, p. 176, note 5; — et comme jurisprudence, les arrêts suivants : *Cassation*, 14 avril 1830 ; *Angers*, 7 juillet 1830; *Bourges*, 31 mars 1832; *Cassation*, 13 décembre 1836; *Bourges*, 31 mars 1837; *Cassation*, 17 janvier 1838; *Bourges*, 17 décembre 1841.

L'opinion contraire, c'est-à-dire celle qui soutient que la possession annale est suffisante, est professée par *Merlin*, v° Haie, n° 3; *Toullier*, t. III, n°s 228 et 229 ; *Pardessus*, Traité des Servitudes, t. Ier, n° 188; *Duranton*, t. V, n°s 370 et 371; *Vaudoré*, Droit rural, t. Ier, p. 63, n° 141; *Neveu-De-roterie*, Lois rurales, p. 72; *Garnier*, Traité des Actions possessoires, p. 224, 225 et 240. — Et, à l'appui de cette opinion, on trouve un arrêt de la Cour de *Cassation* du 8 vendémiaire an XIV qui a décidé qu'une haie mitoyenne pouvant, aux termes de l'article 670 du Code civil, se prescrire par une possession suffisante, et pouvant dès lors être exclusivement possédée, il en résulte que celui qui jouit d'une telle possession peut, s'il y est troublé, agir en complainte. — Un autre arrêt de la même Cour du 13 décembre 1836 porte dans l'un de ses considérants que : « la possession annale a l'effet, fondé sur la règle *melior est causa possidentis*, de conférer l'avantage de plaider garni au pétitoire. »

En raison de la divergence qui existe entre des autorités aussi imposantes sur l'interprétation à donner à l'article 670, il est à désirer que, conformément à l'art. 1er de la loi du 1er avril 1837, la Cour de Cassation soit appelée à se prononcer, toutes les chambres réunies.

Jusqu'à ce qu'une décision souveraine soit intervenue, nous nous rangeons à l'opinion de *Curasson* (t. II, p. 299, n° 667), qui s'exprime ainsi :

« En ce qui concerne les haies, on a vu que la haie séparant deux héritages est réputée mitoyenne à moins de titre ou *possession contraire*, ou s'il n'y a qu'un seul des héritages en état de clôture, ou s'il y a titre ou possession suffisante au contraire. Le trouble apporté à la jouissance d'une haie mitoyenne peut donc donner lieu à l'action possessoire, ainsi que l'ont décidé les arrêts des 8 vendémiaire an XIV et 13 décembre 1836. Quoiqu'il ait été jugé par l'un de ces arrêts que pour détruire la présomption de mitoyenneté, la possession doit être de 30 ans lorsqu'on agit au *pétitoire*, il n'en est pas moins vrai qu'au *possessoire*, celui qui, depuis plus d'une année, jouirait exclusivement d'une haie, devrait être maintenu dans sa possession en cas de trouble, malgré le titre contraire ou les marques de mitoyenneté fixées par la loi. »

On peut troubler dans la jouissance d'une haie mitoyenne, soit en l'élaguant des deux côtés, soit en altérant la haie ou ses racines par l'enlèvement des terres, soit enfin par toutes autres entreprises que MM. les juges de paix sont, plus que personne, en état d'apprécier. (*Curasson,* loco cito; *Garnier,* p. 268; *Carou,* n° 285; *Dalloz,* n° 421 et 422.)

3° DROITS ET OBLIGATIONS DES COMMUNISTES ET DES VOISINS.

Du droit de copropriété de la haie, il résulte que ses produits, et notamment ceux des arbres qu'elle renferme, se partagent entre les voisins. Un seul ne peut ni les ébrancher, ni en cueillir les fruits sans le consentement de l'autre, ou au moins sans faire ordonner que ce sera à frais communs. (*Pardessus,* n° 189.)

Chacun des deux propriétaires a le droit de requérir que les arbres qui se trouvent dans une haie mitoyenne soient abattus. (*C. c.,* art. 673.)

Du droit de requérir l'abatage des arbres qui se trouvent dans la haie résulte bien évidemment *a fortiori* le droit, pour chacun des propriétaires, de s'opposer à ce que ceux des arbres qui y auraient péri de vétusté ou par accident soient remplacés.

Ce droit, ou mieux encore cette faculté, est imprescriptible; et l'un des voisins peut requérir l'abatage des arbres, lors même qu'ils existeraient dans la haie depuis plus de 30 ans. On ne prescrit pas lorsqu'on jouit en com·mun.

Toutefois, l'article 673 ne serait pas applicable aux arbres qui auraient été plantés d'un commun accord pour servir de bornes entre les deux héritages. (*Toullier,* t. II, n° 235; *Demolombe* t. XI, n° 482.)

Il existe, sur l'aménagement des haies mitoyennes, un usage très-répandu dans les départements de la Somme et du Pas-de-Calais, en vertu duquel la haie ne se divise pas dans le sens de sa longueur, mais en deux parties d'égale étendue, dont chacun des voisins taille et exploite l'une des deux côtés, et quand bon lui semble. Les deux voisins n'en sont pas moins propriétaires du terrain qui est de leur côté jusqu'au pied de la haie, et ce n'est qu'à titre de servitude qu'ils supportent l'égout du bout qui ne leur appartient pas. Ce mode de division pour la jouissance ne détruit pas la mitoyenneté de la haie ; seulement les arbres qui y croissent cessent d'être communs par l'effet d'une convention tacite et réciproque. (*Usages locaux du département de la Somme.*)

Nous pensons et nous avons jugé que ce mode de jouissance ne s'oppose pas à ce que, sur la demande de l'un des voisins, les arbres ne dussent être abattus, à moins que leur existence ne soit couverte par la prescription trentenaire. Ces arbres abattus appartiendraient bien entendu réciproquement à celui des voisins qui en aurait acquis la possession, puisque la jouissance en aurait été distincte.

L'un des voisins ne peut pas, sans le consentement de l'autre, exiger que la haie mitoyenne soit détruite ou partagée. L'article 673, qui permet à chacun des propriétaires de requérir que les *arbres* qui se trouvent dans la haie mitoyenne soient abattus, prouve bien qu'il n'en est pas ainsi de la *haie* elle-même. (*Duranton*, t. V, n° 381 ; *Pardessus*, t. Ier, n° 187 ; *Demolombe*, t. XI, n° 479.)

Cependant si la haie était dans un lieu où la clôture est forcée, comme elle l'est en murs dans les villes et faubourgs, chacun des voisins pourrait contraindre l'autre à la suppression de la haie, et à contribuer à la construction d'un mur de clôture. (*Code civil*, art. 663. — *Cassation*, 22 avril 1829 ; — *Amiens*, 15 août 1838.)

Le copropriétaire d'une haie mitoyenne peut-il l'arracher de sa propre autorité en la remplaçant par un mur qui ne dépasse pas la limite de sa propriété, c'est-à-dire le milieu du sol occupé par la haie, sans que le voisin, si cette construction nouvelle ne lui fait aucun préjudice, soit fondé à s'en plaindre ? — Jugé affirmativement par la Cour de *Cassation* les 27 août 1827 ; 6 décembre 1827 ; 22 avril 1829 ; — *sic Pardessus*, t. Ier, n° 187.

La haie mitoyenne doit être entretenue à frais communs ; toutefois, rien n'empêche l'un des copropriétaires d'abandonner la mitoyenneté de la haie pour se dispenser de contribuer dorénavant à son entretien ; mais, dans ce cas, l'abandonnataire doit entretenir la haie en bon état de clôture, sous peine de révocation de l'abandon qui aurait été fait.

Si la haie est la propriété exclusive de l'un des voisins, l'autre ne peut faire aucun travail qui nuise à la végétation de la haie, par exemple bêcher la terre jusqu'au pied, quand bien même la haie aurait été plantée sur la juste limite des deux propriétés, ni contraindre le propriétaire de la haie à la tenir constamment dépourvue de branches ou brindilles du côté du voisin, pourvu qu'elles ne s'étendent pas d'une manière abusive ; car le droit d'avoir une haie sur la juste limite impose au voisin qui a donné ce droit, ou qui l'a laissé établir, la charge d'en supporter les conséquences.

Le voisin peut contraindre le propriétaire exclusif de la haie plantée à la distance légale à la tondre et à l'élaguer de telle sorte que les branches ne dépassent pas la limite de son terrain. Il n'est pas tenu d'attendre l'époque périodique de la tonte des haies.

Il n'y a pas d'usage constant qui règle la hauteur et l'élagage des haies vives, puisque c'est l'intérêt du propriétaire et non l'intérêt du voisin qui oblige de tenir la haie à certaine hauteur et de l'élaguer plus ou moins souvent. Dans quelques localités on ne laisse pas échapper les haies et on les rabat tous les ans ; dans d'autres, elles sont soumises à un aménagement, on les coupe tous les 3, 4 ou 5 ans, suivant l'essence des bois ; mais ces usages ne sont obligatoires que pour l'usufruitier et pour les preneurs d'héritages ruraux. Le voisin ne peut exiger que le retranchement des branches qui pendent sur son terrain.

Les constatations qui ont été faites dans le département

de la Somme n'ont pas paru à la commission centrale
offrir assez de précision pour être admises comme règle
certaine ; elle a seulement formulé le vœu que la hauteur
de la haie vive soit fixée à 1 mètre 50 centimètres, conformément à l'usage le plus général, sans préjudice à la
pousse annuelle et à la coupe périodique.

ILE ET ILOT.

Ces mots restreints au langage du Droit, signifient un
atterrissement formé dans le lit des fleuves et des rivières.

Les îles, ilots, atterrissements qui se forment dans le lit
des fleuves ou des rivières navigables ou flottables, appartiennent à l'Etat, s'il n'y a titre ou prescription contraire. (*C. c.*, art. 560 et 2227.)

Si une rivière ou un fleuve, en se formant un bras nouveau, coupe et embrasse le champ d'un propriétaire riverain et en fait une île, ce propriétaire conserve la propriété de son champ, bien que l'île se soit formée dans
un fleuve ou dans une rivière navigable ou flottable. (*Code
civil*, art. 562.)

Pour ce qui est des îles et atterrissements qui se forment dans les rivières non navigables et non flottables, ils
appartiennent aux riverains du côté où l'île s'est formée.
Si cette île n'est pas d'un seul côté, elle appartient aux riverains des deux côtés à partir de la ligne que l'on suppose
tracée au milieu de la rivière. (*C. c.*, art. 561.)

Voir : *Accession, Alluvion, Atterrissements.*

INCENDIE.

L'incendie donne lieu à une action contre celui qui en
est l'auteur soit volontaire, soit par faute, négligence ou
imprudence. La faute la plus légère suffit pour obliger à
répondre de l'incendie et de ses suites.

Il n'y a point d'excuses, quand même on aurait suivi les règlements de police. Ainsi, celui qui a allumé du feu en observant les distances prescrites, s'il est dispensé de l'amende, n'est pas dégagé de la responsabilité du dommage causé par l'incendie qui se serait propagé par son imprudence, ou même par cas fortuits.(*Toullier*, t. XI, n° 157.)

Point d'excuses non plus à raison du défaut d'intention, ni sous le prétexte d'incapacité. Ainsi les insensés, les mineurs, les femmes mariées sont responsables des dommages qu'ils ont causés par l'incendie.

Mais comment prouver la faute lorsque, ce qui est le cas le plus ordinaire, la cause de l'incendie est inconnue ou incertaine ?

Nous dirons d'abord que les locataires répondent, en général, envers le bailleur, de l'incendie arrivé à la chose louée. Ils sont présumés en faute, à moins qu'ils ne prouvent que l'incendie est arrivée par cas fortuit ou force majeure, ou par vice de construction, ou que le feu a commencé par une maison voisine. (*C. c.*, art. 1733.) — Le propriétaire n'a donc rien à prouver ; c'est au locataire que la preuve incombe pour dégager sa responsabilité.

Mais les habitants de la maison incendiée seront-ils présumés de droit en faute à l'égard des voisins, suivant le principe des lois romaines : « *quia plerumque incendia culpa fiunt in habitantium* » ; — au contraire, les voisins seront-ils tenus de prouver la faute de ceux qui habitaient la maison incendiée, d'après la règle générale qui veut que la faute ne se présume pas ?

Cette question divise deux professeurs célèbres. M. *Toullier*, t. XI, n° 160 et 172, pense que la présomption légale de faute doit toujours avoir lieu. M. *Proudhon*, au contraire, n° 1561 et suivants, oblige les voisins à prouver la faute. Ce dernier auteur enseigne que l'article 1350 du Code civil, qui établit une présomption légale de faute contre les locataires envers le propriétaire, est une exception qui doit être restreinte au cas qu'elle prévoit. L'opinion de M. Proudhon a été consacrée par les arrêts de la Cour de *Cassation* des 18 décembre 1827 et 1er juillet 1834, et par un arrêt de la Cour de *Limoges* du 23 novembre 1838.

Le maître du logis répond de l'incendie causé nonseulement par sa faute, celle de sa femme ou de ses enfants, mais encore par celle de ses domestiques et des ouvriers qu'il emploie. Par exemple, il répond de l'incendie causé par ses ouvriers en fumant du tabac ; car, encore bien qu'il ne les eût pas chargés de brûler du tabac, c'est à l'occasion et par suite du travail auquel il les a employés qu'ils ont causé l'incendie. (*Répertoire* de M. *Favart*, v° *Incendie.*)

La responsabilité s'étend même au locataire d'une auberge, obligé par état de loger les voyageurs qu'il ne connaît pas, et par l'imprudence desquels l'incendie est arrivé. Précisément par la raison qu'il reçoit des personnes qu'il ne connaît pas et que sa maison est publique, il doit savoir qu'il est tenu à un soin plus exact, à une plus grande surveillance. (*Pothier*, n° 194; *Toullier*, t. XI, n° 166.)

Nul doute qu'il ait une action en garantie contre celui de ses hôtes ou ouvriers qui a causé l'incendie, pour le faire condamner à l'indemniser des condamnations prononcées contre lui.

La présomption de faute établie par l'article 1733 contre le locataire cesse d'être applicable, lorsque le propriétaire occupe lui-même un appartement dans la maison, et que l'incendie a commencé dans une partie de cette maison dont la jouissance avait été laissée en commun entre le propriétaire et ses locataires. (*Lyon*, 18 janvier 1867.)

Le propriétaire d'une maison abattue pour empêcher la propagation de l'incendie doit-il être indemnisé par les propriétaires des maisons préservées ?

C'est celui chez qui l'incendie a commencé par sa
faute prouvée ou présumée qui est tenu seul d'indemniser
le propriétaire dont la maison a été abattue pour empêcher la communication du feu. En effet, cet abattis est une
suite de sa faute, il a même eu lieu dans son intérêt, puisqu'il aurait été tenu de réparer le dommage des maisons
préservées. (*Toullier*, t. XI, n° 181.)

Toutefois, si l'abattis n'avait point été ordonné par l'autorité compétente, mais qu'il eût eu lieu d'autorité privée,
par des voisins effrayés, pour empêcher les progrès de
l'incendie, il faut distinguer :

Si le feu, après l'abattis, est parvenu jusqu'à la maison
abattue, il y a lieu à responsabilité, puisqu'alors il est
évident que cette maison aurait péri.

Au contraire, si le feu n'est point parvenu jusqu'à la
maison abattue, la responsabilité n'a point lieu contre
l'auteur de l'incendie. Le propriétaire n'a d'action
que contre ceux qui ont fait abattre la maison. (*Toullier*,
ibid.)

Les sapeurs-pompiers ne sont pas fondés à réclamer
une indemnité du propriétaire de la maison dans laquelle
ils ont éteint un feu de cheminée. (*Cassation*, 9 janvier
1866.)

INTERDITS.

On appelait ainsi chez les Romains certaines formules
par lesquelles le préteur commandait ou défendait de faire
quelque chose, *formulas quibus prætor jubet aut vetat
aliquid fieri.*

Il est nécessaire, avant d'expliquer cette manière de
procéder des Romains, de dire qu'ils appelaient *possession*
la détention d'une chose corporelle, et *quasi-possession*
l'usage des choses incorporelles. Ils entendaient par chose
corporelle un fonds, une maison, ou quelque autre forme
matérielle ; et par chose incorporelle un usufruit, une

servitude, ou quelque autre droit de semblable nature.

Or, quand il se présentait un différend sur une possession ou sur une quasi-possession, pour empêcher les parties d'user de voies de fait, on les obligeait d'aller devant
le préteur pour faire entendre leurs raisons, et, après que
la matière avait été bien éclaircie, celui-ci prononçait certaines paroles qui ne terminaient pas la contestation, mais
qui prescrivaient seulement la forme de se pourvoir devant un juge pédané. (*On appelait judices pedanei, juges
pédanés,* les juges subalternes.)

(*Voyez* Ulpien.)

L'interdit était donc ce que le préteur prononçait entre
deux personnes qui avaient un différend sur la possession
ou la quasi-possession ; mais ce n'était qu'un jugement
préparatoire pour apprendre au juge qui devait connaître
de cette matière comment il fallait procéder.

Il est donc bien certain que ces formules étaient appelées
inter dicta, interdits, parce que, *inter duos dicebantur,*
elles étaient prononcées sur une contestation arrivée entre
deux personnes.

Les interdits contenaient principalement une prohibition ou une condamnation de restituer ou de repré-
senter.

La prohibition avait lieu lorsque, par exemple, on me
menaçait d'entrer par force dans ma maison, ou de me
troubler dans ma possession. En effet, en me plaignant
au préteur de ces injustes menaces, il en faisait cesser
l'effet en prononçant ces paroles : « *sine vitio possidenti
vim fieri veto* », j'empêche qu'on ne fasse violence à un tel,
qui possède sans défaut.

La condamnation de restituer avait lieu quand, par
exemple, on ordonnait que la possession des choses que
quelque autre personne possédait à la place d'un héritier
ou d'un propriétaire fût rendue au possesseur des biens ;
ou quand on ordonnait que celui qui avait formé une com-

plainte fût réintégrée dans le fonds d'où il avait été expulsé.

L'interdit à l'effet de la représentation avait lieu lorsqu'il s'agissait d'ordonner que quelque chose fût mis en
évidence, comme si vous aviez soutenu que mon frère fût
votre esclave, et que vous l'eussiez tenu caché pendant que
j'aurais contesté sur son état.

La seconde division des interdits est qu'ils servaient
à faire acquérir, ou à maintenir, ou à faire recouvrer.

L'interdit qu'on appelait *quorum bonorum*, c'est-à-dire
des biens dont il s'agit, était accordé en faveur du possesseur de biens, comme dans l'espèce suivante : après
la mort de mon cousin, je demandais en qualité de parent
la possession de ses biens : il arrivait que certains particuliers en tenaient une partie : alors je pouvais, en vertu
de l'interdit *quorum bonorum*, venir à la possession de ces
mêmes biens, pourvu qu'il fût obtenu contre celui qui représentait l'héritier, ou contre celui qui possédait à la
place du propriétaire.

On représentait l'héritier, c'est-à-dire on possédait à sa
place, lorsqu'on se croyait héritier soi-même. Si on me
demandait quel était mon titre, comme je croyais effectivement être héritier, je répondais qu'il était successif.

On possédait à la place du propriétaire, lorsqu'on
s'était emparé, ou qu'on avait enlevé de force sans aucun
titre de propriété ; en sorte que celui à qui on demandait pourquoi il possédait, n'avait point d'autre raison à
rendre que celle-ci : c'est parce que je possède *quia possi-
deo*. C'était dans ce cas qu'on se trouvait au lieu du propriétaire, soit qu'on fût en possession de toute l'hérédité, soit
qu'on n'en possédât qu'une partie, et c'était aussi pour
cela que l'interdit *quorum bonorum* avait la force de faire
acquérir la possession à celui qui la demandait.

Si quelqu'un voulait donc acquérir une possession, il fallait qu'il eût recours à l'interdit *adipiscendæ possessionis*, qui servait à faire acquérir la possession ; au lieu que si, après l'avoir acquise, on voulait s'y faire conserver, il était nécessaire d'employer l'interdit qu'on appelait *recuperandæ possessionis*, lequel servait à faire recouvrer la possession.

Voilà quels étaient les interdits au moyen desquels on pouvait acquérir la possession. Quant à ceux qui se rendaient à l'effet de la maintenir, il y avait entre autres l'interdit *uti possidetis*, c'est-à-dire conformément à votre possession, et l'interdit *utrubi*, ce qui veut dire à l'un ou à l'autre. Voici un exemple de ce dernier : « j'acquérais un esclave en votre présence, j'en devenais donc le maître ; vous souteniez qu'il était à vous, et l'un et l'autre nous le tirions pour l'emmener. Pour terminer cette contestation, je vous disais : intentez une action réelle contre moi, et, s'il est à vous, il vous sera permis de le prendre. Mais comme, de votre part, vous disiez tout de même : c'est moi qui possède, c'est à vous à intenter une action réelle, il semblait difficile de juger à qui devait appartenir la possession. Cependant les règles étaient de commencer par distinguer le demandeur d'avec le défendeur, et la cause de ce dernier, selon le droit civil, était toujours la plus favorable. »

Entre ces deux interdits *uti possidetis* et *utrubi*, il y avait cette différence que le premier avait lieu pour les immeubles, que l'autre n'était que pour les meubles, et qu'on gagnait sa cause en vertu de l'interdit *uti possidetis*, si au temps où il était rendu on se trouvait possesseur du fonds sans aucun défaut, c'est-à-dire si la possession n'était ni cachée, ni tenue à titre précaire du demandeur même ; car, bien qu'on eût possédé par violence, par usurpation, ou à titre précaire, d'une personne autre que soi, on ne laissait pas d'être maintenu ; tandis que par l'interdit *utrubi*, selon l'ancien droit, celui-là avait tout l'avantage qui se trouvait avoir possédé la plus grande partie de l'année courante, à compter du commencement.

L'interdit *unde vi*, à cause de la violence, se donnait pour recouvrer une possession ; en sorte que, selon l'ancienne jurisprudence, si on m'avait fait sortir de force d'une maison ou d'un fonds qui m'appartenait, j'employais cet interdit pour contraindre à la restitution celui qui m'avait dépossédé, quoique j'eusse moi-même usé auparavant d'une semblable violence, que j'eusse tenu de lui, ou que ma possession eût été à titre précaire. Mais les empereurs, sans s'arrêter à toutes ces subtilités, voulurent que quiconque s'emparerait avec violence de sa chose même, en perdît la propriété, et que si elle ne lui appartenait pas, il fût obligé de la rendre, et, en outre, d'en payer la valeur à celui qui avait formé la complainte. C'était ainsi que la partie civile était satisfaite ; mais, comme le public pouvait être offensé par l'excès qui avait été commis, on examinait encore si la violence avait été faite les armes à la main, ou sans armes, afin de régler la peine conformément à la disposition de la loi *Julia*. Par les armes, on n'entendait pas seulement des épées, mais aussi des bâtons, des pierres et toutes autres sortes d'armes offensives.

Nous avons dit qu'il y avait des interdits prohibitifs et qu'il y en avait pour obliger à la restitution ; il ne nous reste plus à faire observer que, entre les interdits, les uns étaient simples, et les autres doubles.

Les interdits simples étaient ceux dans lesquels le demandeur se trouvait distingué du défendeur, parce que, dans le cas où l'on demandait la restitution, le demandeur était toujours celui qui voulait être remis en possession.

Quant aux interdits prohibitifs, il y en avait aussi de simples et de doubles. Ils étaient simples quand le préteur faisait inhibitions et défenses de faire quelque chose. Celui qui faisait les défenses était demandeur.

Les doubles étaient l'interdit *ut possidetis* et l'interdit *utrubi*. On disait qu'ils étaient doubles parce qu'ils rendaient la condition des parties égale en ce que le demandeur n'était point distingué du défendeur, et que l'une et l'autre qualité était confuse en leur personne. C'est de là que le préteur, en prononçant son interdit, usait de termes qui ne faisaient point connaître lequel des deux était le demandeur. En effet, par l'interdit *ut possidetis*, il s'expliquait en ces termes : « Je défends que, par violence, on vous empêche de posséder à l'avenir ainsi que vous possédez maintenant. » Ce n'était pas à la première personne qu'il disait : « ainsi que vous possédez », mais bien à la seconde, pour montrer que l'interdit s'adressait à tous deux. — De même il usait de ces termes : « je défends qu'on empêche que l'un des deux chez qui on trouvera l'esclave ne l'emmène », et le préteur se servait en cet endroit du mot *utrubi*, comme si l'on disait *apud utrum*, chez l'un ou chez l'autre.

Tous les jugements étant devenus extraordinaires, ceux qui intervenaient, en conséquence d'une action utile, servaient d'interdits. Chacun, par exemple, selon le droit nouveau, formait sa demande de cette sorte : « j'intente contre vous une action utile, conformément à l'interdit *Salvien*, ou à l'interdit *unde vi*, ou tout autre. »

Voilà quelle était la forme de procéder, selon les Lois romaines, en matière de possession.

En France, nous avons la *complainte*, la *récréance* et la *réintégrande*.

Voyez ces mots et *Actions possessoires*.

IRRIGATION.

Le droit qui appartient à tout riverain d'un cours d'eau non navigable d'en utiliser les eaux pour l'arrosement de ses fonds, n'est pas une simple faculté subordonnée à la permission de l'administration : c'est un droit absolu, une conséquence inséparable du droit de propriété. A cet égard, voici ce que porte l'article 644 du Code civil : « celui dont la propriété borde une eau courante autre que celle qui est déclarée dépendance du domaine public par l'art. 538, peut s'en servir à son passage pour l'irrigation de ses propriétés. — Celui dont cette eau traverse l'héritage peut même en user dans l'intervalle qu'elle y parcourt, mais à la charge de la rendre, à la sortie de ses fonds, à son cours ordinaire. »

C'est là, toutefois, un droit *facultatif* que celui à qui il appartient est maître d'exercer quand il le juge à propos ; droit *exempt de prescription,* en ce sens du moins que l'abstention du droit, ou que tel mode d'exercice observé pendant quelque temps que ce soit, n'implique pas l'abandon du droit ou la renonciation à l'exercer d'une autre manière. (*Daviel,* n° 581 ; *Troplong,* de la Prescription, n°⁵ 123 et suivants.)

Car cette imprescriptibilité n'existe qu'autant que le droit auquel nous l'appliquons n'a point été compromis par une convention expresse ou tacite. Tout propriétaire peut, en effet, par une convention expresse, s'interdire en faveur d'un voisin de pratiquer sur une rivière une prise d'eau qui diminuerait le volume de la rivière au détriment d'établissements industriels qu'elle met en activité. — De même l'interdiction ou la modification du droit peut résulter d'une convention tacite, pourvu que les faits qui l'établissent soient suffisamment caractérisés, c'est-à-dire qu'ils montrent bien, d'une part, l'intention de faire obstacle à l'exercice ultérieur de cette faculté, et, de l'autre, l'intention d'acquiescer à cette contradiction.

Par exemple, si le propriétaire riverain d'un cours d'eau, se préparant à convertir son champ labourable en prairie, creusait une rigole pour l'arroser, et que le propriétaire d'une autre prairie ou d'une usine située en aval lui fit défense de continuer ce travail, il s'exposerait à voir périr par la prescription son droit de pure faculté, s'il s'arrêtait devant une pareille défense, parce que, à partir de ce moment, le non-usage de son droit semblerait un acquiescement à la prétention contraire de son voisin. (*Daviel*, ibid.)

Mais la simple possession, la possession sans les conditions que nous venons d'énumérer, serait sans valeur légale et réputée de simple tolérance, quelque longue qu'elle eût été. Ainsi, nul doute que le propriétaire riverain dont l'héritage est en nature de labour, par exemple, ne puisse toujours le convertir en prairie et y introduire l'eau, quand même le propriétaire opposé eût été de temps immémorial en possession de profiter seul des eaux pour l'irrigation de ses propriétés. (*Vazeille*, des Prescriptions, n° 407 ; *Daviel*, n° 584.)

Est-ce qu'il en serait ainsi si un riverain avait construit sur le cours d'eau un moulin qui eût absorbé, pendant 30 ans, tout le volume de l'eau ?

Vazeille prétend que ceux qui ont souffert l'établissement et le jeu de cette usine sont censés avoir renoncé à leur droit à l'usage des eaux, parce que ce droit a été combattu et détruit par la possession contraire du moulin. Mais c'est avec raison, suivant nous, que *Daviel* combat cette opinion : « La possession du propriétaire de l'usine n'est pas, dit-il, par elle seule une contradiction à la faculté qui appartient aux riverains supérieurs. Ils n'auraient pas pu s'opposer à la construction de l'usine, en vertu du droit à l'irrigation qui leur appartenait et dont ils pouvaient éventuellement user ; et dès lors, s'ils n'avaient aucun moyen pour empêcher, en raison de leur droit, l'établissement de l'usine, cet établissement n'a pu prescrire contre ce droit. »

Nous avons dit que le droit des propriétaires riverains étant considéré comme purement facultatif, ils ne peuvent

le perdre par la prescription, sous le prétexte qu'ils n'auraient pas fait usage du droit de se servir des eaux dont il
s'agit à des époques déterminées.

C'est ce qui a été décidé par la Cour de *Cassation*,
arrêt du 17 février 1858, dans l'espèce suivante.

Le sieur Leroy est propriétaire d'une prairie bordée par
la rivière de Bresle. En 1856, il mit à profit son droit de
riverain, en faisant usage des eaux de cette rivière pour
l'irrigation des secondes herbes de sa prairie, bien que
depuis longtemps il se fût abstenu de s'en servir. Le
sieur Saint-Ouen, propriétaire, en aval d'un moulin qui
tirait sa force motrice des eaux de la même rivière,
actionna le sieur Leroy devant le juge de paix du canton
de Gamaches, pour voir dire qu'il cessera le trouble
apporté à sa possession plus qu'annale.

Jugement en date du 25 octobre 1856 par lequel nous
déclarons l'action du sieur Saint-Ouen non recevable, par
ce motif que sa prétention ne reposait que sur une *possession de pure tolérance*.

Le sieur Saint-Ouen ayant interjeté appel de notre décision, le tribunal d'Abbeville rendit, le 6 avril 1857, un
jugement confirmatif.

Pourvoi du sieur Saint-Ouen pour violation des articles 23, 24, 25 du Code de procédure civile, et des
articles 637 et 692 du Code civil; 1° en ce que le jugement attaqué a refusé de considérer la possession exclusive
que le demandeur avait eue pendant longues années d'un
certain mode d'usage et d'une certaine quantité des eaux
de la rivière, comme de nature à former le fondement
d'une action possessoire; 2° en ce que le jugement attaqué
a cumulé le possessoire et le pétitoire, en décidant d'une
manière absolue, et non pas seulement au point de vue de
l'action possessoire, que le sieur Leroy avait le droit de se
servir des eaux de la rivière pour l'irrigation même des
secondes herbes.

Le 17 février 1858, *Arrêt*, Chambre des Requêtes, par lequel,

« *La Cour* : — sur le premier moyen : — attendu qu'aux termes des articles 644 et 645 du Code Napoléon, tout propriétaire, riverain d'une eau courante, peut s'en servir pour l'irrigation de ses propriétés, en se conformant aux règlements faits pour l'usage de cette eau ; que ce droit existe à son profit, sans qu'il soit tenu d'en user à une époque fixe et déterminée, sous peine de le voir périr ou péricliter par la prescription ou par une possession tendant aux mêmes fins ; qu'en effet, un tel droit constitue une faculté dont l'exercice dépend de son intérêt et de sa volonté, sans que cet exercice puisse jamais être considéré comme un trouble ou une entreprise sur le droit d'autrui, lorsqu'il n'est d'ailleurs signalé, dans les actes de ce riverain, ni abus, ni extension de droit, ni enfin aucun fait autre que celui d'une jouissance conforme à son titre ; — attendu que le jugement attaqué constate en fait que Leroy n'a fait usage des eaux dont il est riverain que conformément aux règlements administratifs et dans les limites de son droit ; qu'il n'existait entre lui et Saint-Ouen aucune convention pour modifier ces règlements ; qu'il n'existait aucun acte écrit tendant à créer, au profit de Saint-Ouen, propriétaire inférieur, une servitude par destination de père de famille sur le fonds supérieur appartenant à Leroy ; — qu'en décidant, dans de telles circonstances, qu'il ne pouvait y avoir, au profit de Saint-Ouen, sur les eaux dont ce dernier réclamait la jouissance, une possession *animo Domini*, et que Saint-Ouen n'avait qu'une possession précaire ne pouvant donner lieu à l'action possessoire, le jugement attaqué s'est borné à faire l'application des principes qui régissent la possession et n'a violé aucune loi.

Sur le deuxième moyen : — attendu que, tout en consultant, comme il en avait le droit, les titres des parties pour éclairer la possession, le jugement attaqué s'est borné à statuer sur la possession annale, laquelle seule était mise en question par les conclusions et demandes des parties; qu'il n'a rien décidé sur le fond du droit; qu'ainsi le reproche qui lui est adressé d'avoir statué en même temps sur le possessoire et le pétitoire manque de base et ne peut être accueilli ; *Rejette*, etc. »

En rapportant cet arrêt dans le Recueil général, MM. *Dalloz* l'accompagnent des judicieuses considérations qui suivent :

Cet arrêt, rédigé avec beaucoup de netteté, a une grande importance, si on le rapproche de quelques arrêts antérieurs de la Cour suprême, également relatifs à la question de savoir dans quels cas et à quelles conditions la jouissance accordée par l'article 644 du Code civil aux riverains d'un cours d'eau non navigable ni flottable, est de nature à servir de base à une action possessoire. Pour bien saisir la portée de la décision de la Chambre des Requêtes, il est nécessaire de retracer la marche de la jurisprudence sur la difficulté très-pratique que soulevait l'espèce dans laquelle est intervenue cette décision.

D'après l'article 644, « celui dont la propriété borde une eau courante, autre que celle qui est déclarée dépendance du domaine public, par l'article 338, peut s'en servir à son passage pour l'irrigation de sa propriété. Celui dont cette eau traverse l'héritage peut même en user dans l'intervalle qu'elle y parcourt, mais à la charge de la rendre, à la sortie de ses fonds, à son cours ordinaire. » D'un autre côté, l'article 6 de la loi du 25 mai 1838, sur les justices de paix, dispose que les juges de paix connaissent, à charge d'appel des entreprises commises, dans l'année, sur les cours d'eau servant à l'irrigation des propriétés et au mouvement des usines et moulins, sans préjudice des attributions de l'autorité administrative, dans les cas déterminés par les lois et par les règlements.

En présence de ces deux dispositions combinées, un premier point est certain, c'est que la jouissance des eaux, exercée uniquement en vertu de l'article 644, ou d'un équivalent, est protégée contre tout trouble ou toute entreprise, par une action possessoire qui, reproduite dans la loi de 1838, trouvait déjà son origine dans l'article 23 du Code de procédure; et il n'importe que le trouble soit le fait d'un riverain ou d'un non-riverain. La loi devait, sans distinction, autoriser et commander la répression immédiate de l'entrave apportée à l'exercice d'une faculté d'irrigation dont le titre est écrit dans cette loi elle-même. — C'est ce qu'ont jugé de nombreux arrêts.

> Voyez, pour le cas de trouble apporté à la jouissance des eaux déterminée par l'article 644 du Code civil, *Cassation*, 1er mars 1815 ; — 5 avril 1830 ; — 20 février 1839 ; — 3 août 1852 ; et, pour le cas de trouble à la jouissance réglée par titres, *Cassation*, 13 juin 1814.

Dans l'hypothèse que nous venons d'indiquer, l'action possessoire est ouverte parce que la possession annale du riverain troublé a une base légale et donne ainsi à ce riverain le droit de faire réprimer, par le juge du possessoire, tout acte constitutif d'un trouble à cette possession.

Mais l'action possessoire est-elle également recevable lorsque, au lieu d'être intentée dans l'intérêt d'une possession dérivant de la loi ou d'un titre, elle tend à maintenir une jouissance abusive, c'est-à-dire une possession excédant les limites des droits de riveraineté? En d'autres termes, le riverain investi d'une semblable possession peut-il recourir à l'action possessoire pour faire cesser un trouble provenant seulement de ce que l'auteur de ce trouble userait de la *faculté légale d'irrigation* qu'il avait jusqu'alors négligé d'utiliser? Telle est la question qui se présentait dans l'espèce dont nous rendons compte.

Un arrêt de la Chambre des Requêtes du 10 février 1824 s'est prononcé contre la recevabilité de l'action possessoire. Il met à l'abri de cette action le riverain supérieur, qui n'a fait autre chose, en troublant ses coriverains, qu'exercer le droit d'irrigation qu'il tient de la loi. « *Attendu*, porte cet arrêt, que c'est là un droit purement *facultatif* dont le non-usage ne peut nuire au propriétaire du fonds supérieur: d'où la conséquence que, quand bien même ce propriétaire n'aurait pas profité de la faculté que la loi lui accorde, et aurait laissé couler l'eau tout entière, le long de son cours naturel, dans les fonds inférieurs qui en auraient profité, les propriétaires de ces fonds ne pourraient pas se prévaloir de ce non-usage pour en induire, en leur faveur, une possession exclusive à titre de propriété ou de servitude. » La même règle a été appliquée dans les arrêts des Cours de *Bourges*, 11 juin 1828 ; *Grenoble* 17 juillet 1830 ; *Bourges*, 8 janvier 1836 ; *Grenoble*, 24 novembre 1843 ; *Bordeaux*, 8 mai 1850 ; — et elle est enseignée par : *Troplong*, de la Prescription, t. Ier, n° 112 et suivants ; *Proudhon*, Dom. pub., n° 1095, lequel semble cependant dire le contraire, n° 1446 et suivants ; *Pardessus*, des Servitudes, t. II, n° 326 ; *Curasson*, t. II, page 270 ; *Caron*, Actions pessessoires, n° 356 ; *Daviel*, t. II, n° 373 ; *Bélime*, de la Possession, n° 246 *bis* ; *Valserres*, Manuel du Droit rural, page 425 ; *Massé* et *Vergé*, sur *Zachariæ*, t. II, § 319, note 11 ; et *Demolombe*, t. XI, n° 177. — L'avantage *lucrum*, dit ce dernier auteur, que mon voisin peut ressentir de ce que je n'exerce pas une pure faculté qui m'appartient, ne saurait lui créer un droit, ni me gêner, à aucune époque, dans ce libre arbitre, souverain et absolu, qui constitue ce qu'on appelle un acte de pure faculté. Cette solution est complétement confirmée par le présent arrêt.

Pour que le riverain inférieur puisse agir au possessoire contre le riverain supérieur qui a troublé sa possession, en exerçant un droit d'irrigation jusque-là non exercé ou non complétement utilisé, il faut donc qu'il ait fait plus que bénéficier simplement de ce non-usage ; il faut qu'il ait apporté au droit du riverain supérieur une *contradiction* impliquant de sa part la volonté d'y faire obstacle dans l'avenir ; et, de la part du riverain supérieur, l'acquiescement à cette volonté par l'inaction et le silence dans lequel celui-ci sera resté en présence de cette contradic-

tion. C'est en effet ce que décident plusieurs arrêts de la
Cour de cassation et des Cours d'appel. *Voyez* : 4 avril
1842 ; 5 février 1855 ; — *Grenoble*, 17 août 1842 ; 24 novembre 1843. — C'est aussi ce qu'admettent les auteurs.
— « L'acte de pure faculté, dit M. *Demolombe*, t. XI,
n° 178, est celui que je puis exercer par un simple fait,
sans le secours d'une action contre un tiers, car je suppose essentiellement que je ne suis pas en rapport avec
ce tiers ; à ce point que l'on pourrait expliquer tout simplement la maxime que les simples facultés sont imprescriptibles, en disant qu'on ne peut pas prescrire contre
soi-même. Donc, la prescription, au contraire, pourra
commencer à s'accomplir du jour où, dans l'exercice de la
faculté qui m'appartient, je me trouverai en face d'un tiers
qui prétendrait y faire obstacle, et contre lequel il me
faudrait agir. » Voyez également : *Vazeille*, des Prescriptions, n° 407 ; *Proudhon*, Domaine public, t. III,
n° 1096 ; *Duranton*, t. V, n° 224 ; *Demante*, Cours analytique, t. II, n° 495 ; *Massé* et *Vergé*, sur *Zachariæ*, t. II,
§ 319, note 11 ; *Dubreuil*, Législation des eaux, t. III,
n°ˢ 128 et 129 ; *Bertin*, Code des irrigations, page 27.

L'arrêt précité de la Cour de Grenoble du 17 août 1842
décide même que l'acte de contradition pourrait avoir lieu
contre un mode de jouissance déterminé par un règlement
administratif. — Voyez aussi : *Dubreuil*, loco citato ;
Daviel, n° 544 ; *Demolombe*, t. XI, n° 183. — Mais, dans
ce cas, la jurisprudence refuse généralement tout effet à
cet acte de contradiction, une possession contraire à un
règlement ayant le caractère d'une contravention permanente, et ne pouvant, dès lors, fonder un droit. —
Voyez : 24 juin 1841 ; *Paris*, 8 août 1836 ; 30 avril 1844 ;
Bordeaux, 8 mai 1850 ; *Trib.* de *Metz*, 17 juillet 1837.
— Dans le même sens encore . *Proudhon*, n° 1137 ;
Duranton, t. V, n° 224.

Reste la question de savoir dans quel cas il y aura acte

de contradiction suffisamment caractérisé pour que la possession du riverain de qui il émane ne puisse plus être réputée de pure tolérance, et se trouve, par l'effet de l'interversion qu'elle a subie, transformée en une possession *animo domini*. Cette question n'est pas sans difficultés. L'acte de contradiction serait manifeste, si les travaux avaient été faits sur le fonds même du riverain contre lequel il a eu lieu, et c'est ce qui résulte de l'arrêt précité de la Chambre des Requêtes du 5 février 1855 ; mais ni cet arrêt, ni ceux précédemment énumérés, et qui ont été rendus dans l'hypothèse de simples travaux extérieurs, n'exigent une pareille condition, qui est restreinte au cas prévu par l'article 642 du Code civil, où il s'agit d'une source au profit du propriétaire inférieur. (*Cassation*, 8 février 1858.) — Si donc il faut que des travaux aient été opérés, parce qu'une simple déclaration de volonté serait inefficace pour détruire une faculté qui ne saurait fléchir que devant un obstacle réel et effectif, il suffit que ces travaux soient de nature à rendre impossible l'exercice du droit contredit d'irrigation. — Voyez : *Demolombe*, t. XI, nᵒˢ 789 et 790 ; *Marcadé*, qui réfute l'opinion contraire de *M. Troplong*.

Si l'on s'en tient à ces arrêts et à ces auteurs, on aboutit à ces trois propositions, fort simples et très-concordantes entre elles :

1° La possession du riverain qui exerce son droit d'irrigation dans les limites déterminées par la loi ou par un titre est sauvegardée, parce qu'elle a une base légale ;

2° Au contraire, la possession qui a dépassé ces limites à la faveur du non-usage des eaux par le riverain supérieur, ne donne pas droit à l'action possessoire contre le riverain qui, sortant de l'inaction, commence à user, quand il croit le besoin venu pour lui, de la faculté d'irrigation qu'il tient de la loi, parce que la jouissance du riverain inférieur n'avait à son égard que le caractère de *pure tolérance*, comme toute jouissance qui a sa cause dans le non-exercice, par autrui, d'un droit purement facultatif ;

3° La possession du riverain ne devient, en pareil cas, le fondement d'une action possessoire, que si elle s'est réalisée au moyen d'actes de contradiction destructifs de la faculté appartenant au riverain supérieur, parce qu'en présence de cette mise en demeure, elle cesse d'être de pure tolérance pour prendre le caractère d'une véritable possession légale.

Il y a donc là une théorie d'ensemble dont le principe pourrait être un guide précieux dans la recherche des solutions à donner aux questions qui naissent fréquemment des rapports difficiles, compliqués, que la jouissance des eaux courantes établit entre les riverains.

Mais, il faut le dire, l'harmonie qui se fait remarquer au sein de cette jurisprudence si serrée et si logique de la Cour suprême, s'est, jusqu'au nouvel arrêt, trouvée détruite par des décisions assez nombreuses qu'il serait fort difficile de concilier avec celles dont nous venons de présenter le tableau. En effet, dans les décisions que nous signalerons ci-après, la Cour de cassation déclare recevable l'action possessoire entre riverains, non pas seulement, comme nous disions plus haut, lorsque le demandeur a une jouissance conforme à la loi ou à son titre, ou bien lorsque sa possession, sortie des limites légales, a été accompagnée d'actes de contradiction qui mettaient le riverain supérieur en demeure d'agir pour conserver son droit, mais toutes les fois que, dans l'instance, on rencontre, d'une part, une possession annale, et, d'autre part, un trouble à cette possession, c'est-à-dire une innovation.

Il faut, avant tout, réprimer cette innovation, sauf examen au pétitoire du point de savoir si l'auteur du trouble n'a fait qu'user de la faculté légale d'irrigation. Le plus récent des arrêts que nous signalons en ce moment, arrêt rendu le 2 août 1853, le décide formellement ainsi. Cet arrêt, placé en présence d'un jugement qui avait écarté l'action possessoire, en se fondant sur ce que le riverain actionné n'avait fait qu'user de son droit facultatif et imprescriptible d'irrigation, a cassé le jugement par le motif « que l'usage des eaux courantes est susceptible de possession, comme les autres natures de biens, ce qui a été explicitement reconnu par l'article 6 de la loi du 25 mai 1838 ; qu'il ne s'agit, quant au possessoire, que de protéger la possession annale de l'usage des eaux contre les troubles et voies de fait, et contre toute entreprise nuisant à son exercice ; et que c'est au *pétitoire* seulement qu'il y a lieu à statuer sur les droits contraires à cet usage que les autres riverains pourraient tenir, soit de l'article 644 du Code civil, soit de tout autre titre. » *(Cassation,* 2 août 1833 ; 28 avril 1829 ; 26 janvier 1836 ; 4 janvier et 19 avril 1841 ; 4 novembre 1846 ; 25 avril 1850.) — Cette théorie est donc en plein désaccord avec celle qui résulte de la jurisprudence et de la doctrine précédemment rappelées.

Elle est inconciliable avec les arrêts qui, en principe, n'accueillent l'action possessoire que lorsque la possession a sa base unique dans l'article 644 du Code civil, puisque toute jouissance du cours d'eau serait protégée par cette action. Elle renverse directement la jurisprudence qui écarte l'action possessoire, quand cette action tend à réprimer un trouble provenant du simple exercice de la faculté légale d'irrigation, puisqu'elle déclare l'action possessoire recevable, même contre l'auteur d'un pareil trouble, par le motif qu'il ne peut se prévaloir qu'au pétitoire des droits de riveraineté établis par l'article 644, et qu'il n'est pas admis à soutenir au possessoire qu'il n'a fait qu'user de la faculté imprescriptible que lui accorde cet article. Enfin, elle rend inutile tout acte de contradiction destructif de cette faculté, puisqu'elle considère la possession comme susceptible par elle-même de servir de fondement à une action possessoire.

L'arrêt de la Chambre des Requêtes du 17 février 1858, que nous rapportons, rétablit l'unité de jurisprudence brisée par les arrêts dont nous venons de chercher à déterminer la portée. Il décide que l'action possessoire est non-recevable contre celui qui, en troublant son coriverain, n'a fait qu'exercer la faculté imprescriptible qui dérivait à son profit de l'article 644. — Le juge du possessoire devra examiner si le défendeur s'est borné à l'usage de cette faculté, et rappelons ici qu'il ne cumulera pas, en se livrant à cette appréciation, le possessoire avec le pétitoire, car il est de principe que le juge de paix peut apprécier les titres des parties, s'il ne les consulte que pour déterminer les caractères de la possession invoquée, sans toucher au fond du droit. — Or, cette règle une fois admise que l'action possessoire est non-recevable contre le riverain qui use simplement de son droit d'irrigation, jusque-là non exercé en tout ou en partie, les conditions de recevabilité de l'action, que la jurisprudence et les auteurs ont en même temps fixées, réapparaissent nécessairement.

Il est toujours vrai de dire, en effet, malgré les incertitudes que jetaient sur ce point les décisions signalées en dernier lieu, que l'action possessoire, pour être accueillie, devra reposer soit sur une possession ayant sa base légale dans l'article 644, soit sur une possession s'appuyant, si elle est en lutte avec le droit d'irrigation du coriverain, sur des actes de contradiction destructifs de ce droit purement facultatif.

La décision de la Chambre des Requêtes du 17 février 1858 dissipe, comme on le voit, les obscurités que les arrêts énumérés plus haut laissaient régner sur la jurisprudence dans la matière délicate qui nous occupe, et la doctrine que nous venons de résumer peut être maintenant regardée comme celle qui se dégage le plus nettement de l'ensemble des arrêts de la Cour suprême, de ceux des Cours d'appel et des opinions des auteurs.

Le propriétaire dont l'héritage est traversé par le cours d'eau a, sur le propriétaire latéral, un grand avantage : le droit de celui-ci se borne à user de l'eau à son passage, et il a un concurrent, un ayant-droit dans le propriétaire de la rive opposée, tandis que celui-là, au contraire, qui possède l'une et l'autre rive, est maître du cours d'eau des deux côtés. Il peut donc impunément détourner l'eau sur tel ou tel point, lui donner toutes les inflexions, toutes les dérivations qu'il juge convenables, pourvu qu'il en rétablisse le cours naturel au point où finit sa propriété.

La jouissance de l'eau attribuée aux riverains donne souvent lieu à des contestations sur la quantité qui doit être dévolue à chacun d'eux; il peut même en être encore ainsi à l'égard des propriétaires dont le cours d'eau traverse l'héritage et qui en abuseraient au détriment des propriétaires inférieurs. Le législateur devait donc, tout aussi bien dans l'intérêt des particuliers que dans l'intérêt général de la société, conférer à une autorité supérieure le pouvoir de régler et de déterminer les droits respectifs.

Deux autorités sont chargées de cette mission : l'autorité judiciaire, aux termes de l'article 645 du Code civil ainsi conçu : « S'il s'élève une contestation entre les propriétaires auxquels ces eaux peuvent être utiles, les *tribunaux*, en prononçant, doivent concilier l'intérêt de l'agriculture avec le respect dû à la propriété ; et, dans tous les cas, les règlements particuliers et locaux sur le cours et l'usage des eaux doivent être observés. »

Et l'autorité administrative, en vertu des lois qui lui confèrent, sur tous les cours d'eau sans exception, une tutelle dans l'intérêt général de la société.

Lorsqu'il n'existe à ce sujet aucun règlement adminis-

tratif, les tribunaux doivent assurer garantie aux possessions acquises, et, dans tous les cas, user du pouvoir
discrétionnaire conféré par l'article 645 du Code civil.

Quand l'administration a statué, les tribunaux ne
peuvent rien ordonner de contraire aux dispositions qu'elle
a consacrées, mais ils peuvent encore accorder des dommages et intérêts.

Ainsi, la Cour de Toulouse ayant rejeté la demande de
propriétaires riverains qui se plaignaient d'être préjudiciés
dans leurs moyens d'irrigation par l'usage excessif que
faisaient des eaux les propriétaires supérieurs, la Cour
suprême a cassé cet arrêt, en décidant qu'en pareil cas les
tribunaux devaient, conformément à l'article 645 du Code
civil, réprimer toute entreprise abusive, et, à défaut de
titres, régler l'usage des eaux entre les divers ayants-droit.
— *Cassation*, 21 août 1844.

Ainsi, la Cour de Cassation, par arrêt du 24 février
1845, a jugé que quand, dans le règlement d'une usine,
l'administration a prescrit des mesures contraires à des
conventions privées, les tribunaux, qui ne peuvent paralyser l'exécution du règlement, doivent néanmoins attribuer des dommages et intérêts aux propriétaires préjudiciés.

Ainsi, enfin, la Cour de Rouen, par arrêt du 24 mai
1844, a décidé que, lors même que, dans un règlement de
cette nature, la réserve des droits des tiers n'a pas été
expressément énoncée, comme cette réserve est de droit,
les propriétaires préjudiciés peuvent porter devant les
tribunaux leurs demandes en dommages et intérêts.

Les dispositions du Code civil sur le régime des eaux
laissaient beaucoup à désirer; aussi est-ce pour suppléer
à cette insuffisance que les quatre lois ci-après ont été successivement rendues :

1° *Loi* du 29 avril 1845, sur les *irrigations* ;

2° *Loi* du 11 juillet 1847, sur *le droit d'appui* ;

3° *Loi* du 10 juin 1854, sur le libre *écoulement des eaux par le drainage ;*

4° *Loi* du 23 juillet 1856, sur les *encouragements* de l'*État pour le drainage.*

Ces lois forment aujourd'hui le complément indispensable du Code.

Loi du 29 avril 1845.

Cette loi a un double objet :

Le premier consiste à autoriser l'établissement d'une servitude légale de passage pour les eaux destinées à l'irrigation (*articles* 1er et 2).

Le second est d'étendre cette faculté pour les eaux dérivées d'un terrain submergé (*art.* 3).

Plusieurs dispositions sont d'ailleurs communes à l'une et à l'autre hypothèse, notamment les articles 4 et 5.

Voici en quels termes les articles 1er et 2 autorisent l'établissement d'une servitude de passage pour les eaux d'irrigation, laquelle servitude peut justement s'appeler *servitude d'aqueduc.*

Article 1er. « Tout propriétaire qui voudra se servir, pour l'irrigation de ses propriétés, des eaux naturelles et artificielles dont il a le droit de disposer, pourra obtenir le passage de ces eaux sur les fonds intermédiaires, à la charge d'une juste et préalable indemnité.

Sont exceptés de cette servitude, les maisons, cours, jardins, parcs et enclos attenant aux habitations. »

Article 2. « Les propriétaires des fonds inférieurs devront recevoir les eaux qui s'écouleront des terrains ainsi arrosés, sauf l'indemnité qui pourra leur être due.

Sont également exceptés de cette servitude, les maisons, cours, jardins, parcs et enclos attenant aux habitations. »

Ainsi, la loi autorise les tribunaux à accorder une servitude de passage : d'abord sur les fonds intermédiaires, par lesquels l'eau doit être conduite au fonds que l'on veut arroser, et puis, sur les fonds inférieurs par lesquels elle doit s'écouler après l'arrosement. — Le pouvoir laissé aux tribunaux est discrétionnaire ; ils peuvent accorder ou refuser, suivant les circonstances, le passage demandé.

Il y a une notable différence entre la servitude de passage pour cause d'enclave, telle qu'elle est établie par l'article 689 du Code civil, et la servitude de passage des eaux, telle que l'autorise la loi de 1845. Tandis que l'article 682 dispose que le propriétaire enclavé *peut réclamer*, etc..., l'article 1er de la loi de 1845 décide seulement que le propriétaire qui voudra se servir des eaux... *pourra obtenir*, etc. — Les tribunaux sont donc institués juges souverains de la convenance et de l'utilité de l'entreprise, avec le droit de refuser l'établissement de la servitude, si elle n'a pas pour but un intérêt suffisamment sérieux d'irrigation, et si elle paraît présenter plus d'inconvénients que d'avantages.

La servitude d'aqueduc créée par la loi du 29 avril 1845 n'a été établie que pour faciliter l'irrigation des propriétés et dans leur seul intérêt ; elle ne doit point être étendue aux usines. (*Cassation*, 28 juin 1859.)

Les eaux dont on a le droit de demander le passage sur les fonds intermédiaires, sont celles dont on peut disposer : 1° à titre de propriétaire ; 2° à titre de simple usager ; 3° à titre de concessionnaire.

 eaux de la première espèce sont les eaux de , les eaux de pluie, les eaux recueillies dans des .irs par des moyens artificiels, et celles qui jaillis‑ ent du sol par le forage de puits artésiens. Ces eaux appartiennent en toute propriété à celui sur le sol de qui elles naissent ou sont fixées.

Les eaux de la seconde espèce sont celles des petites rivières qui ne sont ni navigables ni flottables. A l'égard de ces eaux, il n'y a pas de droit de propriété ; il il n'existe qu'un droit d'usage, réglé par les articles 644 et 645 du Code civil, qui donnent au propriétaire dont le terrain est traversé par ces eaux la faculté d'en user, à la charge par lui de les rendre à leurs cours ; et au simple riverain, le droit de s'en servir, mais seulement pour l'irrigation de ses propriétés.

Enfin les eaux de la troisième espèce, dont on jouit à titre de simple concessionnaire, sont celles qu'on obtient la permission de dériver des fleuves ou des rivières navigables et flottables, et qui appartiennent au domaine public.

La loi s'applique à ces trois natures d'eaux, dont un propriétaire peut disposer à des titres divers pour l'irrigation de ses propriétés. Mais elle respecte toutes les règles du Code civil qui déterminent les limites dans lesquelles un propriétaire peut en user. Elle n'ajoute rien en ce qui concerne le volume d'eau qui lui appartient aux termes du Code civil. Elle lui fait la simple concession d'une servitude de passage sur le fonds d'autrui pour faire arriver l'eau sur le fonds qu'il veut irriguer.

A l'égard des eaux de la seconde espèce, c'est-à-dire de celles des rivières non navigables ni flottables, la loi n'a pas entendu conférer d'autres droits que ceux résultant de l'article 644 du Code civil, mais elle a voulu donner aux droits existants de nouveaux moyens d'action à l'égard des tiers, et uniquement pour le passage de l'aqueduc.

En ce qui concerne les eaux concédées sur les fleuves et rivières navigables, les concessionnaires sont tenus de se conformer aux prescriptions édictées par l'Administration.

Lors de la discussion de la loi, M. *Bethmont* avait reproché à la proposition d'intervertir les dispositions du Code civil. M. *Benoist*, membre de la commission, prit la parole pour protester contre le reproche d'avoir voulu donner à la loi nouvelle pour objet ou pour effet de concéder, sur l'usage des eaux, des droits nouveaux, des droits autres que ceux qui existent. « Dans la pensée de la Commission, ajoutait-il, n'est rien préjugé sur le droit que les propriétaires peuvent avoir d'user des eaux. Nous n'avons pensé qu'à donner un seul droit, c'est le droit de passer sur le fonds d'autrui, et nous avons supposé que le propriétaire ou le voisin des eaux ne pourrait faire que ce qu'il a le droit de faire dans l'état actuel de la législation si, d'accord avec lui, il achetait la propriété. Il est évident que le droit d'user des eaux, déterminé dans une certaine proportion par les lois existantes, par les règlements des eaux, par l'intervention de l'administration publique, est que le partage des eaux se fait aujourd'hui entre les propriétaires riverains. Nous ne préjugeons rien sur ce droit là... La véritable intention de la Commission a été de ne rien innover sur ce qui existe aujourd'hui, quant à la jouissance des eaux et à leur partage. S'il y a des contestations, elles seront jugées, comme elles le sont aujourd'hui, par l'intervention de l'autorité publique. Vous n'aurez innové qu'une seule chose : *c'est le droit de passage.*

Les bords d'une rivière non-navigable ni flottable sont dans le domaine privée, disait M. Gillon, député. Un propriétaire qui tient de l'article 644 du Code civil le droit de prendre dans le courant une quantité d'eau déterminée pour arroser son héritage riverain, qui est de médiocre étendue, peut aussi arroser un autre héritage beaucoup plus considérable qui lui appartient à 300 mètres plus avant dans les terres, et qui est séparé du premier par plusieurs propriétés intermédiaires. Il fait condamner les maîtres de celles-ci à recevoir les ouvrages de la conduite d'eau.

Mais, quelle quantité d'eau pourra-t-il prendre ? Évidemment celle-là seulement à laquelle il avait droit pour

13

son petit terrain. Afin d'arroser son héritage plus éloigné, le propriétaire serait alors contraint de négliger l'irrigation de sa terre riveraine du cours naturel de l'eau.

C'est par suite de ce principe que la Cour de Cassation, par arrêt du 4 décembre 1861, a décidé que les propriétaires qui profitent du bénéfice de la loi de 1845, et qui, au lieu d'arroser leurs terres adjacentes, conduisent les eaux sur d'autres points séparés de la rivière par des propriétés intermédiaires, n'ont pas le droit d'absorber plus d'eau que s'ils arrosaient leurs terrains adjacents.

M. Durand de Romorantin : « Je demande à la Chambre la permission d'adresser une question au Rapporteur. — L'article 644 du Code civil dit que le propriétaire qui se servira des eaux bordant ou traversant sa propriété, pour irriguer ses champs, devra les rendre ensuite à leurs cours naturel. Je ne vois rien de semblable dans la disposition qui vous est soumise. Je demande si, dans l'intention de la Commission, on doit déroger à la disposition de l'art. 644 ?

M. le Rapporteur répondit : « la disposition soumise à la Chambre par la Commission ne porte aucune atteinte à l'article 644. Cet article renferme deux dispositions distinctes : l'une, qui accorde au propriétaire dont l'héritage est traversé par une eau courante, le droit de s'en servir, non-seulement pour les besoins de l'agriculture, mais encore pour les besoins de l'industrie, à la charge de la rendre à son cours primitif ; l'autre, qui est relative au propriétaire dont le champ est, non pas traversé, mais bordé par une eau courante. Dans ce cas, il peut prendre l'eau, mais seulement pour l'irrigation de sa propriété. — Notre proposition, en créant le droit de passage pour les eaux, n'apporte aucune modification aux dispositions de l'article 644, sur l'obligation de rendre les eaux, qui est imposée au propriétaire dont l'héritage est traversé par elles. »

Cette question et cette réponse ont terminé péremptoirement la discussion sur ce point, et, en rappelant que l'usage des eaux appartient aux fonds voisins à titre d'accessoire, il suffira sans doute, dans le plus grand nombre de cas, de la condition de retour prescrite par l'article 644 pour empêcher tout détournement au profit des fonds plus éloignés.

La loi de 1845 est-elle applicable au propriétaire non-riverain des eaux qu'il s'agit de dériver, et qui aurait obtenu le droit de les dériver de celui qui avait le pouvoir d'en faire la concession ?

La Cour de Montpellier, par arrêt du 17 février 1852, a jugé que la loi de 1845 a seulement v étendre la faculté d'arroser une propriété riveraine à .atres fonds non-riverains appartenant au même proprié e, en faisant passer les eaux sur les propriétés intermédiaires ; — que le bénéfice de cette loi ne peut donc être invoqué que par celui qui possède une propriété riveraine, sur le côté et au lieu même où il veut établir sa prise d'eau. Telle est aussi l'opinion de *Ducauroy*, *Bonnier* et *Roustaing*, t. II, n° 272 ; *De Parieu*, Revue de Législation de *M. Wolowski*, 1845, pages 46 et suivantes ; *Duvergier*, Lois annotées ; 1847, p. 183, note 2 : *Devilleneuve* et *Carette*, 1847, p. 82, note 4 ; *Ballot*, Revue pratique de droit français, 1858, t. V, page 61.

Cette solution, pourtant, ne serait pas la nôtre, dit *M. Demolombe*, Traité des Servitudes, t. Ier, p. 267. — D'après les termes mêmes de l'article 1er de la loi de 1845, tout propriétaire (on n'ajoute pas « *riverain* ») peut obtenir, pour les eaux dont il a le droit de disposer, le passage sur les propriétés *intermédiaires*, c'est-à-dire sur les propriétés qui séparent les eaux dont il dispose d'avec les héritages vers lesquels il veut le conduire.

Or, le propriétaire, même non-riverain, qui a obtenu une concession de prise d'eau, a le droit de disposer de

cette eau, dont il est séparé par une propriété intermédiaire.

Donc, il se trouve littéralement dans le texte même de
la loi ; et il faut ajouter que cette loi, si on en restreignait
le bénéfice aux seuls propriétaires riverains de l'eau, qui
possèdent encore d'autres fonds plus éloignés, serait d'une
application assez rare, et ne rendrait pas à l'agriculture
tous les services qu'il a été certainement dans l'intention
du législateur de lui rendre.

En conséquence, nous admettrions au bénéfice de la loi
de 1845 le propriétaire non-riverain qui aurait obtenu la
concesion d'une prise d'eau, soit du propriétaire d'une
source, d'un étang, d'un lac. — *Nîmes*, décembre 1852 ;
de Villelle de Villeneuve, 1853, 11-17 — ; soit même d'un
propriétaire riverain d'un cours d'eau non-navigable ni
flottable, sous les conditions et dans les limites où ce
propriétaire pourrait lui-même transmettre les eaux à une
propriété non-riveraine, qui lui appartiendrait (*Agen*,
7 février 1856; *Cassation*, 9 février 1857 ; — *Garnier*,
p. 11 et suivantes; *Demante*, t. II, n° 408.)

Le propriétaire qui a obtenu le droit d'aqueduc, doit
aussi faire les ouvrages nécessaires pour l'écoulement des
eaux sur les fonds inférieurs.

Remarquons d'ailleurs que le propriétaire riverain d'un
cours d'eau non-navigable ni flottable n'est autorisé
à ces sortes de dérivations qu'à la condition qui lui
est imposée par l'article 644 de rendre les eaux à leur
cours ordinaire; condition telle que, dans beaucoup de
cas, il sera en réalité impossible aux riverains de ces sortes
de cours d'eau de profiter du bénéfice de la loi de 1845.
(*Demolombe*, ibid. n° 220.)

Quoi qu'il en soit, cette loi ne les affranchit pas de la
condition imposée par l'article 644, et on ne saurait induire une telle conséquence de la disposition générale de
l'article 2. (*Cassation*, 8 novembre 1854.)

L'article 3 de la loi porte que la même faculté de passage sur les fonds intermédiaires pourra être accordée au propriétaire d'un terrain submergé en tout ou en partie, à l'effet de procurer aux eaux nuisibles leur écoulement.

Ni dans la proposition de M. le comte d'Angeville, dit le rapport de M. Passy à la Chambre des Pairs, ni dans le travail de la commission à la Chambre des Députés, ne figurait originairement la disposition qui forme l'article 3 du projet de loi ; c'est à titre d'amendement qu'elle y a obtenu place, et avec beaucoup de raison, à notre avis. Si quelque chose, en effet, peut sembler étrange, c'est qu'une telle disposition n'existât pas dans notre législation. Rendre à la culture des terrains submergés, ce n'est pas seulement élargir les superficies où se produit la richesse territoriale, c'est aussi assainir le sol et tarir, dans leurs sources, des maladies sous le poids desquelles succombent annuellement de malheureuses populations. Assurément, il serait difficile d'imaginer une œuvre plus utile, et que réclamât plus impérieusement l'intérêt public.

L'article 3 est absolu ; il ne distingue pas entre les différentes causes de submersion : aussi, dit M. *Demolombe*, croyons-nous que la faculté de passage peut être accordée même pour des eaux qui seraient le résultat d'un travail volontaire de la part du maître de l'héritage submergé, comme, par exemple, celles provenant du forage d'un puits artésien. (*Demante*, t. II, n° 98 *bis.*)

Il est vrai qu'il ne faut pas que les propriétaires d'usines se croient ainsi autorisés à grever les prairies d'une servitude de passage qui pourrait être fort onéreuse. Cette observation de *Daviel* est fort juste ; mais c'est aux magistrats qu'il appartient, en ces circonstances, d'exercer le pouvoir discrétionnaire que la loi elle-même leur confère, et de prévenir, à cet égard, les abus.

La servitude ne peut être établie que moyennant une

indemnité juste et préalable ; et la prise de possession ne peut avoir lieu avant le paiement intégral de cette indemnité. (*Cassation*, 14 décembre 1859.)

Loi du 11 juillet 1847.

Le droit d'irrigation ne peut très-souvent être exercé par les riverains qu'au moyen d'un barrage appuyé sur la rive opposée, afin d'élever le niveau des eaux à la hauteur de la rive, et de les introduire dans les canaux de dérivation. A ce sujet, la loi du 11 juillet s'exprime ainsi :

Article 1er. — « Tout propriétaire qui voudra se servir, pour l'irrigation de ses propriétés, des eaux naturelles ou artificielles dont il a le droit de disposer, pourra obtenir la faculté d'appuyer, sur la propriété du riverain opposé, les ouvrages d'art nécessaires à sa prise d'eau, à la charge d'une juste et préalable indemnité. — Sont exceptés de cette servitude les bâtiments, cours et jardins attenant aux habitations. »

Article 2. — « Le riverain sur le fonds duquel l'appui sera réclamé pourra toujours demander l'usage commun du barrage, en contribuant pour moitié aux frais d'établissement et d'entretien ; aucune indemnité ne sera respectivement due, dans ce cas, et celle qui aura été payée devra être rendue. — Lorsque cet usage commun ne sera réclamé qu'après le commencement ou la confection des travaux, celui qui le demandera devra supporter seul l'excédant de dépense auquel donneront lieu les changements à faire au barrage pour le rendre propre à l'irrigation des deux rives. »

Article 3. — « Les contestations auxquelles pourra donner lieu l'application des deux articles ci-dessus seront portées devant les tribunaux. Il sera procédé comme en matière sommaire, et, s'il y a lieu à expertise, le tribunal ne pourra nommer qu'un seul expert. »

Article 4. — « Il n'est aucunement dérogé, par les présentes dispositions, aux lois qui règlent la police des eaux. »

La servitude d'appui ne peut être autorisée que pour l'irrigation, et non pour le service d'un moulin ; elle peut être accordée tant au propriétaire riverain qui voudrait arroser sa propriété riveraine, qu'à tous les propriétaires, même non-riverains, qui pourraient obtenir la servitude de passage pour les eaux dont ils auraient le droit de disposer.

La loi ne fait aucune distinction entre les diverses natures de propriétés, prairies, terres labourables, jardins ; et, comme elle ne distingue pas davantage entre les divers modes d'irrigation, la servitude d'appui pourrait être réclamée non seulement pour l'irrigation à grande eau, par saignées ou rigoles, mais aussi pour l'arrosement à bras d'un jardin. (*Cassation*, 20 décembre 1853 ; *Demolombe*, n° 228.)

Ce n'est que sur la propriété du riverain opposé que la servitude d'appui peut être autorisée ; par conséquent, il faut avoir le droit d'exercer une prise d'eau sur la rive, soit comme propriétaire riverain, soit comme concessionnaire du propriétaire riverain.

Du reste, ajoute M. *Demolombe*, il ne nous paraît pas résulter du texte de notre article 1er que le droit d'appui ne puisse être exercé que sur la rive en face de laquelle la prise d'eau doit avoir lieu. Nous pensons, au contraire, avec M. *Garnier*, que les tribunaux pourraient, suivant les circonstances, autoriser l'établissement du barrage sur une rive plus en amont ou en aval, s'il se rencontrait, sur la rive de face, des obstacles de localité, tels que le barrage ne puisse pas y être posé.

L'indemnité n'est due actuellement que pour la valeur du lopin de terre occupé par l'appui du barrage, mais sous la réserve, bien entendu, des dommages futurs et éventuels qui pourraient résulter plus tard du barrage une fois établi, et ce d'après le droit commun.

Loi du 10 *juin* 1854.

Cette loi ayant spécialement pour objet le libre écoulement des eaux provenant du drainage, nous en avons rapporté les dispositions au mot : « *Drainage* ». Nous y renvoyons.

Loi du 23 *juillet* 1856.

Comme elle n'établit aucune servitude nouvelle entre les riverains, il suffit de la mentionner. Elle consiste uniquement en ce que l'État affecte une somme à des prêts destinés à faciliter les opérations du drainage.

Nous terminons cet article par le sommaire de divers arrêts rendus en matière d'*irrigation*.

Les préfets sont investis par l'article 2 de la loi du 28 pluviose an VIII du droit de réglementer les cours d'eau non navigables ni flottables, même sous le rapport de l'irrigation, lorsque ces cours d'eau sont communs à divers propriétaires riverains, et ne forment pas la propriété exclusive d'un seul. (*Cassation,* 22 janvier 1858.)

Le maire d'une commune ne peut prendre un arrêté municipal relativement aux cours d'eau non navigables ; cet objet fait exclusivement partie des attributions préfectorales. (*Cassation,* 1ᵉʳ octobre 1846 et 24 novembre 1854.)

Le propriétaire riverain d'un cours d'eau ne peut exercer aucun droit de prise d'eau sans observer les prescriptions imposées par l'autorité administrative à l'exercice d'un pareil droit. (*Cassation,* 6 décembre 1867.)

Il appartient souverainement à l'autorité administrative de régler la police des cours d'eau toutes les fois qu'il s'agit d'utilité générale ; — mais les tribunaux civils sont seuls compétents pour régler les droits respectifs des riverains relativement à l'usage des eaux courantes. (*Agen,* 24 et 26 juillet 1865.)

S'il appartient à l'administration de réglementer les cours d'eau et de statuer toutes les fois qu'il s'agit d'en

faciliter le libre écoulement, de les diriger vers un but
général et de les tenir à une hauteur qui ne nuise à personne, il appartient aux tribunaux de connaître des contestations qui s'élèvent entre les riverains lorsque, n'ayant
pour objet que la limite des droits de chacun, ces contestations se renferment dans l'appréciation de droits ou
de dommages et intérêts. (*Cassation*, 15 février 1860 et
14 mars 1870.)

L'arrêté préfectoral règlementant un cours d'eau forme,
pour toutes les parties intéressées, un titre commun qui ne
permet pas aux uns de s'attribuer, au préjudice des autres,
un volume d'eau plus considérable que celui qui a été fixé
par l'autorité compétente, et dès lors la partie lésée peut,
sur la poursuite de l'action publique en contravention à
cet arrêté, poursuivre en même temps pour la réparation
du dommage qui lui a été causé. (*Cassation*, 8 janvier
1858.)

Est légal et obligatoire l'arrêté qui fixe les jours et les
heures pendant lesquels les propriétaires riverains d'un
cours d'eau pourront user de ces eaux. (*Cassation*, 7 décembre 1861.)

L'eau courante est une chose commune entre les riverains dont elle longe ou traverse les héritages : ainsi le riverain supérieur dont cette eau traverse l'héritage ne peut en
user qu'à la charge de respecter le droit des riverains inférieurs ; notamment, il ne peut l'absorber au préjudice de
ces derniers, sous prétexte qu'il suffit à peine à l'irrigation
de son propre héritage ; — et si l'eau est insuffisante pour
satisfaire aux besoins de tous, il y a lieu d'en régler l'usage
entre eux conformément à l'article 645 du Code civil.
(*Cassation*, 4 décembre 1861.)

Le riverain d'une eau courante peut s'en servir pour
l'irrigation de sa propriété, alors même que, ses fonds se
trouvant en contre-bas, il ne pourrait rendre à leur cours
ordinaire les eaux qu'il aurait détournées qu'à un point

situé au delà de la sortie de ses fonds. — Mais si, de cet
état de choses, il résultait un préjudice pour les autres riverains, ce serait aux tribunaux qu'il appartiendrait de prescrire les mesures nécessaires pour concilier les droits et
intérêts en présence. (*Cassation*, 12 février 1870.)

La faculté légale que l'article 644 du Code civil accorde
aux riverains d'employer les eaux d'un ruisseau ou d'une
rivière non-navigable, est imprescriptible, à l'exception
du cas où elle a été détruite par une contradiction formelle ayant duré plus de trente ans. Cette contradiction ne
doit pas nécessairement être verbale ou écrite; elle résulte
suffisamment d'un fait manifeste et flagrant, tel qu'un ouvrage extérieur et permanent ayant pour objet de conduire
les eaux sur le fonds de celui qui invoque la prescription,
et d'en priver les autres propriétaires riverains. (*Pau*,
27 mai 1861; *Cassation*, 4 avril 1842.)

L'article 644 du Code civil, en déclarant que tout riverain d'une eau courante peut s'en servir pour l'irrigation
de ses propriétés, a concédé une simple faculté dont on est
libre de ne pas user sans encourir la prescription; — le
propriétaire dont l'héritage borde un cours d'eau, et qui
est resté plus de trente ans sans arroser ses terres, conserve le droit de dériver l'eau à son profit, sans que les
arrosants inférieurs qui usaient de l'eau depuis de longues
années soient fondés à invoquer contre lui leur jouissance
plus que trentenaire, surtout si ceux-ci n'ont pas fait
d'actes formels de contradiction au droit du riverain qui
n'avait pas jugé à propos de profiter du cours d'eau, ou
qui s'est contenté jusqu'alors d'un moindre volume. (*Aix*,
12 décembre 1868.)

Les droits accordés aux riverains relativement à l'usage
des eaux courantes constituent des facultés qui ne sauraient
périr par le non-usage, quelque prolongé qu'on le suppose. — Néanmoins, la prescription pourrait être invoquée par le riverain qui se serait attribué pendant plus de

trente ans la jouissance exclusive d'un cours d'eau par des
ouvrages apparents, constituant une contradiction manifeste aux droits des autres riverains, et un obstacle à
l'exercice des facultés accordées par l'article 644 du
Code civil et par la loi du 11 juillet 1847. (*Cassation,*
13 juillet 1869.)

Il n'est pas nécessaire qu'une prise d'eau prenne naissance sur le fonds même à arroser; dès lors le riverain
d'un cours d'eau non-navigable peut, pour exercer la faculté d'irrigation que lui concède l'article 644 du Code
civil, pratiquer sa prise d'eau sur un fonds supérieur
appartenant à un autre riverain, si celui-ci y consent, sans
que les propriétaires riverains inférieurs soient en droit de
s'y opposer. (*Cassation,* 21 novembre 1864.)

Le riverain d'un cours d'eau peut acquérir, par la prescription, le droit de se servir des eaux au détriment de ses
co-riverains et notamment celui de les déverser dans son
fonds au moyen de saignées, alors même qu'il serait
ensuite dans l'impossibilité de les rendre, à la sortie de
son fonds, à leur cours naturel. (*Cassation,* 3 juin 1861.)

La faculté accordée par l'article 644 du Code civil à
celui dont la propriété borde une eau courante de s'en
servir pour l'irrigation de ses propriétés, doit profiter,
non pas seulement à la propriété riveraine, mais encore à
toutes celles qui sont contiguës à cette dernière et qui
appartiennent au même maître. — Les eaux conduites sur
ces héritages contigus peuvent être ramenées au cours
d'eau à travers le fonds d'un riverain inférieur, moyennant
indemnité, si, par suite de la pente des terrains, leur retour ne peut s'obtenir autrement. (*Cassation,* 24 janvier 1865.)

La faculté que l'article 1er de la loi du 29 avril 1845
donne à tout propriétaire qui veut se servir, pour l'irrigation de son fonds, des eaux naturelles ou artificielles dont
il a le droit de disposer, de les faire passer, moyennant

une indemnité, sur les fonds intermédiaires, appartient aussi bien aux propriétaires non-riverains de ces eaux qu'aux propriétaires riverains. Cette faculté est ouverte indistinctement à tous ceux qui ont droit et intérêt à se servir des eaux. (*Agen*, 7 février 1856 ; *Cassation*, 9 février 1857.)

Aux termes de l'article 4 de la loi du 29 avril 1845, les tribunaux ont un pouvoir discrétionnaire pour accorder ou refuser le droit d'aqueduc créé par cette loi, soit pour amener l'eau dans le fonds qu'elle doit irriguer, soit pour l'écoulement de l'eau surabondante. — Il en résulte qu'ils peuvent interdire au propriétaire qui aurait amené des eaux sur son héritage d'en déverser l'excédant sur un fonds contigu, d'où elles ne pourraient plus être rendues à leur lit primitif. (*Cassation*, 13 janvier 1868.)

Voyez : *Eau* ; — *Drainage* ; — *Servitudes* ; — *Sources*.

JOURS.

Il ne faut pas confondre les *jours*, nommés *jours de souffrance*, avec les *vues* proprement dites.

Les *jours* sont des ouvertures destinées seulement à éclairer un appartement, mais qui n'ont pas pour but de procurer le moyen de voir au dehors ; ces ouvertures donnent passage à la lumière, à la clarté du ciel, au *jour* enfin, mais non point à la vue, ni à l'air extérieur.

Les *vues*, au contraire, sont des ouvertures ou fenêtres pratiquées de manière à laisser entrer l'air du dehors et à permettre de *voir* sur l'héritage d'autrui.

Pour obvier à la privation absolue de la lumière dans les édifices, le Code civil a établi la servitude légale de *jours*, et il a prescrit les mesures nécessaires pour qu'il n'en résultât pas d'incommodité pour le voisin.

Les articles 676 et 677 du Code civil sont ainsi conçus :

Article 676. — « Le propriétaire d'un mur non-mitoyen, joignant immédiatement l'héritage d'autrui, peut pratiquer dans ce mur des *jours* ou *fenêtres* à fer maillé et verre dormant.

Ces fenêtres doivent être garnies d'un treillis de fer, dont les mailles auront un décimètre d'ouverture, au plus, et d'un chassis à verre dormant. »

Article 677. — « Ces fenêtres ou jours ne peuvent être établis qu'à vingt-six décimètres au dessus du plancher ou sol de la chambre qu'on veut éclairer, si c'est au rez-de-chaussée, et à dix-neuf décimètres au dessus du plancher pour les étages supérieurs. »

L'article 676 n'impose pas au voisin la servitude de ne pas nuire au jour qui vient par ces fenêtres ; aussi pourra-t-il toujours construire un mur de manière à obstruer ces jours. En effet, les jours dont nous nous occupons ne sont qu'une faculté, une tolérance de la loi à laquelle le propriétaire voisin est obligé de se soumettre, d'où il s'ensuit que ce dernier ne perd point le droit de faire sur son terrain ce qu'il juge à propos. Il peut donc y élever toutes les constructions qu'il lui plait, dussent-elles obstruer entièrement les jours pratiqués dans ce mur. (*Pardessus*, n° 210 ; *Zachariæ*, t. II, page 60.) — Et le principe s'applique même au cas où les jours auraient été ouverts depuis plus de 30 ans. (*Cassation*, 31 décembre 1810.)

Le jugement qui ordonne la suppression des jours illégalement pris sur l'héritage voisin, ne fait pas obstacle à ce que le propriétaire de ces jours les conserve, en se conformant aux prescriptions spéciales des articles 676 et 677 du Code civil. (*Dijon*, 26 mai 1842.)

Le propriétaire d'un mur non-mitoyen, mais auquel le voisin aurait adossé un bâtiment, n'aurait pas le droit de pratiquer dans ce mur des ouvertures qui donneraient dans quelques appartements ; la sûreté publique et l'équité s'y opposeraient. La loi donne à ce propriétaire une action pour contraindre son voisin à détruire le bâtiment appuyé, s'il n'a pas acquis la mitoyenneté. (*Pardessus*, n° 209.)

Le droit d'ouvrir des jours n'est accordé qu'à celui à qui le mur appartient exclusivement : l'article 675 interdit la faculté d'en établir dans un mur mitoyen.

L'un des copropriétaires du mur, mitoyen seulement en partie, peut-il ouvrir des jours dans la partie non-mitoyenne qui lui est restée, ou qu'il a seul construite par un exhaussement ? — La loi, répond *Pardessus*, n° 211, ne défend de pratiquer des jours que dans le mur mitoyen ; or, la partie exhaussée n'est pas mitoyenne, elle est à celui qui l'a construite : il peut donc en tirer tous les avantages que, par sa nature, elle est susceptible de lui procurer.

Celui qui acquiert la mitoyenneté d'un mur a-t-il par cela seul le droit de faire boucher les jours de souffrance qui existent dans ce mur ? — Est-il nécessaire pour cela qu'il élève des constructions ?

La question a été controversée, mais l'affirmative sur la première question, et de là la négative sur la seconde ne peut plus faire doute.

Voyez : *Delvincourt*, t. Ier. p. 325 ; *Duranton*, t. V, p. 325 ; — *Cassation*, 1er décembre 1813 et 3 juin 1850, 5 décembre 1814 ; *Toulouse*, 8 février 1844.

Remarquez, d'ailleurs, que la solution précédente ne s'appliquerait pas au cas où il s'agirait de vues pleines et libres, pratiquées au mépris des dispositions des articles 676 et 677 du Code civil, c'est-à-dire sans chassis à verre dormant, sans fer maillé, ou sans observer la hauteur légale. On considère que de pareilles vues n'ont pu être construites qu'à titre de servitude : or, cette servitude étant continue et apparente a pu s'acquérir par prescription. (*Pardessus et Zachariæ.*)

LABOUREURS.

Le laboureur qui fait tourner ses chevaux et sa charrue sur la terre ensemencée de son voisin, doit non-seulement des dommages et intérêts, mais encore il commet la contravention prévue par l'article 475, n° 10, du Code pénal, qui défend de faire passer ou laisser passer des bestiaux, animaux de trait, sur le terrain d'autrui ensemencé ou chargé de récoltes.

LAPINS.

Les dommages occasionnés aux récoltes par les lapins donnent lieu à des questions fort délicates.

Quand les lapins sont tenus en garenne, les dégâts qu'ils font engagent la responsabilité *de plano*, en vertu de l'article 1385 du Code civil, puisque ces animaux appartiennent au maître de l'immeuble, y ont leur domicile et y sont en quelque sorte incorporés.

En ce qui concerne le dommage occasionné par les lapins réfugiés dans un bois, le propriétaire est responsable en vertu des articles 1382 et 1383, s'il y a de sa part faute ou négligence; si, ayant su ou pu savoir que les lapins réfugiés en grand nombre dans ses bois causaient des dégâts dans le voisinage, il n'a pris aucune mesure suffisante pour les détruire ou les faire détruire.

Lorsque les bois ne sont pas en garenne, il suffira au propriétaire d'offrir et de fournir la preuve qu'il n'a pas refusé aux voisins la permission d'employer les moyens de destruction dans ses bois, et que lui-même n'a pas négligé de prendre les précautions les plus ordinaires, qui sont, d'une part, de ne pas ménager à dessein des abris, d'autre part, de chasser, faire ou laisser chasser les lapins de manière à atténuer autant qu'il lui est possible la multiplication de ces animaux.

Si le propriétaire a pris lui-même le soin de faire défoncer les terriers autant qu'il l'a pu, s'il y a ajouté des chasses et des battues, il a fait évidemment tout ce que comportait son obligation en ce qui concerne les devoirs du bon voisinage, et il ne saurait être soumis à aucune responsabilité.

Il a été jugé :

1° Que le propriétaire du bois dans lequel existent des lapins est responsable du dommage causé aux propriétés voisines par ces animaux, lorsqu'il a fait garder la chasse avec soin; qu'il a négligé de faire défoncer les terriers pendant l'hiver, et qu'il n'a opéré dans la saison que quelques chasses de destruction insuffisantes. (*Rouen*, 28 décembre 1868.)

2° Que le propriétaire du bois est, en principe, responsable du dommage causé aux propriétés voisines par le gibier qui se trouve dans ce bois, lorsque le gibier s'y est multiplié, et que les moyens employés pour le détruire ont été insuffisants, alors même qu'il n'est pas établi que le propriétaire ait fait une œuvre quelconque pour conserver ou attirer le gibier. (*Cassation*, 28 juin 1870.)

3° Que le propriétaire d'un bois peut être déclaré responsable des dégâts occasionnés par les lapins toutes les fois que, par son fait ou sa négligence, il a attiré ou retenu ces animaux, ou favorisé leur multiplication, ou encore lorsque, par son refus de les détruire lui-même ou d'en permettre la destruction par les voisins qui se plaignent, il les a laissés multiplier au point de devenir nuisibles. (*Cassation*, 22 juin et 29 août 1870.)

4° Qu'il suffit que le jugement condamnant le propriétaire d'un bois constate qu'il existait dans ce bois des terriers et des fourrés qui offraient aux lapins des lieux de refuge et facilitaient ainsi leur multiplication ; — qu'il n'a bouché ces terriers et coupé ces fourrés que postérieurement à la demande formée contre lui, et alors qu'il avait été informé depuis quelque temps des dégâts causés par les lapins ; — que ce n'est aussi que tardivement qu'il a organisé des chasses et des battues ayant réellement pour objet la destruction de ces animaux, et qu'il a invité les voisins à y prendre part. (*Cassation*, 29 août 1870.)

5° Que le propriétaire du bois est responsable du dommage causé aux propriétés voisines par le gibier qui se trouve dans ses bois à l'état sauvage, lorsque ce gibier s'y est multiplié sous la garde de nombreux agents, sans qu'il ait été rien tenté pour le détruire, et alors que le propriétaire avait été personnellement averti des dégâts par les plaintes des riverains. (*Cassation*, 10 juin 1863.)

Le propriétaire ne saurait être affranchi de sa responsabilité, ni par le fait d'avoir sollicité de l'administration, à l'effet de chasser ou de faire chasser en tout temps le gibier de ses bois, une autorisation qui ne lui a été accordée que pour un temps limité, s'il a négligé de recourir, malgré les plaintes des riverains, aux autres moyens de destruction qui étaient à sa disposition ; *ibid.* — ni par l'autorisation donnée par lui aux riverains de se livrer à cette chasse en compagnie de ses gardes, lorsque cette autorisation n'est parvenue que postérieurement aux dégâts dont la réparation était réclamée ; *ibid.* — et peu importe que, dans certaines parties du bois, des terriers aient été supprimés, si cette suppression n'a eu lieu qu'après l'action en dommages-intérêts du riverain, et que peu de jours avant le transport de l'expert. (*Ibidem*)

La responsabilité encourue par le propriétaire de bois, à raison des dégâts causés aux propriétés voisines par le gibier qui s'y trouve, n'est pas subordonnée à une mise en demeure adressée à ce propriétaire d'avoir à détruire ou laisser détruire ce gibier : il suffit que le propriétaire ait été averti des dégâts, notamment par la plainte des riverains. (*Ibidem.*)

LIÈVRES.

Les lièvres n'étant pas des animaux sédentaires, mais habitant indistinctement la plaine et le bois, ont toujours été considérés comme gibier de plaine aussi bien que de bois, et comme gibier nomade ; en conséquence, un propriétaire de bois ne peut être déclaré responsable des dégâts que des lièvres ont commis sur des champs voisins. Ainsi jugé par le tribunal de paix de Montereau, le 13 décembre 1865, confirmé par le tribunal de Fontainebleau le 27 juillet 1866.

MITOYENNETÉ.

Le mot *mitoyen* est formé, suivant d'anciens glossateurs, des pronoms *moi* (mi) et *toi*, et suivant d'autres des mots : *milieu, moitié, mitan.*

Quoi qu'il en soit, on entend par *mitoyenneté* le droit de copropriété appartenant à deux voisins sur un objet quelconque qui forme la séparation de leurs héritages, tel qu'un *mur*, un *fossé,* une *haie.*

C'est une chose commune et indivise avec cette différence toutefois que si, en thèse générale, on peu demander le partage des choses indivises, il n'en est pas de même d'un mur, d'une haie, qui ne peuvent se diviser par tranches dans le sens de l'épaisseur. — C'est qu'en effet, dit M. *Demolombe*, partager alors ne serait que détruire ; c'est que la chose ne peut rendre les services qu'elle est destinée à rendre qu'autant qu'elle demeurera indivise, et qu'en conséquence, la propriété de la chose commune se trouve ici compliquée d'une servitude réciproque au profit de l'un des communistes, sur la portion indivise de l'autre, circonstance qui crée un état de communauté forcée, et une servitude d'indivision.

Cependant, quoique la mitoyenneté entraîne l'idée d'une

copropriété égale et par moitié, il est évident qu'elle peut se réduire à une fraction inférieure en hauteur et en longueur par l'effet de conventions particulières.

C'est par les titres et la possession que la mitoyenneté s'établit; et, à défaut de ces moyens, on y supplée par des lois expresses ou par l'usage.

Par exemple, tout mur, toute haie, tout fossé, sont réputés mitoyens, s'il n'y a preuve ou marque du contraire. (*Articles* 653, 656 et 670 du *Code civil.*)

Voyez : *Clôture* ; — *Fossé* ; — *Haie* ; — *Mur mitoyen.*

MUR.

Lorsqu'un propriétaire fait construire un mur à ses frais et sur son sol, il doit avoir le soin de s'en assurer la propriété exclusive, soit en y plaçant des marques de non-mitoyenneté que la loi considère comme contradictoires avec le voisin, soit en obtenant de ce voisin une déclaration par laquelle il reconnaîtra que le mur n'est pas mitoyen, soit enfin, à défaut de reconnaissance amiable par le voisin, en protestant, par une notification extra-judiciaire, contre toute prétention de sa part à la mitoyenneté. Les marques de non-mitoyenneté sont indiquées par l'article 654 du Code civil.

Le propriétaire joignant un mur appartenant en entier à son voisin, ne peut utiliser ce mur comme mur de fond de ses bâtiments, sans en acquérir la mitoyenneté, alors même qu'il n'y aurait enfoncé, ni appuyé aucun ouvrage. (*Cour de Paris*, 4 février 1870.)

Le parement de ce mur du côté de l'héritage voisin, dit *Fournel*, est inaccessible à toute espèce d'entreprise de la part du propriétaire voisin, qui ne peut en user d'une manière quelconque. Ce mur est pour le voisin comme n'existant pas ; d'où il résulte que ce dernier n'en pos—

sédant aucune partie, il doit le respecter, quelque
proche qu'il soit de lui, comme s'il était éloigné.

Voyez : *Clôture.*

MUR MITOYEN.

MITOYENNETÉ CONVENTIONNELLE OU LÉGALE. — PRÉSOMPTION DE LA MITOYENNETÉ.

La mitoyenneté d'un mur est conventionnelle, ou présumée par la loi.

Elle est conventionnelle : 1° lorsque les deux voisins
s'entendent pour faire construire le mur à frais communs ;
dans ce cas, le mur doit être placé sur le milieu de la
ligne de séparation, en sorte qu'il y ait autant d'épaisseur
d'un côté que de l'autre ; 2° ou bien quand le voisin a profité des dispositions de l'article 661 du Code civil. Dans
l'un, comme dans l'autre cas, la convention intervenue
forme titre pour les parties.

La mitoyenneté est légale quand, à défaut de titre ou
de prescription équivalant à titre, elle s'appuie sur
les présomptions de la loi. — A ce sujet le Code civil
contient les dispositions suivantes :

« *Article* 653. — Dans les villes et les campagnes, tout
mur servant de séparation entre bâtiments jusqu'à l'héberge, ou entre cours et jardins, et même entre enclos dans
les champs, est présumé mitoyen, s'il n'y a titre ou marque du contraire. »

« *Article* 654. — Il y a marque de non-mitoyenneté
lorsque la sommité du mur est droite et à plomb de son
parement d'un côté, et présente de l'autre un plan incliné ; — lors encore qu'il n'y a que d'un côté ou un
chaperon ou des filets et corbeaux de pierre qui y auraient
été mis en bâtissant le mur. — Dans ces cas, le mur est
censé appartenir exclusivement au propriétaire du côté
duquel sont l'égout ou les corbeaux et filets de pierre. »

Remarquez que l'article 653 n'attribue la présomption de mitoyenneté qu'au mur qui se trouve sur la limite des deux propriétés; c'est ce qu'indiquent ces mots : « *servant de séparation* » ; si donc il existe une parcelle de terrain au delà du mur, la présomption de mitoyenneté cesse, et le mur doit être considéré comme appartenant exclusivement au propriétaire de cette parcelle de terrain, puisque le mur ne peut être réputé mitoyen que quand il joint sans moyens les deux héritages.

L'article 653 dit que tout mur servant de séparation *entre bâtiments* est présumé mitoyen jusqu'à l'héberge. Par cette disposition, la présomption est que le mur n'a été fait à frais communs, ou que l'un des voisins n'en a acheté la mitoyenneté que pour la portion dont il avait besoin; c'est ce qu'expriment ces mots *jusqu'à l'héberge*, c'est-à-dire jusqu'au point où deux bâtiments de hauteur inégale peuvent profiter tous deux du mur commun. — Car, au delà de ce point, le mur ne sert plus de séparation *entre bâtiments* ; et, comme il n'est utile qu'au propriétaire du bâtiment plus élevé, la présomption doit être qu'il n'a été construit qu'à ses frais, et que l'autre propriétaire n'y a pas contribué.

Notre article 653 établit la présomption de mitoyenneté dans deux hypothèses seulement : d'abord *entre bâtiments*, c'est-à-dire entre *deux bâtiments* ; et ensuite entre *cours et jardins*, et entre *enclos*, c'est-à-dire entre deux terrains non bâtis. — Il ne s'exprime pas pour celui qui sépare seulement un bâtiment d'avec un jardin, une cour commune ou une terre labourable.

Si l'on combine l'esprit de cet article avec les anciens principes, on voit que le législateur a d'abord voulu établir la mitoyenneté de tous murs quelconques dans les villes, soit qu'il y ait ou non des bâtiments de chacun des deux côtés, parce que dans les villes il y a nécessité de clore (*article 663 du Code civil*), et que, pour les cam-

pagnes, cette obligation est restreinte aux seuls cas spécialement déterminés par la loi ; c'est-à-dire que, dans les
campagnes, le mur séparant le bâtiment d'avec un jardin
n'est pas toujours rigoureusement mitoyen : à cet égard,
il faut s'en rapporter aux titres aux marques indiquées par
le Code.

Ainsi, dans les villes, le mur qui soutient les bâtiments
de chaque côté est réputé mitoyen jusqu'à l'héberge ; celui
qui ne soutient que des bâtiments d'un seul côté, ou qui
sépare des cours ou des jardins est censé commun depuis
la fondation jusqu'à la hauteur de la clôture déterminée par l'article 663, et, dans l'un et l'autre cas,
le surplus appartient exclusivement au maître du bâtiment.

Dans les campagnes, le mur qui soutient des bâtiments
de chaque côté, celui qui sépare deux cours ou deux jardins ou deux enclos est présumé mitoyen dans les mêmes
proportions. Mais si une seule propriété est close et qu'il
n'y ait des bâtiments que d'un côté, le mur n'est pas censé
mitoyen (*Pothier*, contrat de société, n° 202); et, dans le
même cas, il n'est pas non plus mitoyen, s'il n'y a pas
de bâtiments. (*Argument* de l'article 653). — (*Cappeau* t.
I⁰ʳ, page 523.)

Nous avons dit que lorsqu'il y a des bâtiments de chaque
côté, le mur est toujours présumé mitoyen jusqu'à l'héberge ; peu importe la différente destination de ces bâtiments : maison d'habitation d'un côté, magasins, granges,
écurie de l'autre, le principe est le même.

Il n'existe, au contraire, aucune présomption de mitoyenneté pour le mur ou pignon qui sépare un bâtiment
d'un terrain non bâti, car l'article 653 n'établit la présomption qu'entre *les bâtiments* et non pas entre *les bâtiments
et enclos*. — Le mur, en effet, dans ce cas, est une partie
intégrante du bâtiment lui-même, une partie sans laquelle
le bâtiment ne pourrait pas subsister, et il est dès lors

naturel de penser qu'il appartient au propriétaire du bâtiment. (*Demolombe*, t. 1er n° 323.)

Que doit-on décider pour le cas où, de deux bâtiments contigus, l'un subsiste encore, tandis que l'autre n'atteste qu'il a existé que par quelques restes plus ou moins considérables ?

On doit tenir pour certain que les vestiges d'un ancien bâtiment, tels que restes de cheminée, ruines ou marques quelconques, conservent et maintiennent au profit du voisin dont le bâtiment n'existerait plus la présomption de mitoyenneté du mur qui soutient le bâtiment encore existant : car ces vestiges, dit très-bien *Pothier*, n'auraient pu y être construits si le mur n'eût été commun. (*Merlin* v° Mitoyenneté, § 1er, n° 4 ; — *Touillier*, t. II, n° 176 ; *Marcadé*, art. 653, n° 2 ; *Cour de Caen*, 1er juillet 1857 ; — *Demolombe*, n° 322.)

Cependant, s'il n'y a pas de vestiges le long du bâtiment qui est encore entier, s'il ne reste que quelques faibles ruines, on ne pourrait rien en conclure pour l'élévation de l'ancien bâtiment ; et alors nous pensons, dit *Rolland de Villargues*. t. VI, page 173, que la mitoyenneté doit être supposée avoir existé à une certaine hauteur, d'abord suivant les circonstances particulières qui l'indiquent positivement, ensuite sur les présomptions tirées de la nature de la situation des lieux. Ce point est tout entier de l'arbitrage du juge. Voyez *Toullier*, t III, n° 187 qui tranche la question en disant que dans les villes le mur est présumé mitoyen jusqu'à hauteur de clôture, et que dans les campagnes, il est censé appartenir à celui dont il soutient le bâtiment.

Maintenant, il faut expliquer les marques de non-mitoyenneté dont parle l'article 653. Or, il y a marque de non-mitoyenneté lorsque la sommité du mur est droite et à plomb de son parement d'un côté, et présente de l'autre un plan incliné ; lors encore qu'il n'y a que d'un côté ou

un chaperon, ou des filets et corbeaux de pierre qui y
auraient été mis en bâtissant le mur. Dans ce cas, le mur
est censé appartenir exclusivement au propriétaire du côté
duquel sont l'égout ou les corbeaux et filets de pierre.
(*Code civil*, art. 654.)

Par corbeaux, on entend des pierres saillantes, ordinairement destinées à supporter une poutre ou autre far-
deau. Elles sont plates en dessus et arrondies en dessous,
ce qui forme une ligne courbe ou *corbe* suivant l'ancien
langage, d'où l'on a fait *corbeau*. — Le chaperon est le
sommet du mur présentant un plan incliné. — Le filet ou
larmier est une ligne un peu saillante au bas du chaperon,
pour rejeter les eaux hors le parement du mur. — Le filet
prend différents noms, suivant les formes qui lui sont
données par les architectes ; tantôt ce sont des corniches,
tantôt des larmiers, tantôt des cordons, tantôt des plinthes.
Voilà pourquoi la loi se sert du mot *filet* pour exprimer en
général tout ce qui forme ligne saillante sur une des faces
du mur. — Si le chaperon et le filet existent des deux
côtés, le mur est censé mitoyen ; dans le cas contraire, il
ne l'est pas.

Cependant cette présomption ne résulterait pas à cause
de l'existence du chaperon ou des corbeaux à chaque côté
d'un mur de campagne qui séparerait un terrain non-clos ;
— il faut que ces deux héritages soient clos pour que
le double chaperon ou les corbeaux établissent la présomption de mitoyenneté. (*Toullier*, t. II, nº 190 ; *Pardessus*, t. Iᵉʳ, nº 164 ; *Duranton*, t. V, nº 312 ; — *Bordeaux*, 22 février 1844)

Lorsque les terrains contigus sont d'inégale hauteur, la
partie basse du mur jusqu'au niveau du terrain supérieur
est la propriété particulière du maître de ce dernier
terrain, qui doit être réputé avoir construit seul cette
partie basse pour soutenir son terrain. La mitoyenneté
ne commence qu'à partir du niveau du sol le plus élevé, et

ne finit qu'à la hauteur des murs de clôture, dont la partie
basse n'est pas comptée à ce sujet, à moins toutefois qu'il
soit établi que c'est le propriétaire du terrain inférieur qui
a seul construit ce mur, parce qu'il aurait, pour niveler
son terrain, coupé à pic le talus qui soutenait auparavant
la terre supérieure.

DE LA FACULTÉ D'ACQUÉRIR LA MITOYENNETÉ DU MUR.

Aux termes de l'article 661, tout propriétaire joignant
un mur a la faculté de le rendre mitoyen, en tout ou en
partie, en remboursant au maître du mur la moitié de sa
valeur, ou la moitié de la valeur de la portion qu'il veut
rendre mitoyenne et moitié de la valeur du sol sur lequel
le mur est bâti.

Cette obligation s'applique à toute espèce de murs, soit
qu'ils soutiennent un bâtiment, soit qu'ils servent seulement de clôture.

Il est bien entendu, toutefois, qu'il ne s'agit point ici
des murs qui sont placés hors du commerce, comme faisant partie des édifices publics, et ne sont pas susceptibles
de propriété privée, tels que ceux d'une église, tant que
dure sa destination. (*Toulouse*, 13 mai 1831; *Cassation*,
5 décembre 1838; *ibid.*, 16 juillet 1856; *Agen*, 2 juillet
1862; — *Pardessus*, t. Ier, n° 43.)

Mais un hôtel de préfecture ne rentre pas dans la catégorie des édifices publics placés hors du commerce; et le
voisin peut, en conséquence, demander à acquérir la mitoyenneté du mur de l'hôtel ou des bureaux. (*Cour de
Paris*, 18 février 1854.)

Celui qui veut acquérir la mitoyenneté d'un mur n'est
pas tenu d'en donner les motifs, ni de justifier son projet
par aucune raison de nécessité ou d'utilité.

L'existence des jours de souffrance, tels que ceux qui
peuvent être pratiqués dans un mur non mitoyen
(art. 676), ne saurait être non plus un obstacle à l'acqui-

sition de la mitoyenneté d'un mur ; le voisin peut acquérir
cette mitoyenneté uniquement et tout exprès pour faire
supprimer les jours de souffrance, quand même ils existeraient depuis plus de trente ans.

On peut aussi acquérir la mitoyenneté d'un mur où il
existerait des fenêtres ouvrantes ; mais, si l'existence de
ces fenêtres repose sur un titre, la prescription trentenaire,
ou la destination du père de famille, l'acquéreur de la
mitoyenneté ne pourra rien faire qui nuise à l'exercice du
droit du voisin en ce qui concerne ces vues. La faculté
consacré par l'art. 661 trouve une limitation dans l'obligation de respecter les servitudes existant régulièrement
par titre ou destination du père de famille (*Toullier*, t. III,
n° 533 ; *Pardessus*, n° 292) en faveur de l'héritage dont
le mur fait partie ; à la différence des jours de souffrance
autorisés par les articles 677 et 678, dont la suppression
peut toujours être demandée par l'acquéreur de la mitoyenneté. Les jours de souffrance, en effet, ne sont pas
de véritables servitudes, mais seulement l'exercice d'une
faculté légale essentiellement précaire, qui ne crée aucun
droit, et ne peut fonder aucune prescription.

Il a été jugé : 1° que celui qui veut acquérir la mitoyenneté d'un mur joignant immédiatement son héritage
et dans lequel existe un jour par suite d'une destination de
père de famille, ne peut contraindre le voisin à lui vendre
cette mitoyenneté que jusqu'à la hauteur de l'ouverture.
(*Cassation*, 18 avril 1850.) — 2° Que l'existence de fenêtres
ouvrables n'est point un obstacle à l'acquisition de la
mitoyenneté du mur, sauf le respect de la servitude de
vue. (*Pau*, 15 janvier 1868.) — Dans ce cas, l'acquéreur
de la mitoyenneté ne pourrait bâtir qu'à une distance de
dix-neuf décimètres en face de la vue, et à la distance de
six décimètres par côté oblique. (*Articles* 678 et 679 du
Code civil.)

La renonciation à l'acquisition de la mitoyenneté résulterait-elle de la servitude *non œdificandi aut non altius tollendi* ?

C'est, suivant nous, une question de fait et d'interprétation qui devra surtout être décidée d'après les clauses de l'acte et toutes les circonstances de l'espèce. La Cour d'*Orléans*, par arrêt du 1er décembre 1844, a jugé que le propriétaire riverain d'un mur mitoyen ne peut être admis à en acquérir la mitoyenneté lorsque, par suite de conventions particulières, le propriétaire de ce mur, pour se conserver les avantages de la libre circulation de l'air et d'une large diffusion de lumière, a grevé la propriété voisine de la servitude *non œdificandi aut non altius tollendi.*

Celui qui est grevé de la servitude d'une gouttière placée sur le mur séparatif peut, malgré cette servitude, acquérir la mitoyenneté, pourvu qu'il ne fasse rien qui entrave le droit de l'autre propriétaire pour l'écoulement des eaux. Toutefois, il peut bâtir sur le mur et changer la direction de la gouttière, mais en entretenant à ses frais une autre gouttière pour conduire les eaux sur son terrain. (*Toullier*, t. III, n° 546.) — Ainsi, la servitude n'en continue pas moins d'exister, parce qu'elle est indépendante du droit de mitoyenneté. (*Favard*, Répertoire, v° Servitudes, section II, § 4, n° 15).

La mitoyenneté d'un mur peut-elle être obtenue lorsque le fonds de celui qui veut rendre le mur mitoyen ne joint pas immédiatement ce mur, et qu'il existe entre deux une faible bande de terrain ?

La question est controversée en jurisprudence, comme en doctrine.

Par arrêt du 9 décembre 1837, la Cour de *Bourges* a jugé que la circonstance que le propriétaire d'un mur est en même temps propriétaire d'une portion de terrain au-delà de ce mur, ne fait obstacle au droit qu'a le voisin d'en acquérir la mitoyenneté qu'autant que cette portion

de terrain est assez considérable pour être de quelque utilité à son propriétaire.

La Cour de *Caen*, par arrêt du 27 janvier 1860, s'est
prononcé dans le même sens.

Cette doctrine est soutenue par *Pardessus*, Traité des
Servitudes, titre Iᵉʳ, nº 154 ; *Solon*, nº 141 ; *Marcadé*, sur
l'article 661 ; — *Toullier*, titre II, page 392 ; *Dalloz*,
Répertoire de Jurisprudence, vº Servitudes, nº 460 ; *Demolombe*, Servitudes, t. Iᵉʳ, nº 354.

La Cour de *Douai* a décidé, au contraire, que le droit
d'acquérir la mitoyenneté d'un mur cesse dès l'instant qu'il
existe un espace de terrain, *quelque minime qu'il soit*, entre
le mur et le fonds voisin. (*Arrêt* du 7 août 1845.) — Telle
est aussi la doctrine de *Duranton*, t. V, nº 324 ; *Duvergier*, t. II, nº 193, note *A* ; *Demante*, t. II, nº 515 bis ;
Ducaurroy, t. II, nº 252.

Mais pourtant, dit M. *Demolombe*, t. Iᵉʳ, nº 354, nul ne
peut se soustraire par une fraude à l'application d'une loi
qui repose sur des motifs d'intérêt général ; et tel est le
caractère de notre article 661 ; or, nous supposons qu'il
est reconnu, en fait, que l'espace laissé au delà du mur est
d'une exiguïté telle que le constructeur n'a eu évidemment
d'autre but que d'échapper à l'application de cet article :
donc, cette fraude ne saurait l'autoriser à paralyser, par
pure malice et sans aucun intérêt pour lui-même, l'application d'une mesure utile à son voisin et à la société tout
entière. *Malitiis non est indulgendum*, dit *Pothier*, précisément à l'occasion de notre sujet. — Nous conclurons donc,
avec *Pardessus*, que le propriétaire du mur pourrait alors
être condamné à abandonner, à dire d'experts, la mitoyenneté de son mur et du terrain qu'il a laissé au delà.

Nous ajouterons encore que le terrain laissé au delà du
mur est presque toujours laissé pour recevoir l'égout du
toit du mur ou du bâtiment qu'il supporte (*Article* 681).
Or, cette circonstance ne s'opposerait pas à l'acquisition

de la mitoyenneté, à la charge, bien entendu, par le voisin de ne rien faire qui nuise au libre écoulement de l'eau.

La Cour de *Bourges*, par arrêt du 21 décembre 1831, a jugé que le fait que le propriétaire du mur aurait un droit d'égout sur le fonds de son voisin, n'empêcherait pas celui-ci d'acquérir la mitoyenneté, sauf à lui, lorsqu'il voudra faire des appuis ou adossements d'édifices à ce mur, à les disposer de manière à ne pas nuire au droit d'égout.

Le voisin a le droit d'acquérir la propriété du mur en totalité ou pour une partie seulement, soit de sa hauteur, soit de sa longueur, soit à l'une des extrémités du mur seulement, soit au milieu, mais pour toute l'épaisseur que le mur comporte dans la partie qu'il acquiert. Il est de principe que celui qui n'achète la mitoyenneté d'un mur que dans une partie de sa hauteur, doit l'acheter à partir des fondements ; car, d'après l'article 661, la moitié de la valeur du sol est due tout aussi bien par celui qui n'acquiert la mitoyenneté qu'en partie que par celui qui l'achète pour le tout.

Cependant, si les fondations sont plus profondes que d'usage, par exemple, si le mur s'enfonce en terre comme pour une cave, on n'est pas tenu d'acheter la moitié de cet excédant de fondations.

Celui qui demande la mitoyenneté d'un mur dans une étendue suffisante pour adosser ses cheminées, doit payer, indépendamment de l'espace en hauteur et en largeur qu'auront les tuyaux adossés, une augmentation de largeur que l'usage a fixé à 33 *centimètres*, parce qu'on ne peut appuyer solidement des cheminées sans faire à droite et à gauche des arrachis et de la maçonnerie nouvelle. (*Pardessus*, n° 156.)

Lorsque les parties ne s'entendent pas à l'amiable sur l'estimation de la valeur du mur, il faut, bien entendu, recourir à une expertise.

Dans ce cas, à la charge de qui en seront les frais ?

Deux propositions sont, en ce point, certaines.

D'une part, l'acquisition de la mitoyenneté ayant lieu dans l'intérêt du voisin qui la demande, c'est lui seul qui doit supporter les frais qu'elle peut occasionner.

Mais d'autre part, pourtant, si le propriétaire exclusif du mur rend nécessaires, par sa faute, des frais que l'on aurait pu ne pas faire, il est juste aussi que ces frais restent à sa charge. (*Argument de l'article* 1382 *du Code civil*, et 130 du *Code de procédure.*)

On s'accorde généralement sur ces deux prémisses ; mais, quant aux conséquences, les opinions sont, au contraire, partagées.

Ainsi, quelques-uns pensent que si le voisin qui veut acquérir la mitoyenneté, a fait des offres réelles, qui ont été ensuite jugées suffisantes, parce qu'elles étaient égales à la somme que l'expertise a ultérieurement déterminée, les frais de l'expertise et de l'instance doivent être payés par le propriétaire du mur qui n'a pas tout d'abord accepté les offres. (*Argument de l'article* 1716 *du Code civil* et de l'article 525 du *Code de procédure.* — *Toullier*, t. II, n° 195 ; *Duranton*, t. V, n° 328 ; *Favard de Langlade*, Rép., v° Servitudes, section II, n° 54 ; *Zachariæ*, t. II, page 48 ; *Solon*, page 22 de l'Introduction.)

D'autres ont répondu que le propriétaire du mur pouvait de très-bonne foi ignorer ce que valait la mitoyenneté demandée ; qu'il n'y avait pas faute de sa part à ne point accepter des offres qu'il était dans l'impossibilité d'apprécier, et que la faute était, au contraire, au voisin qui, se bornant ainsi à lui faire purement et simplement des offres, forçait le propriétaire du mur à procéder lui-même à une estimation qui pourtant était tout entière dans l'intérêt du voisin. (*Limoges*, 12 avril 1820 ; *Riom*, 11 juillet 1838. *Pardessus*, t. Ier, n° 158.)

Nous sommes tout à fait de ce sentiment, dit M. *Demo-*

lombe, et voici, suivant nous, la marche que doit suivre le voisin qui veut acquérir la mitoyenneté, pour se mettre en règle sous ce rapport :

Il doit, en annonçant au propriétaire du mur, par une notification extra-judiciaire, son intention d'acquérir la mitoyenneté, lui déclarer qu'il se trouvera tel jour et à telle heure sur les lieux, avec un expert, et inviter le propriétaire à s'y rendre, de son côté, avec un expert de son choix, procéder à l'estimation, en offrant de payer tous les frais de cette vacation. Et alors, soit que le propriétaire ne se rende pas à cette sommation, soit que les parties, après s'y être rendues, ne puissent pas s'accorder sur l'estimation, si les offres faites par le voisin et refusées par le propriétaire, sont ensuite déclarées suffisantes, les frais que le propriétaire du mur aura occasionnés, tels que ceux d'une demande en justice, d'une expertise nouvelle, doivent rester à sa charge. (*Demolombe*, t. Ier, n° 366.)

La mitoyenneté ainsi acquise, souvent contre le gré du premier propriétaire, devient une véritable expropriation ; et il est juste qu'elle ne soit pas exercé avant le paiement du prix convenu ou fixé par le tribunal.

DES DROITS ET DES OBLIGATIONS QUI DÉRIVENT DE LA MITOYENNETÉ D'UN MUR.

En général, les deux copropriétaires ont le droit de faire servir le mur à tous les usages auxquels il est destiné par sa nature ; ils ne doivent en user néanmoins qu'en bons pères de famille sans causer aucun dommage au mur mitoyen, ni aucun préjudice au voisin.

La réparation et la reconstruction du mur mitoyen sont à la charge de tous ceux qui y ont droit, proportionnellement au droit de chacun. (*Code civil*, art. 655.)

Le droit de bâtir, d'appuyer contre le mur ne comporte

pas celui de faire sur le sommet du mur quelque appui qui occasionnerait une saillie du côté du voisin.

On ne peut y faire placer des gouttières qui avanceraient sur le voisin, alors même que ces gouttières, destinées à recevoir l'eau des combles de celui qui les a faites, jetteraient les eaux sur son propre héritage. Il faut les établir sur l'épaisseur du mur, et elles doivent être assez profondes pour qu'elles ne laissent pas les eaux refluer pardessus les bords. (*Desgodets* et *Goupy ; — Pardessus*, n° 171 ; *Toullier*, t. 1er, n° 12.)

L'un des voisins ne peut pratiquer dans le corps du mur mitoyen aucun enfoncement, ni y appliquer ou appuyer aucun ouvrage sans le consentement de l'autre, ou sans avoir, à son refus, fait régler par experts les moyens nécessaires pour que le nouvel ouvrage ne soit pas nuisible aux droits de l'autre. (*Code civil*, art. 662.)

Il ne peut non plus pratiquer dans le mur mitoyen aucune fenêtre ou ouverture, même à verre dormant. (*Art.* 675.)

·Cependant chacun des copropriétaires peut faire porter par ce mur soit des poutres, soit des solives, et les placer dans toute l'épaisseur de la maçonnerie, à l'exception de 54 millimètres (*deux pouces*); il a même le droit de percer le mur d'outre en outre pour placer les bois plus facilement, mais il est tenu alors de remplir en maçonnerie les deux pouces que les poutres ou solivent laissent vides ; il faut que les bois ne paraissent pas du côté du voisin. (*C. c.*, art. 657.)

Si l'autre propriétaire a besoin par suite de placer des pièces de bois précisément aux endroits où se trouvent les bois de celui qui a construit, il ne peut forcer celui-ci à les couper; son droit consiste alors à réduire la poutre ou poutrelle avec l'ébauchoir jusqu'à la moitié de l'épaisseur du mur. Par ce moyen, la poutre de l'un touche par le bout la poutre de l'autre et les deux pièces de bois occupent chacune la moitié du mur.

Si un propriétaire voulait adosser une cheminée contre le mur mitoyen, précisément vis-à-vis de la poutre du voisin, on réduirait également la longueur de cette poutre, de manière qu'elle ne vînt que jusqu'à la moitié de l'épaisseur du mur. Cette condition est de rigueur, afin d'éloigner du corps de cheminée la pièce de bois.

Il peut se faire que, dans l'épaisseur même du mur où se pratiquent les enfoncements, le voisin possède déjà une cheminée construite de façon à interdire les enfoncements, dans ce cas, il faut examiner à quel titre la cheminée existe.

Si le propriétaire de la cheminée l'a établie dans le mur, à une époque où il était seul propriétaire de ce mur, le voisin n'a pas le droit d'enfoncer ses poutres ; il n'a acheté la mitoyenneté du mur que suivant son état au temps où il en est devenu propriétaire, surtout s'il n'a pas protesté au moment de son acquisition.

Si une fosse d'aisances ne peut être établie immédiatement contre le mur mitoyen, il n'en est pas de même des tuyaux de descente lorsqu'ils sont en fonte. Ces tuyaux peuvent même être encastrés dans le corps du mur mitoyen. (*Cassation*, 7 novembre 1849 ; *Poitiers*, 18 août 1841 ; *Dijon*, 18 août 1847.)

L'article 657 n'exige pas le consentement du voisin pour faire bâtir contre le mur mitoyen ou y placer des poutres. Ce consentement, ou l'expertise à défaut de consentement, ne sont exigés que pour les autres travaux de nature à compromettre la solidité du mur. (*Duranton*, t. III, n° 335.)

Tout copropriétaire peut faire exhausser le mur mitoyen, mais il doit payer seul la dépense de l'exhaussement, les réparations d'entretien pour cette partie exhaussée, et, en outre, l'indemnité de la charge en raison de l'exhaussement et suivant sa valeur. (C. c., art. 658.)

L'exhaussement ne doit pas être placé sur l'un des côtés du mur, c'est-à-dire seulement sur la moitié de son épaisseur. Ce mode de construction offre, en effet, le double inconvénient de faire porter inégalement sur le mur le poids de la surélévation, et de gêner le droit qui appartient au voisin de faire exhausser le mur dans toute son épaisseur. (*Bordeaux*, 11 décembre 1844.)

Le voisin qui a part au mur mitoyen sur lequel l'autre voisin a fait élever un pan de bois ou un mur en maçonnerie sur la moitié de l'épaisseur dudit mur située de son côté, est en droit de le faire abattre. (*Desgodets*, Lois des bâtiments, nᵒˢ 416 et 418, édition Destrem.)

Il peut arriver que les tuyaux de cheminées que le voisin avait adossées au mur deviennent, par l'exhaussement, hors d'usage à cause du refoulement de la fumée ; dans ce cas, celui qui surélève doit-il une indemnité ?

On a prétendu que le propriétaire qui a fait l'exhaussement du mur, devait aussi exhausser, à ses dépens, les tuyaux de cheminées de son voisin. (*Paris*, 4 mai 1818 ; — *Pardessus*, t. Iᵉʳ, nᵒ 174.) — Mais, dit M. *Demolombe*, t. Iᵉʳ, page 494, c'est là évidemment imposer un véritable nouvel œuvre au copropriétaire qui n'a fait qu'user de son droit, et le lui imposer dans l'intérêt particulier de son copropriétaire. C'est donc à celui-ci qu'il appartient d'exhausser lui-même, s'il veut, les tuyaux de ses cheminées ; et la loi lui accorde même pour cela la faculté d'acheter la mitoyenneté de l'exhaussement. (*Bordeaux*, 18 mai 1849 ; *Duranton*, t. V, nᵒ 331. vᵒ *Cheminées*.)

Le copropriétaire qui veut faire exhausser le mur mitoyen n'est tenu que des obligations que les articles 658 et 659 lui imposent, mais il n'est pas obligé de se soumettre aux prescriptions de l'article 662, c'est-à-dire d'obtenir au préalable le consentement du voisin, ou, à son refus, de faire déterminer par expert les moyens nécessaires pour que les nouveaux ouvrages ne soient pas nuisibles aux droits de l'autre copropriétaire. (*Cassation*, 18 avril 1866.)

Si le mur mitoyen n'est pas en état de supporter l'exhaussement, celui qui veut l'exhausser doit le reconstruire en entier à ses frais, et prendre au besoin l'excédant d'épaisseur de son côté. (*C. c.*, art. 659.)

. La Cour de *Douai*, par arrêt du 17 février 1810, a jugé que le propriétaire exclusif de l'exhaussement ne pouvait pas y pratiquer des jours à verre dormant dans les conditions déterminées par les articles 676 et 677 du Code civil. — Cette décision est contraire à la doctrine de *Merlin*, Rép., *Vue*, § 3, n° 8; *Toullier*, t. Ier, n° 527; *Duranton*, t. V, n° 333; *Pardessus*, t. Ier, n° 211; *Zachariæ*, t, II, n°47; *Demante*, t. II, n° 513 bis; *Demolombe*, qui s'exprime ainsi : « La doctrine de l'arrêt de Douai nous paraît tout à fait contraire : soit au texte formel de l'article 664 qui, évidemment, autorise chacun des propriétaires, dans l'hypothèse qu'il prévoit, à ouvrir des jours pour éclairer son appartement, soit aux véritables principes, en ce qu'elle méconnaît le droit exclusif de propriété, et le but évident du législateur, qui, en autorisant l'un des copropriétaires à exhausser le mur mitoyen, a voulu certainement aussi l'autoriser à profiter de ce surhaussement, ce qui lui serait souvent impossible, s'il ne pouvait pas y pratiquer au moins des *jours de souffrance*. »

L'article 658 dispose que celui qui fait l'exhaussement doit payer à son copropriétaire du mur l'indemnité de la charge en raison de l'exhaussement et suivant sa valeur. Or, cette indication est bien vague, car, que fait la valeur de l'exhaussement relativement à la dégradation plus prompte qu'il doit causer à la partie mitoyenne? On pourrait donc prendre pour base générale de l'estimation la disposition de la coutume de *Paris*, qui fixait l'indemnité au *sixième* du coût de l'exhaussement.

Le voisin qui n'a pas contribué à l'exhaussement peut en acquérir la mitoyenneté en payant la moitié de la dépense qu'il a coûté et la valeur de la moitié du sol

fourni pour l'excédant d'épaisseur, s'il y en a. (*C. c.*,
art. 660.)

Il convient de faire remarquer que, dans ce cas, la loi
exige le remboursement de la moitié de la dépense réelle
de l'exhaussement ; tandis que dans le cas de l'article 661,
le remboursement n'a lieu que d'après la valeur actuelle
de la chose.

Cette faculté d'acquérir la moitié de l'exhaussement peut
être exercée, quand bien même le voisin qui fait cette
acquisition ne se propose pas de bâtir contre le mur, et
qu'il n'a d'autre but que de contraindre l'auteur de l'exhaussement à fermer les jours ou fenêtres qu'il y a pratiqués. (*Cassation*, 1er février 1813.)

COMMENT FINIT LA MITOYENNETÉ.

La mitoyenneté cesse de trois manières : 1° lorsque l'un
des voisins la cède à l'autre de gré à gré ; 2° lorsqu'il l'a-
bandonne pour se dispenser de contribuer aux réparations
ou à la reconstruction ; 3° lorsqu'il a souffert pendant
trente ans que son voisin en usât comme maître absolu.

Aux termes de l'article 656 du Code civil, tout propriétaire d'un mur mitoyen peut se dispenser de contribuer
aux réparations et reconstructions, en abandonnant le
droit de mitoyenneté, pourvu que le mur mitoyen ne soutienne pas un bâtiment qui lui appartienne.

Abandonner le droit de mitoyenneté, c'est abandonner
non-seulement la copropriété des matériaux du mur, mais
aussi la terre sur laquelle il est assis, de telle sorte que si
celui qui fait l'abandon voulait plus tard acheter de nouveau
la mitoyenneté, il serait obligé de payer non-seulement la
moitié de la valeur du mur, mais aussi la valeur de la moitié
du terrain.

Lorsque le voisin accepte l'abandon de la mitoyenneté fait
par son copropriétaire, il devient propriétaire exclusif du
mur, et il fera bien d'en faire dresser acte pour détruire la

présomption légale de mitoyenneté qui pouvait existor auparavant.

Mais, de ce qu'il est devenu propriétaire exclusif du mur,
il ne faut pas en conclure qu'il puisse dès lors le détruire
ou le laisser tomber pour profiter seul des matériaux et du
sol sur lequel il reposait. Il ne saurait en être ainsi :
l'abandon du voisin n'est fait que dans le but de se décharger de l'obligation de réparer ou de reconstruire, d'où
il implique naturellement que l'obligation de reconstruire
ou de réparer devra subsister. Donc, l'abandon serait
sans cause si le voisin, au lieu de conserver le mur et de
prendre sur lui toute la charge des dépenses, l'abandonnait
en réalité lui même en ne réparant pas. Le voisin qui a fait
l'abandon serait donc fondé, en ce cas, à répéter sa part
des matériaux et du terrain. (*Demolombe*, t. V, n° 391 ;
Pothier, n° 221 ; *Toullier*, t. II, n° 220 ; *Duranton*, t. V,
n° 320 ; *Pardessus*, t. Iᵉʳ, n° 168 ; *Zachariæ*, t. II, p. 46 ;
Demante, t. II, n° 510 bis.)

NÉGLIGENCE.

Défaut de soin ou de prévoyance.

La négligence est toujours une faute qui donne lieu à
des dommages. (*C. c.*, art. 1383.) — Voyez *Dommage ;
Faute ; Quasi délit.*

Elle prend, dans certains cas, le caractère d'une contravention ou d'un délit passible d'amende ou de peines
correctionnelles. (*Code pénal*, art. 319, 320, 458 et 471.)

NOUVEL-ŒUVRE. (DÉNONCIATION DE)

La dénonciation de nouvel-œuvre est une action possessoire que l'on intente contre celui qui a fait ou commencé
sur son fonds un nouvel ouvrage contre l'ancienne disposition des lieux, et qui porte préjudice au plaignant, en le

troublant dans sa propriété ou dans un droit réel qu'il se
prétend fondé à exercer sur l'héritage voisin. *Favard*, v°
dénonciation de nouvel-œuvre. (*Carré*, Droit français,
II, 231.)

Un nouvel-œuvre peut nuire à quelqu'un de deux manières : ou en le privant de la jouissance soit d'un avantage,
soit d'un agrément qui ne lui est assuré ni par la loi, ni par
une convention ; — ou en le privant de l'exercice d'un droit
qui lui appartient soit en vertu de la loi, soit en vertu d'un
titre et dont il est en possession.

La plainte n'est fondée que dans ce dernier cas. Quelque
gênants que puissent être les travaux du voisin dans l'autre
cas, le dommage qu'il cause est à l'abri de la dénonciation de
nouvel-œuvre. Par arrêt de la Cour de cassation du 28 février 1814, il a été jugé que le préjudice causé à un voisin
ne suffit pas pour rendre recevable la dénonciation de
nouvel-œuvre ; il faut en outre que le propriétaire du
terrain sur lequel ont lieu les travaux n'ait pas le droit de
le faire.

Ainsi, par exemple, en creusant un puits dans son propre
fonds, mon voisin coupe la veine qui conduisait l'eau dans
celui que j'avais précédemment creusé dans mon terrain,
ou bien encore il fait tarir une fontaine à mon usage ou à
celui du public ; cette entreprise mettant mon puits ou ma
source à sec, je suis privé par là d'un avantage précieux.
Cependant, je m'en plaindrais en vain, parce qu'en ouvrant
un puits dans son propre fonds, en y faisant jaillir une
source, le voisin n'a fait qu'user de sa propriété. Il en
serait de même si le propriétaire du fonds supérieur dé-
tournant la source qui surgit dans son héritage, et dont le
cours d'eau m'était aussi agréable qu'utile ; ce nouvel-
œuvre ne pourrait donner lieu à la complainte que dans le
cas où j'aurais acquis un droit de servitude sur les eaux de
cette source ; sans cela, ma jouissance du cours d'eau
depuis l'an et le jour, et même d'un temps immémorial,

n'empêcherait pas qu'il pût en disposer. (Voyez *sources.*)

En élevant son mur, le voisin me prive du jour dont je jouissais précédemment : la privation de cet avantage ne saurait néanmoins m'autoriser à agir contre lui en dénonciation de nouvel-œuvre. De ce que j'ai bâti une maison avant lui, il ne peut en résulter le droit de l'empêcher lui-même d'édifier sur son héritage ou d'élever un ancien bâtiment. La défense de bâtir de cette manière ne pourrait lui être intimée que dans le cas où j'aurais acquis un droit de jour sur sa propriété, cas auquel il ne serait même obligé de se retirer que de dix-neuf décimètres ; car, pour lui empêcher toute construction, il faudrait que j'eusse acquis non-seulement un droit de jour, mais encore la servitude *non altius tollendi.*

Depuis un temps immémorial, je vais puiser au puits de mon voisin, je passe sur son héritage, même dans son jardin ou dans sa cour, au moyen d'une porte pratiquée pour y arriver. Il établit une barrière, ou m'intercepte le passage de toute autre manière. Si j'ai un titre constitutif de cette servitude, je puis, sans nul doute, dénoncer le nouvel-œuvre par la voie de la complainte ; mais, à défaut de titre, je suis sans action quoique le nouvel œuvre, pratiqué dans l'année, me prive de l'avantage dont je jouissais auparavant : cet avantage ne reposait que sur la tolérance de mon voisin, puisque, comme on le verra au mot *servitude,* les droits de passage et de puisage ne peuvent s'acquérir ni par la possession, ni par la prescription.

L'action en dénonciation de nouvel-œuvre se confondrait avec la complainte, si elle n'avait spécialement pour objet la destruction de travaux nouvellement pratiqués empêchant la jouissance du demandeur possesseur.

À Rome, la dénonciation de nouvel-œuvre obligeait, avant jugement, à suspendre l'œuvre commencée. Il en est autrement en Droit français. Les juges seuls ont le pouvoir de commander et de se faire obéir : les parties intéressées

ont bien le droit de mettre leurs adversaires en demeure
de faire ce qu'elles prétendent exiger d'eux ; mais, lors
même que la demande se trouve juste et bien vérifiée, de
pareils actes rendent seulement passible de dommages et
intérêts ceux qui n'y ont pas déféré. (*Argument* de l'article
1041 du *Code de procédure*; *Cassation*, 11 juillet 1820.)

Plusieurs jurisconsultes, prenant pour guide l'ancienne
jurisprudence, admettent les propositions suivantes : 1° si
les travaux commencés par les voisins ne sont pas achevés,
on peut en demander la *suspension* par l'action en dénonciation de nouvel-œuvre ; — 2° le juge de paix peut
ordonner la *suppression* des travaux qui auraient été faits
depuis son ordre de suspendre ; — 3° si les travaux ont été
terminés avant toute réclamation, le voisin ne peut plus
agir au possessoire. — Dans les autres actions possessoires, disent-ils, le trouble se fait par une entreprise
quelconque sur le fonds du possesseur ; mais ici, l'action
est dirigée contre celui qui a fait sur *son propre fonds*
quelque ouvrage nuisible au possesseur du fonds voisin;
or, un propriétaire est libre de faire sur son terrain tous
les ouvrages qu'il lui plaît : si le voisin le laisse achever
sans se plaindre, il est à présumer qu'il n'a pas le droit de
les empêcher : la demande tendant à les supprimer ne peut
donc être basée que sur un titre et intentée au pétitoire ;
autrement, il y aurait violation du droit de propriété. Voyez
en ce sens *Henrion de Pansey*; *Favard*; *Carré*; *Guichard*;
et trois arrêts de la *Cour de Cassation*, Chambre des requêtes, en date des 15 mars 1826, 14 mars 1827 et 5
mars 1828.

Mais, ni l'ordonnance de 1667 et les principaux com-
mentateurs *Bornier*, *Rhodier*, *Jousse*, *Pothier ;* ni le Code
de procédure n'ont parlé de la dénonciation de nouvel
œuvre. La tentative d'*Henrion de Pansey* pour la ressusciter
parmi nous avec une physionomie à part, n'a pas eu un
succès de longue durée ; on appliquait à contre-cœur les

lois romaines sur lesquelles on prétendait s'appuyer. La loi de 1838 a conservé le mot, mais sans définir le sens qu'on doit y attacher, et, bien certainement, elle n'a pas entendu nous ramener en arrière. Aujourd'hui, la doctrine des auteurs cités est complétement abandonnée. La Cour de cassation elle-même a, par de nombreux arrêts, également déserté le principe qu'elle avait consacré par les trois arrêts que nous venons d'indiquer.

Ainsi donc, la dénonciation de nouvel-œuvre doit être assimilée à la complainte : ce n'est autre chose qu'une action possessoire pour cause de trouble. C'est aux conclusions prises par le demandeur et non à la qualification donnée à son action qu'il faut s'attacher. Si donc il a conclu au rétablissement de la possession annale de l'héritage ou du droit réel dans l'exercice duquel il prétend avoir été troublé ; si le fait considéré comme trouble a été pratiqué dans l'année ; si le plaignant avait la possession annale, qu'il s'agisse de travaux commencés ou terminés sur le fond du demandeur ou sur celui du défendeur, le juge, pour rétablir le demandeur dans sa possession, doit ordonner la destruction de ces travaux. Voyez dans ce sens : *Zachariæ*, t. Ier, § 191 ; *Pardessus*, t. II, n° 327 ; *Chauveau* sur *Carré*, q., 109 *bis* ; *Daviel*, t. Ier, p. 471 ; *Garnier*, p. 14, 32, 37 ; *Bélime*, n°s 331 et suivants ; *Rodière*, p. 89 ; *Dalloz*, n° 157 ; *Crémieu*, n° 245 ; *Alauzet*, p. 268 ; *Parieu*, p. 168 ; *Curasson*, 537 et suiv. ; — et *Cassation*, Chambre civile, 22 août 1810 ; — 13 juin 1814 ; — 13 avril 1819 ; — 11 juillet 1820 ; — 28 avril 1829 ; — 22 mai 1833 ; — 28 mars 1838 ; — 25 juillet 1836 ; — 30 janvier 1837 ; — 5 février 1837 et 1838.

Voyez : *Actions possessoires ; — Réintégrandes ; — Servitudes ; — Sources.*

NUIT.

C'est le temps pendant lequel le soleil est sous notre horizon.

Le temps de nuit a été ainsi réglé :

Du 1er octobre au 31 mars, depuis 6 heures du soir jusqu'à 6 heures du matin ;

Du 1er avril au 30 septembre, depuis 9 heures du soir jusqu'à 4 heures du matin. (Code de procéd., 1037 ; décret du 4 août 1806.)

Les heures de la nuit ainsi fixées sont-elles applicables aux délits de chasse et de pêche, et aux contraventions sur la police du roulage?

La jurisprudence est divisée sur ce point.

La Cour de *cassation*, a décidé qu'en matière de police de roulage, le temps légal de la nuit est celui qui s'écoule depuis le coucher jusqu'au lever du soleil. *Arrêts* des 7 février 1857 ; 4 février 1860 ; 29 novembre 1860. — La même Cour avait décidé le contraire le 9 juin 1860.

La Cour d'*Amiens* a jugé qu'on devait considérer comme chasse de nuit le fait de chasse commis le 1er septembre, à sept heures et demie du soir. (*Trois quarts d'heure après le coucher du soleil.*) — 6 novembre 1863.

La Cour de *Douai*, au contraire, a jugé qu'il n'y avait pas délit de chasse la nuit, dans le fait d'avoir été trouvé chassant le 6 octobre, à six heures et demie du soir. — 9 novembre 1847.

Le Tribunal d'*Abbeville* a jugé que l'heure de six heures du soir, le 21 octobre, ne pouvait être considérée comme la nuit au point de vue d'un délit de chasse. — 30 septembre 1868 et 13 novembre 1872.

Il y a aussi divergence entre les auteurs.

Les uns soutiennent qu'en principe, il faut admettre

qu'il ne fait nuit qu'une demi-heure après le coucher du
soleil.

D'autres autorités prétendent que le temps de nuit doit
être renfermé entre les deux crépuscules, celui du soir et
celui du matin.

Un troisième système consiste à dire que la nuit et le
jour doivent être légalement réglés comme ils le sont as-
tronomiquement par l'heure du coucher et celle du lever
du soleil.

Il ne saurait donc y avoir de règle bien déterminée en
pareille matière, où tout dépend des faits et des circonstances de l'état du temps plus ou moins clair.

Mais, suivant nous, il n'y aurait ni délit, ni contravention si, sans le secours d'une lumière (*abstraction faite
du temps où la lune éclaire*), on pouvait lire soit le permis
de chasse, soit la plaque de la voiture.

Pendant la nuit, nul n'a le droit de pénétrer dans le
domicile d'un citoyen, excepté dans les cas d'incendie,
d'inondation ou de réclamation venant de l'intérieur de la
maison.

Et cela s'applique à la force publique.

Il n'y a ni crime, ni délit, dans l'homicide commis la
nuit en repoussant l'escalade, ou l'effraction des clôtures,
murs ou entrée d'une maison ou d'un appartement habité,
ou de leurs dépendances. (*Code pénal*, art. 329.)

PACAGE.

C'est le droit d'envoyer paître ses bestiaux dans certains
fonds, lorsqu'ils sont en jachères ou en friches.

Le droit aux secondes herbes est une servitude de pacage et non un droit de copropriété. (*Caen*, 29 juillet
1827 ; — *Cassation*, 14 novembre 1853.)

L'habitant d'une commune, propriétaire d'un domaine
situé dans cette commune, mais duquel dépendent plusieurs

champs situés dans une commune voisine qu'il exploite et
fait valoir, n'a pas cependant le droit de faire pacager ses
bestiaux sur un communal de cette dernière commune ; —
l'article 15, titre Ier, section IV, de la loi du 28 septembre
1791, l'autorise seulement à profiter du parcours et de la
vaine pâture sur les propriétés privées et ouvertes, mais
non à faire paître sur les communaux de la commune où
n'existe pas son habitation et où il n'habite pas.

Le fait qu'il aurait usé, de temps immémorial, du droit
de pacage sur le communal ne constituerait pas non plus
un droit en sa faveur, la servitude de pacage ne pouvant
s'acquérir par prescription.

Le pacage indûment exercé sur un communal par l'habitant d'une autre commune peut donner lieu, de la part de
la commune propriétaire du communal, à une action possessoire. (*Tribunal de Saint-Amand*, 21 décembre 1853 ;
— *Cassation*, 21 février 1863.)

Voyez : *Communaux ; — Parcours ; — Pâturage ; —* et
Vaine pâture.

PARCOURS.

Le parcours est l'association par laquelle deux communes
contiguës ont mis en commun leurs territoires respectifs
pour l'objet de la vaine pâture. La chose se nomme, dans
quelques pays, *droit de marche ou d'entre-cours. —* Coutume d'*Auvergne*, chap. VIII, art. 2 ; — Coutume de la
Marche, art. 360. — *Fournel.*

Le droit qui en résulte est généralement rangé dans la
classe des servitudes pour l'utilité communale. Loi du 28
septembre 1791, art. 2 ; (*Code civil*, art. 649 et 652.)

Néanmoins, la réciprocité étant de l'essence du parcours (Argument de la loi précitée, art. 17 ; et Avis du
Conseil d'État du 30 frimaire an XII), il s'ensuit que c'est
en quelque sorte un droit actif et passif, qui tient de la

nature des sociétés plutôt que de celle des servitudes. —
D'ailleurs, le parcours n'a jamais pu produire, dans aucun
pays, un droit de servitude quelque longue qu'en ait été la
jouissance.

Si le parcours n'avait été concédé qu'à l'une des deux
communes, sans réciprocité pour l'autre, c'est alors qu'il
y aurait véritable constitution de servitude, d'autant qu'elle
ne résulterait pas simplement du droit coutumier, mais
bien d'un titre formel.

Au reste, le parcours ne confère de relations que de
commune à commune, et non d'individus à individus, tellement qu'il ne peut être revendiqué ni défendu que par le
maire, au nom de l'universalité des habitants de sa commune. (Argument de la loi du 9 vendémiaire an v ; — *Cassation*, 16 nivose an xiii.)

Le parcours et la vaine pâture étant deux droits parfaitement identiques, nous en indiquerons les règles au mot :
Vaine pâture.

Voyez aussi : *Pacage et Pâturage*.

PASSAGE.

Le passage sur les propriétés d'autrui est mis par le
Code civil (art. 688 et 691) au nombre des servitudes discontinues. Il ne peut donc être acquis par la possession,
même immémoriale, sauf le cas d'*enclave*. (*Voyez ce mot*.)

Toutefois, l'établissement d'une servitude de passage
peut être constaté, comme l'acquisition de tous les droits
réels, non-seulement par un acte authentique ou sous
seing-privé, mais encore par la preuve testimoniale ou les
présomptions, lorsqu'il existe un commencement de preuve
par écrit. (*Agen*, 12 février 1869.)

Il pourrait se présenter des cas où, sans avoir ni droit
de propriété, ni droit de servitude, il y aurait lieu d'effectuer le passage pour procéder à des réparations, par

exemple s'il était évidemment impossible au voisin de parvenir à réparer son bâtiment parce que le propriétaire du terrain y attenant ne lui accorderait pas un passage : alors, on serait fondé, dit *Pardessus*, n° 227, par une induction aussi juste que naturelle de l'article 682 du Code, à exiger le passage moyennant indemnité. (*Conf. Godefroy*, Coutume de Normandie, art. 607; *Dupineau*, Coutume d'Anjou, art. 450; *Bonnellier* sur *Davot*, Usages de Bourgogne, t. III, n° 249). — Ce serait alors la servitude légale de passage en cas d'enclave qu'on étendrait à ce cas particulier. — M. *Démolombe* n'admet que très-difficilement ce cas : le propriétaire, dit-il, doit s'imputer de s'être mis dans cet embarras. Toutefois, il finit par reconnaître que ce serait contraire aux lois du bon voisinage.

Il y a entre la servitude de passage et le chemin public cette différence que cette dernière voie est établie pour la communication de deux ou plusieurs communes et dans l'intérêt général des personnes, tandis que la servitude de passage n'est qu'une charge imposée sur un héritage pour l'usage et l'utilité d'un autre héritage.

Il a été jugé :

1° Que le passage exercé, même depuis plus de trente ans, par les habitants d'une commune, sur un chemin ou sentier traversant des propriétés particulières, ne suffit pas à lui seul pour faire acquérir à la commune, par la prescription, la propriété de ce chemin. (*Cour de Paris*, 11 mars 1861.)

2° Que si la possession à titre de propriété ou de copropriété d'un chemin ou sentier existant entre des propriétaires voisins, pour le service de l'exploitation de leurs fonds, peut avoir des effets utiles au point de vue du possessoire, comme au point de vue de la prescription, il ne saurait en être de même de la possession, à titre de *servitude*, d'un passage sur un fonds que l'on prétend être assujetti à cette charge. Le principe de l'article 691 s'applique, sans distinction, à toute servitude de passage, à la seule exception du cas d'enclave. — Jurisprudence constante, attestée par de nombreuses décisions. Voyez notamment : *Cassation*, 23 novembre 1808; 13 août 1810; 7 avril 1852; et 25 juin 1860.

Mais un chemin d'exploitation servant au passage d'un certain nombre d'héritages n'est pas, quant au droit d'y passer, soumis aux règles imposées, pour les servitudes discontinues, par l'article 691 : il est réputé appartenir à à tous les propriétaires des héritages qu'il dessert, sans qu'aucun de ces propriétaires soit soumis à la représentation d'un titre. Ces sortes de chemins sont considérés comme ayant été établis par conventions entre les propriétaires auxquels le passage est nécessaire.

Ainsi, il a été jugé :

1° Qu'un chemin d'exploitation est présumé être la copropriété de tous les riverains, et c'est à celui qui veut en interdire l'usage aux autres à prouver qu'il en est seul propriétaire. — Cette preuve de propriété exclusive au profit de l'un des riverains ne saurait résulter ni de ce qu'il existerait une haie et des bornes entre le chemin et les fonds des autres propriétaires, ni de ce que ces fonds seraient en contrebas. (*Agen*, 4 mai 1853 ; *Poitiers*, 10 février 1853.)

2° Que l'existence d'un chemin de service entre plusieurs héritages supposant nécessairement un traité, une convention antérieure entre les propriétaires riverains, l'un de ces propriétaires, jouissant d'un droit de passage sur ce chemin depuis un temps immémorial, n'est pas obligé, comme dans le cas d'une servitude discontinue, de justifier sa possession par un titre. (*Agen*, 28 décembre 1824.)

3° Que les chemins d'exploitation étant présumés exister en vertu d'une convention tacite des propriétaires riverains, la jouissance d'un chemin de cette nature peut à la différence d'une servitude de passage, être établie par la prescription (*Rejet*, 12 décembre 1853) ; — et que, dès lors, l'action en complainte possessoire est recevable en cette matière. (*Même arrêt.*)

Lorsque le passage est établi par titre formel, si ce titre a tout prévu, il ne reste qu'à l'exécuter : ainsi, celui qui jouit du passage doit se renfermer dans les dispositions du titre.

Mais si le titre a omis de régler le mode de passage, il ne s'ensuit pas cependant qu'on puisse en user d'une manière illimitée et arbitraire. Il appartient aux tribunaux d'apprécier quelle était la nécessité d'alors, quelle a été la commune intention des parties. Le passage, en ce cas, doit être fixé dans l'endroit le moins dommageable, et limité d'après le motif probable de la concession.

Il importe donc lors de l'établissement de la servitude de préciser : 1° l'endroit où le passage s'exercera ; 2° la largeur et la longueur du terrain qui y est affecté ; 3° s'il s'agit d'un passage à pied, à cheval, avec voitures ou charriots attelés de tant de chevaux ; 4° s'il pourra être exercé en tout temps, ou en certaines saisons, à toute heure du jour seulement, ou même pendant la nuit ; 5° si le passage restera constamment ouvert, ou si le propriétaire du fonds servant pourra y mettre portes ou barrières en fournissant une clef.

Quoique, en général, le lieu du passage assigné par un titre soit irrévocable, il y a un cas où le propriétaire assujetti peut obtenir une modification ; c'est quand l'assignation primitive lui est devenue trop onéreuse ou qu'elle l'empêche de faire au fonds des réparations avantageuses. Dans ce cas, la loi l'autorise à offrir au propriétaire de l'autre fonds un endroit aussi commode pour l'exercice de ses droits, et celui-ci ne peut le refuser. (*Code civ.*, art. 701.)

Celui qui doit un passage n'est pas tenu de le réparer :

c'est au titulaire du passage à faire les ouvrages d'entretien nécessaire ; toutefois, si le propriétaire du fonds fait
également usage de ce passage, les frais de réparation
doivent être supportés en commun.

Lorsque le cessionnaire du passage vient à mourir laissant trois héritiers, chacun d'eux jouit du même droit de
passage, qui appartient alors à trois personnes au lieu
d'être, comme auparavant, réduit à une seule. Cela vient
de ce que le droit de passage est indivisible et ne peut
s'acquérir par partie. Mais dans ce cas les titulaires de la
servitude, en quelque nombre qu'ils soient, ne peuvent
prendre le passage que par le même endroit. (*Code civ.*,
art. 700.)

Le titre primordial du droit de passage, quelle que soit
son ancienneté, ne cessant pas de le prouver lorsqu'il a
été exercé depuis moins de 30 ans, les faits d'exercice de
la possession peuvent être établis par témoins, et le propriétaire du fonds dominant peut toujours, avec la même
efficacité, invoquer son titre, si ancien qu'il soit, dès qu'il
n'a pas laissé périr la servitude elle-même par le non-
usage. Toute possession qui repose sur un titre ne peut
être réputée précaire et doit-être tenue pour constante.
— C'est ce que nous avons décidé par jugement du 23
janvier 1869.

Nous avons dit au mot « *enclave* » que la servitude de
passage, une fois acquise, survit à la cessation de l'enclave. Aux autorités que nous avons citées à ce sujet, il
faut ajouter un arrêt qui dispose que : la servitude pour
cause d'enclave, lorsqu'elle s'est exercée pendant 30 ans,
suivant une assiette et un mode déterminés, ne s'éteint pas
par la cessation accidentelle ou même définitive de l'enclave, au moyen de la réunion du fonds enclavé à un
autre fonds contigu à la voie publique. — (*Cassation*, 19
juin 1872.)

Le fait d'avoir passé sur la propriété d'autrui en un

16

temps où il n'y a aucune récolte, ni aucune préparation ou ensemencement, ne peut constituer aucune contravention et n'est point punissable, quelque dommage qui en ait pu résulter pour le propriétaire. En ce cas, celui-ci n'a alors à sa disposition qu'une action civile contre l'auteur du préjudice qui lui a été causé par le passage non-autorisé sur son terrain.

Mais, si le terrain est préparé ou ensemencé, le passage constitue une contravention qui ne peut être excusée sous le prétexte que d'autres y auraient passé auparavant, et que le passage ordinaire du public empêchait la récolte de pousser ou de croître. (*Cassation*, 21 novembre 1861.)

Du reste, le terrain ensemencé n'a pas besoin d'être clos pour qu'il y ait contravention, puisque le terrain, par sa nature, est sous la garde de la foi publique, et que l'ignorance de l'inculpé ne saurait, dans ce cas, l'excuser. — Cette doctrine, qui a été consacrée par un autre arrêt de la Cour de *Cassation* du 4 septembre 1847, est professée par *Locré*, t. XXXI, page 233 ; *Carnot*, t. II, n° 42 ; *Carré*, t. IV, page 468 ; *Rogron*, Code pénal sur l'art. 471, n° 13 ; *Dalloz*, Nouveau Répertoire, t. XIV, p. 376.

Le droit de s'écarter d'un chemin public ou de déclore un terrain pour se frayer un passage à côté lorsque le chemin public est impraticable appartient à tout voyageur; et ce mot *voyageur* doit être entendu dans le sens le plus large. En effet, la disposition de l'article 41, titre II, de la loi du 28 septembre 1791, se justifie non moins par des motifs tirés des besoins de l'agriculture que de ceux de la circulation publique. Cet article, d'ailleurs, placé au titre de la police rurale s'applique évidemment au passage pour tous les usages ruraux. (*Cassation*, 1er juin 1866.)

Quant à la question de savoir à qui, en pareille circonstance, le propriétaire du fonds endommagé devra s'adresser pour obtenir la réparation du préjudice par lui éprouvée, nous pensons que l'action du propriétaire lésé devrait être dirigée contre l'auteur direct du fait dommageable, sauf à celui-ci à exercer une action en garantie contre la commune, qui, aux termes de l'article 41 devrait supporter les dommages et les frais de clôture.

Voyez : *Enclave ;* — *Servitudes.*

PATRE COMMUNAL, (RESPONSABILITÉ.)

Les dégâts que commettrait le troupeau commun envoyé au parcours, n'entraîneraient aucune responsabilité pour chacun des propriétaires auxquels les bestiaux appartiendraient. — Le pâtre commun serait seul responsable correctionnellement. (*Cassation,* 14 frimaire, an XIV.)

La Cour de Cassation, par arrêt du 22 février 1811, a décidé que, dans ce cas, les communes sont responsables des amendes encourues par le pâtre du troupeau communal, sauf à être fait administrativement une répartition ultérieure des dites amendes entre les propriétaires [des bestiaux trouvés en délit.

Voir : *Henrion de Pansey,* p. 187 ; et le mot *Responsabilité.*

PATURAGE.

Il ne faut pas confondre le *droit de pâturage* avec la *vaine pâture.*

Le droit de pâturage vif offre une véritable jouissance de fruits utiles du fonds, car il consiste à faire consommer par les bestiaux des herbes ou fruits *commerçables,* des herbes ou des fruits susceptibles d'être récoltés, conservés ou vendus.

Le pâturage vain, au contraire, n'est pas considéré comme fruit dans l'acception que la loi donne à ce mot; c'est une chose qu'ordinairement le propriétaire abandonne comme ne pouvant pas être récoltée, et comme ne pouvant, par conséquent, produire ce qu'on appelle une perception de fruits.

On appelle *pâture grasse* ou *vive* les terrains où les habitants d'une commune mettent leurs bestiaux qui y consomment tout le produit de l'*année entière*, tels sont les marais et les friches.

Mais un droit de pâturage qui s'exerce du 15 août au 1ᵉʳ mai de l'année suivante dans une prairie, et seulement après la récolte des premières herbes, doit pour cela même être considéré comme un droit de vaine pâture et non de *pâture grasse*. Le propriétaire du terrain sur lequel il s'exerce sans *titre* peut en conséquence s'en affranchir par la clôture de son héritage. (*La commune de Pressins*, 8 mai 1828. *Rejet — Grenoble*, S. 28, 1, 228.)

Ce qui distingue encore le pâturage vif du pâturage vain, c'est que le débiteur d'un pâturage vain peut le racheter à prix d'argent, tandis que la même faculté n'est pas accordée au débiteur d'un pâturage vif, parce que ce dernier constitue une véritable jouissance de fruits en communauté avec le propriétaire du fonds ; — mais le cantonnement peut être réciproquement demandé.

Le droit de pâturage étant mis au rang des servitudes réelles, discontinues (*Cod. civ.* art. 688), ne peut s'acquérir que par titre. (*Cod. civ.*, art. 691.)

La servitude de pacage, ou pâturage après les premières ou les secondes herbes, n'est toujours qu'un droit de vaine pâture alors qu'elle n'est pas fondée en titre ; le propriétaire peut donc toujours s'en affranchir par la clôture. L'article 11 de la loi du 28 septembre 1791 est en effet conçu ainsi : « le droit dont jouit tout propriétaire de clore ses héritages a lieu, même par rapport aux prairies, dans les communes où, sans titre de propriété et seulement par l'usage, elles deviennent communes à tous les habitants, soit immédiatement après la récolte de la première herbe, soit dans tout autre temps déterminé. » (*Cassation*, 8 mai 1828.)

Les faits de possession relatifs au pâturage dans les

prairies après la coupe de la première herbe, ne sauraient caractériser ni constituer une copropriété, et, comme tels, servir de base à la prescription. (*Tribunal de Macon*, 2 juin 1837.)

Les propriétaires de parties de prairies soumises au droit de parcours après la première herbe, ont le droit de les clore et de les soustraire à la vaine pâture, lorsque les usagers fondent leurs droits, non sur un titre de propriété constitutif, mais seulement sur des titres qui se bornent à constater une longue jouissance. (*Cassation*, 19 juillet 1837.)

La loi du 28 septembre 1791, qui a proclamé la liberté des héritages et le droit de les soustraire à la vaine pâture en les faisant clores, est générale et absolue, et régit toute la France, sans distinction entre les pays où la vaine pâture ne s'exerçait qu'en vertu d'un titre ou de la prescription.

En conséquence, à défaut de titre, aujourd'hui que les servitudes discontinues ne s'acquièrent plus par prescription, le propriétaire d'un héritage jouit, aussi bien en Dauphiné qu'en toute autre localité, du droit de clore et de le soustraire à la vaine pâture, quand bien même elle y aurait été exercée de temps immémorial. (*Cassation*, 27 avril 1846.)

Le droit aux secondes herbes ne constitue qu'une simple servitude de pacage, en l'absence d'une convention qui l'assimile, par l'extension qu'elle lui donne, à un droit de propriété. (*Cassation*, 14 novembre 1853.)

PÊCHE.

Personne ne peut, au détriment des propriétaires riverains exercer la pêche, même à la ligne flottante tenue à la main, dans les cours d'eau non dépendant du domaine public. (*Cassation*, 7 août 1823.)

La jouissance du droit de pêche par les propriétaires riverains a lieu chacun de son côté jusqu'au milieu du cours d'eau. Telle est la règle établie par le législateur, sans préjudice des droits contraires établis par titre. Loi du 15 avril 1829, art, 2.

L'un des riverains peut abandonner à l'autre, dont l'héritage est en face du sien, son droit de pêche, soit comme abandon de mitoyenneté, soit comme constitution de servitude.

Les usufruitiers ayant la jouissance utile des fonds riverains exercent la pêche à l'exclusion du nupropriétaire. (*Proudhon*, n° 1209.)

Le fermier des fonds riverains a-t-il l'exercice de la pêche à l'exclusion du bailleur?

Vaudoré, Droit rural, et *Duvergier*, n° 72, enseignent l'affirmative.

Rolland de Villargues, au contraire, se prononce pour la négative, par assimilation du droit de chasse.

Nous conseillons d'insérer dans les baux une clause expresse, qui réserve au propriétaire le droit de pêche, ou qui l'accorde au fermier.

La pêche dans un canal fait de main d'homme et dépendant d'un moulin, appartient exclusivement au propriétaire du moulin et du canal ; elle ne peut être exercée par les propriétaires riverains. (*Cassation*, 3 mai 1830.)

Voyez *les lois des* 15 *avril* 1829, *et* 31 *mars* 1865.

PÉTITOIRE ; — POSSESSOIRE.

Par l'action pétitoire, le propriétaire d'un fonds ou le particulier qui a un droit réel sur ce fonds, agit contre la personne qui le possède, afin de recouvrer sa propriété ou la jouissance des droits dont l'héritage est chargé envers lui.

Tandis que par l'action possessoire on agit ou pour

être maintenu dans la possession soit d'un fonds, soit d'un droit réel, ou pour recouvrer cette possession. Dans le premier cas, on la nomme *complainte*, et dans le deuxième cas *réintégrande*.

Pour exercer l'action pétitoire, il faut être fondé en *titre*, ou avoir *une possession trentenaire équivalente*.

Pour exercer la *complainte*, il suffit de justifier de sa *possession* annale.

Pour agir en *réintégrande*, il suffit d'avoir la détention matérielle au moment du trouble.

Voyez : *Actions possessoires ; — Complainte ; — Réintégrande.*

PUITS.

L'article 674 du Code civil renvoie aux usages locaux pour les précautions et les distances à observer lors de l'établissement d'un puits.

A défaut d'usage spécial, il est à peu près de règle générale de faire un contre-mur d'un pied (33 centimètres) entre le mur mitoyen ou le mur qui appartient exclusivement au voisin ; c'est la disposition de la coutume de Paris.

Remarquez, d'ailleurs, que lors même qu'un puits a été construit à la distance et avec les précautions voulues par la loi, s'il en résulte par la suite quelque dommage pour les voisins, le propriétaire du puits en doit la réparation.

Nul ne peut, sauf autorisation, creuser un puits à moins de cent mètres des cimetières. Les puits existant dans cette distance peuvent être comblés, en vertu d'une ordonnance du préfet, sur la demande de la police locale. (*Décret* du 7 mars 1808, art. 1er.)

Toutefois, il a été jugé que la prohibition de construire dans le voisinage des cimetières, à une distance moindre de *cent mètres*, ne concerne que les cimetières *extra muros*, et non ceux qui, contrairement aux prescriptions du décret du 23 prairial an XII, ont été conservés dans l'intérieur des villes. (*Cassation*, Chambre criminelle 17 août 1854.)

Un propriétaire qui fait creuser un puits dans son fonds est tenu de le couvrir et de l'enclore pour éviter les accidents.

Si un locataire avait loué une maison où il y eût apparence de puits, mais que ce puits fût sans eau, ou l'eau infectée, il pourrait contraindre le propriétaire à lui fournir un puits avec de l'eau non corrompue, c'est-à-dire un puits bien conditionné, ou demander sinon la résiliation du bail, au moins une diminution proportionnelle de son loyer.

Le fermier n'est point obligé aux grosses réparations, ni au curage du puits.

La vente d'une maison dont un puits dépend, comprend celle de ce puits avec ses accessoires, chaîne, corde, poulies, roues, seille ou seau pour autant qu'il en existe.

Le droit de tirer l'eau d'un puits appartenant à un tiers, ne peut résulter que d'un titre. C'est une servitude discontinue non apparente ; la posession, même immémoriale, ne suffit pas pour la conférer.

Lorsque, dans le partage de bâtiments et terrains indivis, un puits a été déclaré commun à tous les lots, le droit d'y puiser doit être restreint au service des immeubles soumis au partage ; il ne peut être étendu à l'usage des acquisitions nouvelles que les copartageants ont faites ultérieurement. (*Bourges*, 13 novembre 1838.)

Quand il y a des réparations à faire à un puits commun elles doivent être supportées par tous ceux qui y ont un droit de puisage.

Le curage d'un puits dépendant d'une maison louée

est à la charge du propriétaire, et non à celle du locataire.

Celui qui doit la servitude de puisage établie par titre est aussi tenu de fournir le droit de passage, qui, à défaut de fixation, doit être exercé par l'endroit où le trajet est plus court et moins onéreux.

Celui à qui le droit de puisage est accordé, ne peut continuellement tirer de l'eau, de manière à tarir ce puits au préjudice du propriétaire.

Est-il permis de passer et repasser dans une cour à toute heure de la nuit pour puiser de l'eau?

Il paraît certain que non (*L. itèr D. Comm. præd.*) : aussi est-il arrivé qu'on a fait régler l'heure à compter de laquelle et jusqu'à laquelle le droit devra s'exercer. (*Garnier*, Régime des eaux, n° 142 ; *Daviel*, n° 948.)

Le droit de puisage peut s'éteindre par le défaut d'usage pendant 30 ans (*Cod. civ.*, art. 706); — et la perte du droit de puisage entraîne celle du droit de passage, qui n'était qu'accessoire.

RÉCRÉANCE.

On appelle récréance (*res credita*, chose confiée), la possession provisionnelle d'une chose litigieuse accordée à l'une des parties pendant le procès au possessoire.

Lorsque, dans une instance en complainte, les enquêtes sont contraires, dit *Pothier*, de manière que le juge ne puisse connaître laquelle des parties qui se disputent la possession de l'héritage, a cette possession, le juge ordonne quelquefois que la possession sera séquestrée pendant le procès sur le pétitoire. (*Traité de la possession*, n° 105.)

Si la partie à laquelle on a confié provisionnellement l'objet litigieux perd la maintenue, elle doit rendre et rétablir les fruits.

Voyez : *Actions possessoires et Complainte.*

RÉINTÉGRANDE.

C'est l'action par laquelle on demande à être réintégré dans la possession d'un héritage dont on a été dépouillé violemment ou par voie de fait.

L'action en réintégrande ne peut être exercée qu'autant que l'acte agressif qui lui sert de base a été pratiqué sur la personne ou sur l'immeuble même du demandeur.

Il y a entre la *complainte* et la *réintégrande* cette différence que par la première on demande la répression du trouble apporté à la jouissance, et que par la seconde on demande la réintégration dans une chose ou dans un droit dont on a été dépouillé violemment. Le simple trouble donne lieu à la complainte, et la dépossession donne seule ouverture à la réintégrande.

Pour exercer la complainte, il faut non-seulement posséder actuellement, mais encore avoir possédé pendant une année avant le trouble dont on demande la répression ; — tandis que pour intenter la réintégrande, il suffit d'avoir une possession matérielle et actuelle au moment de la voie de fait dont on se plaint.

Un grand nombre de jurisconsultes, même des plus autorisés, assimilent les deux actions et soutiennent que, pour l'une comme pour l'autre, la possession annale est nécessaire. Telle est la doctrine de MM. *Troplong*, Prescrip. n°² 296 et 301, et Contrainte par corps, n°² 84 et suivants; *Boitard*, t. II, n° 123 ; *Curasson*, t. II, n°² 540 et suivants ; *Vazeille*, t. II, page 233 ; *Thomine*, t. I°², pages 89 et 91; *Benech*, p. 236 et 267 ; *Foucher*, n° 268; *Carou*, n° 270 ; *Chauveau* sur *Carré*, Q., 107 *bis*; *Crémieu*, n° 249; *Marcadé*, sur l'art. 2228; *Alauzet*, chap. XI, pag. 257 et suiv. ; *Parieu*, p. 161 et suivantes.

Pour l'opinion contraire on trouve : *Pothier*, n°² 114

et 123; *Henrion de Pensey*, p. 152 et suivantes; *Bélime*, *Garnier*; *Duranton*; *Dalloz*; *Bourbeau*, nᵒˢ 274 et suiv.; *Léon Wodon*, Traité de la possession, t. Iᵉʳ, nᵒˢ 113 et suiv.; *Favard de Langlade*, Rép., Vᵒ Compl., t. Iᵉʳ, pages 608 et 609; *Proudhon*; etc., etc.

Mais, si la doctrine est partagée sur ce point, la jurisprudence de la Cour de *Cassation* a été invariable. Voyez les *Arrêts* des 10 novembre 1819; — 16 mai 1820; — 28 décembre 1826; — 4 juin 1835; — 11 août 1837; — 19 août 1839; — 5 avril 1841; — 5 août 1845; — 23 novembre 1846; — 10 août 1847; — 4 mai 1868.

Ainsi donc, en matière de réintégrande, il suffit au demandeur de prouver qu'il avait la possession de *pur fait*, c'est-à-dire la détention naturelle et simplement matérielle, au moment où la violence ou la voie de fait a été commise.

Les décisions de la cour suprême constatent, et avec raison, la nécessité d'une dépossession violente; mais il n'est pas nécessaire qu'il y ait eu emploi d'armes, abus de la force ou combat; la violence résulte de la voie de fait grave, positive, pouvant compromettre la paix publique; elle résulte de l'acte accompli lui-même.

C'est ainsi que la Cour de *Cassation* a vu un acte de dépossession *violente* dans les faits de :

S'emparer arbitrairement d'un terrain en le clôturant par une barrière qui en interdit l'accès au possesseur. *Arrêt* du 18 juin 1866.

Établir un treillage sur une lisière de terrain dont le voisin limitrophe avait la possession *animo domini*. — 1ᵉʳ février 1869.

Démolir un mur sous prétexte d'anticipation. — 16 novembre 1835 et 23 novembre 1846.

Entrer avec escalade et effraction dans un bâtiment non habité. — 4 juin 1835.

Percer une digue. — 28 décembre 1826.

Enlever une vanne avec ouverture pour l'arrosage, et y substituer une vanne pleine qui intercepte le cours de l'eau. — 13 février 1835.

Combler un fossé. — 5 août 1845 et 3 juillet 1850.

Détruire des récoltes ; abattre des arbres. — 19 août 1839.

Détruire des semences levées. — 10 août 1847.

Ouvrir une brèche dans la berge d'un fossé, et inonder un fonds. — 3 mai 1848.

Envahir par la charrue une partie de champ, *fait déclaré caractéristique* par l'*Arrêt* des *Requêtes* du 24 juin 1851.

Mais il a été jugé par la Cour suprême que l'action en réintégrande ne peut avoir pour base qu'un acte violent et arbitraire, troublant dans une certaine mesure l'ordre et la paix publique ; — qu'ainsi, le fait par un propriétaire d'avoir repris la jouissance d'une portion de terre qu'il avait cédée à son voisin dans le bornage de leurs propriétés respectives, et d'y avoir arraché quelques arbres ou arbustes venus naturellement, sans toutefois se rendre coupable *de dévastation de plants et de récoltes, ni de destruction violente de terrain*, ne saurait motiver, de la part du voisin, une action en réintégrande, mais donne simplement lieu à une complainte possessoire. — *Arrêt de Rejet* rendu le 12 mai 1857 sur le *Pourvoi* contre un jugement du *tribunal civil de Montmarsan* du 4 janvier 1856, qui était ainsi conçu: « *Attendu* que la doctrine et la Jurisprudence sont aujourd'hui d'accord pour reconnaître que l'action en *réintégrande* est recevable de la part de celui qui n'a qu'une possession actuelle et de fait ; qu'il n'est pas nécessaire que cette possession ait duré une année ; — *Attendu* que la violence ou la voie de fait n'étant pas définies par la loi, il appartient aux juges d'apprécier le caractère des actes que l'on prétend constituer la violence ou la voie de fait ; — *Attendu* qu'il est constaté par le jugement dont est appel qu'il n'existait sur la ligne séparant les deux propriétés de *Duron-Duchamps* et de *Dupeyron*, aucun tertre, aucun fossé qui aient été détruits ou comblés ; que Dupeyron, se disant propriétaire du fonds, a labouré ce terrain et qu'il y a arraché quelques arbres ou arbustes venus naturellement ; qu'en ne reconnaissant dans ces actes aucun des caractères de la violence ou de la voie de fait, le premier juge les a parfaitement et sainement appréciés, et dès lors a rejeté à bon droit l'action en *réintégrande*. »

S'il n'est pas nécessaire d'avoir une possession annale pour agir en réintégrande, il est au moins indispensable d'avoir une possession matérielle de l'objet litigieux au moment du fait qui donne lieu à cette action. (*Cassation*, 11 juin 1838 ; 3 août 1845 ; 8 juillet 1845.)

Ainsi, lorsqu'un tribunal reconnaît que le demandeur en réintégrande, qui prétend avoir été dépouillé par violence et voie de fait, n'a jamais été en possession de l'objet litigieux, c'est le cas de déclarer l'action en réintégrande non-recevable. (*Dict. des Justices de Paix*, Vᵒ *Actions possessoires*, page 61.)

L'action en réintégrande est valablement intentée par celui qui ne possède qu'à titre précaire, tel qu'un fermier. (*Cassation*, 10 novembre 1819.)

La complainte ne peut être admise réconventionnellement sur une demande en réintégrande. Le juge de paix, dit M. *Bourbeau*, ne peut réunir dans une seule instance la réintégrande et la complainte, c'est-à-dire l'examen de la possession annale, comme moyen de défense à la demande en délaissement formée par le détenteur expulsé. — Mais lorsque le fait de violence est réparé, l'action en complainte peut être exercée comme si aucun jugement n'était intervenu. Le fait de la possession annale n'a pas été jugé, puisque la réintégrande ne suppose nullement la possession annale. Aussi, Henrion de Pensey dit-il, Chap. 52 : « La voie possessoire est encore ouverte à celui qui, sur

une demande en réintégrande, avait été condamné à restituer l'objet dont il s'était emparé par la violence. »

Donc le possesseur annal ne peut pas se prévaloir de sa
possession, lorsqu'on intente contre lui la réintégrande. La
complainte opposée réconventionnellement est non-recevable ; mais le possesseur annal peut, immédiatement après
l'exécution du jugement, exercer la complainte, et, sur
cette demande, il sera rétabli dans son ancienne possession.

Voyez : *Actions possessoires; — Complainte; — Récréance*.

RÉPARATIONS.

Avant de faire des réparations aux bâtiments donnant
sur la voie publique, il faut en avertir l'autorité locale, et
obtenir l'autorisation nécessaire, ainsi que nous l'avons
indiqué au mot « *Alignement* ».

Pour faire des réparations à son bâtiment, peut-on passer sur l'héritage d'autrui ? Voyez ce que nous avons dit
au mot « *Passage* ».

Si la réparation est à faire à un mur mitoyen, chaque
voisin doit fournir le passage nécessaire.

Lorsque l'héritage du voisin est asservi à l'égout du
toit, le passage pour les réparations de ce toit est une suite
nécessaire de la servitude d'égout. (*Argument* de l'art. 697
du Cod. civ. ; — *Pardessus*, n° 28.) — Mais celui qui
usera du passage devra toujours réparer le dommage que
les travaux auront occasionnés.

Si, pour réparer un bâtiment, il faut rompre une partie
du toit du voisin, celui-ci ne peut s'y refuser, pourvu que
tout soit réparé promptement et qu'on l'indemnise. (*Pothier*,
Contrat de Société, n° 246 ; *Pardessus*, n° 228.)

Dans le cas du contrat de louage, les locataires ou fermiers supportent seulement les réparations de menu entre-

tion, qu'on appelle locatives, et qui sont indiquées en l'article 1764 du Code civil, savoir :

1° Aux âtres, contre-cœurs, chambranles et tablettes de cheminée. — La réparation aux âtres et contre-cœurs consiste à remettre des carreaux de terre cuite neufs, en remplacement de ceux brûlés ou cassés ; refaire les plâtres au pourtour des contre-cœurs. — Quand les contre-cœurs sont en plaques de fonte, et qu'elles viennent à casser, les locataires en sont responsables, ainsi que des scellements qui retiennent ces mêmes plaques ; ils doivent aussi remplacer les croissants propres à retenir les pelles et pincettes, s'ils sont perdus ou cassés. (*Ruelle*, n° 378 ; *Le Page*, t. Ier, p. 50.)

2° Au récrépiment du bas des murailles des apparte-ments et autres lieux d'habitation, à la hauteur d'un mètre. — Néanmoins, si cette sorte de réparation était causée par l'humidité du sol, qu'on ne pût ni prévoir, ni en aucune manière empêcher, ce serait au propriétaire à la supporter. (*Argument* de l'article 1755 du Code civil. — D'un autre côté, il faut bien entendre que le locataire est tenu du récrépiment, même au dessus de la hauteur indiquée par la loi, s'il ne prouve pas que la dégradation y est survenue de vétusté ou par force majeure. (*Argument*, Code civ., art. 1732.

3° Aux pavés et carreaux des chambres, lorsqu'il y en a seulement quelques-uns cassés.

Les pavés des grandes cours, des remises et des écuries ne sont réparés par les locataires que quand il s'y trouve quelques pavés hors de place ou manquants ; mais ceux qui sont écrasés, cassés ou ébranlés, sont à la charge du propriétaire, parce que ces différents lieux sont destinés à supporter des voitures d'une certaine pesanteur et exposés à recevoir le battement continuel des pieds des chevaux.

A l'égard des petites cours où il n'entre pas de voitures et des cuisines et autres lieux dans lesquels il n'est pas reçu de grosses charges, le locataire est tenu de réparer les pavés qui sont cassés, et de remplacer ceux qui manquent, à moins que les défauts ne viennent évidemment de vétusté.

Au contraire, les ébranlements des pavés provenant des intempéries de l'air, de la pluie, des égouts et des lavages que les locataires font dans les cuisines, offices et laboratoires, en vertu de leur droit de jouissance, ne sont pas à leur charge.

Il faut ranger dans la catégorie des pavés et carreaux de chambres les parquets, lorsque quelques panneaux ou battants sont cassés ou enfoncés par violence, ou endommagés par le fait du locataire. (*Le Page*, t. Ier, p, 151 ; *Ruelle*, n° 404.)

4° Aux vitres, à moins qu'elles ne soient cassées par la grêle ou autres accidents extraordinaires ou de force majeure, dont le locataire ne peut être tenu.

S'il n'a pas été fait d'état des lieux, les vitres sont présumées avoir été données nettes, et le locataire doit les remettre de même.

5° Aux portes, croisées, planches de cloison ou de fermeture des boutiques, gonds, targettes et serrures.

Il faut comprendre dans cette énumération les contrevents et les persiennes, ainsi que toute autre sorte de fermeture, les chambranles des portes ou autres tableaux, ainsi que leurs bordures, les sculptures et autres ornements, les lambris d'appui, ceux à hauteur de plancher, toute espèce de cloison, et généralement toutes les menuiseries d'une maison, si elles sont endommagées autrement que par vétusté ou cas fortuit. (*Le Page*, t. II, n° 153 ; *Ruelle*, n°s 407 et 408.)

Si le locataire a fait percer un trou dans une porte ou cloison, il est tenu de faire remettre la planche entière ; il ne suffirait pas de faire remettre un morceau pour boucher le trou.

Toute la serrurerie des portes, des fenêtres et des armoires, est au nombre des objets dont les réparations sont locatives. Si donc quelques fers sont descellés, si les serrures sont forcées, si les clefs s'en trouvent brisées, le locataire en est responsable ; il doit remettre toutes les serrures bien fermantes, et laisser les verrous partout où il y a vestige qu'il y en a eu.

Les réparations uniquement indiquées par l'usage sont celles ci-après :

L'entretien des jalousies à cordon, des croisées, mouvements, fil de fer et cordons de sonnettes, ainsi que des stores tant des croisées que des cheminées. (*Ruelle*, n° 373.)

L'entretien des poulies, mains de fer à corde des puits et greniers. (*Malleville*, sur l'art. 1756 ; *Lepage*, t. II, page 157 ; *Ruelle*, n° 374.)

L'entretien du piston des pompes, (tout le reste, soit tringle, balancier ou tuyau, est à la charge du propriétaire). (*Dénisart*, p. 413.)

L'entretien des couteaux, équerres et autres légers ustensiles des pressoirs.

Le ramonage de toutes les cheminées et des poêles. (*Argument* de l'art. 1733 du Code civil. — *Pothier*, 222.)

Le nettoyage et le balayage de toutes les pièces, caves, greniers, cours, remises, etc.

Les réparations des conduits des bassins ou jets d'eau, si le locataire y a laissé des eaux que la gelée a surprises et fait crever.

Si le locataire, en déplaçant les glaces, les a endommagées ou a causé l'écoulement du tain, il est tenu de remplacer par d'autres neuves celles cassées ou écornées, et de faire remettre au tain celles qui n'auraient été dégradées que sur ce point. (*Le Page*, t. II, page 153.)

Lorsque, dans les écuries, le devant d'une mangeoire est rongé par les chevaux, ou qu'il y a quelque détériora-

17

tion aux rateliers, aux piliers et aux barres servant à la séparation des chevaux, le locataire est tenu de les faire réparer, sauf le cas de vétusté ou de force majeure. (*Dénisart*, page 412.)

Le locataire n'est tenu que de l'aire du four, et de la chapelle ou voûte de briques ou tuileaux qui couvre le four, à cause de l'impression qu'elle reçoit du feu. (*Le Page*, t. II, page 156; *Ruelle*, n° 372.)

En ce qui concerne les réparations en matière d'*usufruit*, voyez ce mot.

RESTITUTION DE FRUITS.

La restitution des fruits est une conséquence de l'action en bornage, mais il faut observer que celui qui, par le résultat de cette opération, sera reconnu avoir anticipé, ne doit les fruits civils que depuis la demande en justice; ceux antérieurs à la demande ne pourraient être réclamés que contre le possesseur de mauvaise foi. — Or, la mauvaise foi ne se présume point, elle doit être prouvée; il est rare que cette preuve puisse résulter d'un bornage dont l'objet est de faire réparer de légères anticipations dont on ignore l'époque et quelquefois la cause.

Ainsi, lorsque la mauvaise foi n'est pas établie, celui à qui l'on reprend du terrain doit la valeur représentative du revenu de ce terrain, à compter du jour de la demande en bornage, jusqu'au jour où le voisin reprend possession de sa chose. Si ce terrain est couvert de récoltes, celui qui a semé doit récolter; mais si les terres ne sont encore que préparées, le voisin qui les reprend doit tenir compte des labours et semences.

RIDEAU.

Langue de terrain escarpée et en pente qui se trouve entre deux héritages voisins.

Le rideau peut être considéré par chaque voisin comme une prolongation de son terrain ; — à défaut de titre explicatif ou d'abornement régulier, dans quelle proportion appartient-il à chacun des voisins ?

L'usage le plus commun est d'accorder la propriété du rideau au propriétaire inférieur et de ne réserver au voisin supérieur que les *jambes pendantes*. On appelle ainsi l'espace que le propriétaire supérieur peut embrasser par ses jambes sur le côté du rideau. Mais cette étendue pouvant varier suivant la longueur des jambes du propriétaire, il faut s'en référer à la coutume locale.

Nous citerons seulement les mesures adoptées dans quelques parties du département de la Somme, et consignées au Recueil des usages locaux de ce département.

A *Péronne, Combles, Ailly-sur-Noye, Corbie, Bernaville, Amiens, Sains, Molliens-Vidame, Conty* : on n'attribue au propriétaire supérieur que la Jambe pendante, c'est-à-dire un mètre à partir de la crête du rideau.

Abbeville, Ailly-le-Haut-Clocher, Hallencourt, Picquigny : 80 centimètres de jambe pendante.

Doullens : Dans ce canton, la propriété du rideau appartient pour deux tiers au propriétaire du dessus, et pour l'autre tiers au propriétaire du dessous.

Acheux : C'est le propriétaire du dessous qui emporte les deux tiers du rideau.

Aveluy, Bazentin, La Viéville, Mametz et *Millencourt* : Le rideau appartient en entier au propriétaire supérieur.

Albert, Auchonvillers, Buire, Miraumont, Rozières et *Tiepval* : Le rideau se partage par moitié.

Beaucourt, Bécourt, Contalmaison, Fricourt, Vandricourt, Mesnil-Martinsart : Un mètre au propriétaire supérieur ; à *Irles* : deux tiers au propriétaire supérieur ; à *Authuile* : pour la totalité au propriétaire supérieur.

Canton de Gamaches : Suivant l'ancien usage, 80 centimètres, mesurés horizontalement à partir de la crête du rideau. Cependant, dans plusieurs communes, on trouve des bornes plantées à 50 centimètres seulement.

Amiens : Pour mesurer la distance de la jambe pendante de un mètre, on doit suivre l'inclinaison du rideau.

Molliens-Vidame, Conty : La distance est de un mètre pris horizontalement à partir de la crête du rideau.

Corbie : De un mètre pris verticalement.

Domart : L'usage d'accorder la propriété du rideau jusqu'à la distance de un mètre au propriétaire supérieur a été adopté par le cadastre et par les agents-voyers du département, pour les rideaux limitrophes des chemins vicinaux.

Le propriétaire de la partie inférieure d'un rideau ne pourrait la couper à pic, ni la défricher ou la cultiver d'une manière qui puisse porter préjudice à la partie supérieure. Il doit laisser quelque portion suffisante pour que la terre appartenant au voisin ne se trouve exposée à aucun éboulement. (*D. L.*, 39, t. II, *de Damn. infect.* L. 24, § 12 ; — *Pardessus*, page 304.)

RIGOLES.

Les rigoles ou tranchées faites pour introduire des eaux sur une prairie à arroser, sont de véritables aqueducs et constituent, sans nul doute, une servitude apparente et continue qui, une fois établie, n'exige pas le fait actuel de l'homme, ainsi qu'il résulte des termes de l'article 688 du Code civil. — Par conséquent, les servitudes continues et apparentes pouvant, d'après l'article 690 du même Code, s'acquérir par la prescription trentenaire, ces sortes de servitudes peuvent nécessairement servir de base à l'action possessoire. (*Tribunal* civil de *Vienne*, 24 décembre 1867.)

RIVIÈRES.

Les rivières se divisent en rivières navigables et flottables, et en rivières non-flottables.

A qui appartient le lit des rivières de la seconde espèce, et quels sont les droits des riverains?

C'est ce que nous avons expliqué aux mots: *Eau, Irrigation.* Nous y renvoyons.

L'obligation du curage des rivières résulte, pour les riverains, de la situation naturelle des héritages.

C'est à l'Administration, à titre de police, qu'appartiennent la direction et la surveillance de tous les travaux d'art à exécuter dans les rivières pour assurer le libre écoulement des eaux, pour les distribuer dans l'intérêt général, pour prévenir ou réparer les désastres des inondations; en un mot, toutes les mesures de prévoyance ou de réparation.

C'est à l'Administration à fixer les lieux où les déblais provenant du curage doivent être portés. — Mais les riverains doivent, au besoin, en souffrir le jet et le dépôt momentané sur leurs berges, de même qu'ils doivent tolérer le passage nécessaire aux ouvriers préposés au curage.

La contribution des parties intéressées dans le curage reste soumise aux anciens règlements et aux usages locaux. Il peut être fait aussi de nouveaux règlements. (*Loi* du 14 floréal an XI. — *Daviel*, n° 720; — *Arrêt du Conseil d'État*, 8 avril 1817.)

Quand le curage s'opère par les soins des agents de l'Administration et par forme de contribution sur les riverains, s'il est possible d'utiliser les déblais, ils doivent être vendus, et le produit doit être appliqué à diminuer d'autant la contribution générale.

Mais, quand les riverains individuellement curent la

partie du cours d'eau qui confronte à leurs héritages, chacun a droit d'utiliser exclusivement le produit du curage qu'il a fait.

Il n'est permis à aucun propriétaire voisin de jeter dans la rivière aucune immondice, aucune matière infecte capable d'altérer la salubrité de l'eau ou de nuire à la conservation du poisson.

RUISSEAUX.

La consécration à l'usage public est le caractère spécifique qui distingue légalement les choses publiques d'avec les choses privées.

Nous avons dit, v° *Eau*, que les rivières non-navigables ni flottables n'appartiennent pas aux riverains, qui n'ont que le droit de se servir des eaux dans les conditions que nous avons indiquées.

Mais les simples ruisseaux et leur lit sont-ils, ou non, la propriété des riverains ?

Le Code civil, article 556, ne parle que des rivières, d'où il semble résulter que les question de propriété dont les ruisseaux sont l'objet, ne doivent pas se résoudre d'après les règles propres aux rivières.

C'est dans ce sens que la Cour d'*Agen* s'est prononcée par l'arrêt que nous transcrivons :

« *La Cour :* — Attendu qu'il ne s'agit pas dans la cause de savoir à qui appartient le lit des rivières non-navigables ni flottables, question des plus ardues et des plus controversées ; qu'il s'agit seulement de décider si le lit de l'ancien cours d'eau appelé de la *Masse*, ayant le caractère d'un simple ruisseau, en portant la dénomination dans le pays, et classé comme tel par l'autorité administrative, appartient aux riverains ; qu'il est reconnu par tous les auteurs que les simples ruisseaux sont l'apanage des propriétaires des héritages sur lesquels ils se trouvent;

qu'ils ont toujours été distingués des rivières, même non-
navigables ni flottables ; que le Droit romain ne confon-
dait pas les ruisseaux, *Rivos*, avec les fleuves, *Flumina* ;
que nos anciens auteurs n'ont pas manqué aussi d'en faire
la distinction ; qu'on lit dans *Loysel* (Inst. cout. liv. XI,
tit. XI, regle 6): les petites rivières et chemins sont aux
seigneurs des terres et les ruisseaux aux particuliers
tenanciers ; que *Boutaric* (inst. liv. XI, tit. Iᵉʳ), et *Duparc-
Poullain* (tit. XI, pag. 328), ne sont pas moins explicites ;
que telle est encore l'opinion de *Merlin* (Quest. de Droit,
t. XI, vᵒ Cours d'eau) ; — qu'il suit de là que les simples
ruisseaux ne sont pas des choses communes et qu'ils
appartiennent au contraire aux riverains, entre lesquels
la question de propriété doit être décidée, d'après les
règles ordinaires du Droit privé, par les titres, par la
possession. »

« Attendu, comme l'enseigne très-bien M. *Demolombe*,
t. IX, pag. 124, que si quelquefois dans son acception
générale le mot *rivière* comprend même les ruisseaux
(voir la loi du 14 floréal an XI sur le curage des rivières,
et la loi du 15 avril 1829 sur la pêche fluviale), il est certain que, dans son acception spéciale, le mot *Rivière* ne
comprend pas, au contraire, les *simples ruisseaux*, et que
tel est le sens particulier que les rédacteurs du Code civil
ont attaché à cette expression dans les articles 656 et suivant où ils opposent constamment les rivières navigables
et flottables aux rivières non-navigables ni flottables ; qu'il
paraît évident que ces termes *rivières non-navigables,
non-flottables* reçoivent de ce rapprochement même et de
cette antithèse une signification spéciale exclusive des
ruisseaux ; qu'il n'y a pas un seul texte de loi qui place
les ruisseaux dans le domaine public, et que la liberté de
l'appropriation étant de Droit commun, c'est avec raison
que le tribunal a déclaré que le lit du ruisseau de la Masse,
d'ailleurs depuis longtemps abandonné, et dont le sieur

Amouroux, propriétaire riverain, a toujours payé l'impôt, appartient exclusivement à ce dernier. » — (*Arrêt*, du 4 mars 1856.)

Toutefois, si un ruisseau bordait ou traversait plusieurs héritages appartenant à divers, il est incontestable que les propriétaires en amont n'auraient pas le droit de le supprimer au détriment des coriverains ou des propriétaires en aval qui en auraient acquis la possession ; — et qu'il en serait de même si le ruisseau, avant de se jeter dans la rivière, bordait des voies publiques ou des propriétés communales, et servait aux habitants.

Voyez : *Actions possessoires; — Eaux ; — Sources.*

SAILLIES.

On entend par saillie ce qui excède la ligne verticale d'un mur ou d'un bâtiment au-delà soit de l'alignement sur la voie publique, soit de la ligne séparative de deux héritages.

Les saillies des édifices sur la voie publique ayant été prohibées par l'article 4 de l'édit du mois de décembre 1607, — l'autorité administrative a toujours le droit d'ordonner la destruction de ces saillies, quelque anciennes qu'elles soient ; car elles n'existent qu'en vertu d'une pure tolérance et ne peuvent produire aucun droit de prescription.

Lors même que l'Autorité municipale serait déchue du droit de faire punir la contravention, en ce sens, par exemple, que la prescription l'aurait couverte, elle pourrait toujours enjoindre à ceux qui auraient établi les saillies, de les détruire ou d'en réduire la projection; et alors, en cas de refus à cette injonction, la désobéissance, sinon la contravention, tomberait sous l'application de l'article 471, n° 5, du Code pénal. (*Cassation*, 3 février 1844 ; 29 décembre 1849 ; et 13 mars 1852).

Mais, entre voisins, le droit d'avoir des entablements, corniches, avancements de toits, gouttières sur le fonds contigu peut, à défaut de titre, s'acquérir par la prescription; l'existence de ces objets constitue, en effet, une servitude continue et apparente.

Toutefois, le propriétaire qui possède depuis plus de 30 ans une corniche faisant saillie sur une propriété contiguë, n'a pas acquis par ce fait une servitude *non altius tollendi* qui grève le voisin, et mette obstacle à ce qu'en surélevant sa maison, il englobe la saillie de sa corniche dans les constructions nouvelles. (*Cassation*, 26 juin 1867.)

Les annales des justices de paix, volume de 1868, page 153, rapportent les remarquables appréciations que MM. *Dalloz* publient à la suite de cet arrêt dont l'espèce est par elle-même assez curieuse.

Voyez : *Alignement* ; — *Balcon* ; — *Égout des toits* ; — *Servitudes* ; — *Voirie*.

SERVITUDES.

Une servitude est une charge imposée sur un immeuble pour l'usage ou l'utilité d'un fonds appartenant à un autre propriétaire.

Il ne suffit pas, pour constituer la servitude, que la charge soit imposée à un héritage et non à une personne, il faut encore qu'elle soit établie pour l'utilité d'un héritage et non d'une personne ; c'est là ce qui différencie la servitude des droits réels et d'usufruit, qui sont toujours concédés à la personne.

La nature a marqué elle-même les servitudes que commande la situation des lieux : la prévoyance des lois a déterminé celles que l'intérêt public ou les devoirs respectifs du voisin obligeaient chacun à supporter; les autres naissent des besoins ou des convenances réciproques et dépendent de la volonté des propriétaires des fonds. *Art.* 639, du *Code civil.*

De là les servitudes *naturelles, légales* et *convention-nelles.*

Les servitudes *naturelles* sont celles qui sont imposées par le lieu et par la situation respective des héritages.

Ce qui caractérise particulièrement les servitudes naturelles et qui dérivent de la situation des lieux, c'est qu'elles existent par la seule position des héritages, sans aucun titre ; par exemple, par la force de cette obligation naturelle, les fonds inférieurs sont assujettis à recevoir les eaux qui découlent naturellement des fonds supérieurs, sans que la main de l'homme y ait contribué. (*Code civ.*, 640.)

Par l'effet de la situation, tout propriétaire peut être contraint par son voisin au bornage de leurs propriétés contiguës. (*Code civ.*, 646.)

Toujours par l'effet de cette situation, l'existence d'un rideau situé entre deux propriétés et faisant partie intégrante de chacune de ces deux propriétés pour une portion déterminée par le titre ou par l'usage des lieux, constitue une servitude naturelle qui ne permet pas au propriétaire inférieur de couper à pic la partie qui lui appartient, au risque de faire tomber la terre supérieure qui appartient au voisin.

, Les servitudes *légales* sont celles qui ont pour objet l'utilité publique ou communale, telles que le marche-pied le long des rivières navigables ou flottables, l'obligation de ne bâtir que suivant certaines conditions, l'établissement et la réparation des chemins ou autres ouvrages publics ou communaux. (*Art.* 649 et 650.)

Le Code place aussi au nombre des servitudes légales les obligations respectives des propriétaires voisins qui sont établies par la loi, indépendamment de toute convention. (*Art.* 653 *et suivants.*)

Elles sont relatives :

1° A la mitoyenneté des murs, haies et fossés, *art.* 653 *et suivants ;*

2° A la distance à observer pour la plantation des arbres et des haies, 671 ;

3° A la distance et les ouvrages intermédiaires pour certaines constructions, 674 ;

4° Aux vues sur la propriété du voisin, 675 ;

5° A l'égout des toits, 681 ;

6° Au droit de passage en cas d'enclave, 682.

Enfin, viennent les servitudes qui dépendent de la volonté des propriétaires des fonds (686), et qu'on appelle conventionnelles, bien qu'elles puissent être établies non-seulement par convention, mais aussi par testament, par jugement et même tacitement, ou par la prescription, ou par la simple destination du père de famille.

L'usage et l'étendue des servitudes conventionnelles se règlent par le titre, et à défaut par les dispositions de la loi.

Les servitudes se divisent encore en servitudes *continues* et en servitudes *discontinues.*

On appelle servitudes *continues* celles dont l'usage est *ou peut être* continuel, sans avoir besoin du fait actuel de l'homme, telles sont les conduites d'eau, les égouts, les vues et autres de cette espèce (688) ; nous disons : *ou peut être,* car, peu importe que dans leurs effets, ces servitudes éprouvent quelque suspension, comme sont des gouttières qui ne versent l'eau sur le fonds assujetti qu'à l'occasion des pluies ; comme sont les prises d'eau dans un canal, qui ne pourraient s'exercer qu'en levant une vanne ou en ouvrant une écluse.

Les servitudes *discontinues* sont celles qui ont besoin du fait actuel de l'homme pour être exercées, tels sont les droits de passage, puisage, pacage et autres semblables (*ibid.*)

Peu importerait que ces sortes de servitudes eussent une espèce d'apparence, cela n'en changerait pas la nature.

Enfin on distingue encore les servitudes *apparentes*, qu'on nomme aussi visibles ou patentes, et les servitudes *non-apparentes*. (689.)

Les servitudes *apparentes* sont celles qui s'annoncent par des signes ou des ouvrages extérieurs, tels qu'une porte, une fenêtre, un aqueduc. (*Ibid.*)

Les servitudes *non-apparentes*, qu'on appelle aussi cachées ou latentes, sont celles qui n'ont pas de signe extérieur de leur existence, comme par exemple la prohibition de bâtir sur un terrain, ou de ne bâtir qu'à une hauteur déterminée. (*Même article.*)

Les servitudes continues et apparentes s'acquièrent par titre ou par la possession de 30 ans. (690.)

Les servitudes continues non-apparentes, et les servitudes discontinues, apparentes ou non-apparentes, ne peuvent s'établir que par titres. La possession, même immémoriale, ne suffit pas pour les établir. (*C. c.*, 691.)

Toutefois, il a été jugé que la preuve d'une servitude *discontinue* peut être faite par témoignage ou présomption, lorsqu'il existe un commencement de preuve par écrit; — et qu'il y a ce commencement de preuve dans une clause de vente disant que l'immeuble est vendu avec les servitudes actives et passives qui y sont attachées. (*Agen*, 12 février 1869.)

La destination du père de famille vaut titre à l'égard des servitudes continues et apparentes. (692.)

Il n'y a destination du père de famille que lorsqu'il est prouvé que les deux fonds actuellement divisés ont appartenu au même propriétaire, et que c'est par lui que les choses ont été mises dans l'état duquel résulte la servitude. (693.)

Outre les diverses servitudes que nous avons indiquées, il en est encore d'autres dont il faut parler.

1° La servitude *oneris ferendi*, qui consiste à faire supporter une charge par le mur du voisin.

2° La servitude *projiciendi*, qui consiste à avancer une partie d'un édifice sur le fonds voisin, sans néanmoins l'y appuyer.

3° La servitude *non altius tollendi*, qui a pour objet d'empêcher le voisin de bâtir, ou de le faire au delà d'une certaine hauteur.

4° Enfin la servitude *prospectus*, de prospect, qui consiste dans l'obligation de ne rien faire sur son propre fonds qui puisse nuire à la beauté de l'aspect dont jouit une maison.

1° La servitude *oneris ferendi*, qui consiste à faire supporter une charge par le mur du voisin, a ceci de particulier, dit M. *Duranton*, que c'est au maître du mur à l'entretenir en état de supporter la charge, de le refaire même, si cela est nécessaire, ou de l'abandonner, sauf preuve contraire.

Cette opinion est en contradiction formelle avec les termes précis des articles 697 et 698 du Code civil, et elle a été condamnée par la majorité des auteurs et par la Cour de Cassation elle-même. Voyez: *Demolombe*, t. II, n° 874; *Massé* et *Vergé* sur *Zachariæ*, t. Ier, § 338; *Aubry* et *Rau*, 4e édition, t. III, § 253; *Toullier*, t. III, n° 665; *Solon*, Servitudes, n° 572; *Ducaurroy, Bonnier* et *Roustain*, t. II, n° 359; *Toullier*, t. II, p. 456; — *Arrêts* de *Cassation*, 7 décembre 1859 et 16 mars 1869.

Celui à qui cette servitude est due ne peut placer dans le mur du voisin un plus grand nombre de poutres qu'il n'a été convenu, ni les mettre ailleurs que l'endroit indiqué.

La servitude dont il s'agit ne s'éteint pas par cela seul que les poutres ou solives qui auraient été appuyées dans ou sur le mur du voisin viendraient à périr de vétusté, ou seraient enlevées pour toute autre cause. Elles peuvent être remplacées, et ce n'est qu'autant que 30 années se seraient écoulées qu'on pourrait invoquer la prescription.

2° La servitude *projiciendi* consiste ordinairement dans la faculté de pouvoir faire avancer sa galerie, son balcon, sa gouttière ou toute autre saillie, comme le bord d'un toit, sur le terrain du voisin, mais sans pouvoir l'y appuyer, à moins de convention contraire. (*L. II, D. de Servit. prœd. urb.*)

Quand il y a aussi faculté par le titre de pouvoir faire écouler les eaux du toit sur le terrain du voisin, c'est la servitude d'égout, tandis que si l'on ne doit pas faire tomber les eaux, mais les diriger ailleurs par le moyen d'un conduit, il n'y a que la servitude *projiciendi.*

3° et 4° La servitude *non altius tollendi* est la prohibition de bâtir sur un terrain ou de bâtir au delà de telle hauteur. (*L. II, de Servit. prœd. urb. Instit. de Servit.* § 1er.) Elle est ordinairement établie pour que le propriétaire du fonds dominant ait des vues ou un aspect plus agréable.

Son objet est seulement d'empêcher le voisin de bâtir sur le terrain indiqué, ou de bâtir au delà de la hauteur convenue, mais non de l'empêcher d'y planter des arbres, d'y avoir des bosquets ; à la différence de la servitude de *prospect.* qui interdirait non pas absolument de planter des arbres, mais de faire toute chose qui nuirait à la beauté de l'aspect que l'on s'est proposé d'avoir. (*L. XII, D. eod.*; — *Cassation,* 12 décembre 1836.)

Nous avons dit que les servitudes pouvaient résulter, soit d'un *Titre* soit de la *Destination du père de famille,* soit de la *Prescription* pour certaines d'entre elles.

Que doit-on entendre par *Titre* en matière de servitude?

C'est évidemment l'acte de concession *émané de celui qui est propriétaire du fonds assujetti.* La servitude constituant en quelque sorte une partie de ce fonds, ne peut être concédée que par celui qui en est réputé propriétaire. Ainsi l'acte de vente, l'acte de partage desquels il résulterait que l'acquéreur, que l'un des copartageants a sur le fonds voisin un droit de servitude, seraient insignifiants : c'est ce que dit en ces termes positifs, et bien surabondamment, la disposition de l'article 695 : « Le titre constitutif de la servitude, à l'égard de celles qui ne peuvent s'acquérir par la prescription, ne peut être remplacé que par un titre récognitif de la servitude, et *émané du propriétaire du fonds asservi.* »

Nous ferons remarquer que c'est seulement pour le cas où le titre primordial et constitutif aurait été perdu ou détruit, que l'article 695 exige la représentation d'un titre nouvel : car, les servitudes établies par l'effet de la loi ou en vertu d'une convention, sont des droits réels qui, aux termes des articles 706 et 707 du Code civil, ne se perdent que par le non-usage pendant 30 ans ; — c'est ce que nous avons décidé par jugement du 23 janvier 1869.

Une servitude qui ne réunit pas les conditions voulues par la loi pour se maintenir par le seul effet de la possession, peut, dans certains cas, résulter implicitement d'un *Titre.* Cela arrive lorsqu'elle est la conséquence obligée d'une servitude établie. — L'article 696 donne à la fois le précepte et l'exemple : « Quand on établit une servitude, on est censé accorder tout ce qui est nécessaire pour en user. Ainsi la servitude de puiser de l'eau à la fontaine d'autrui, emporte nécessairement le droit de passage. »

Tant que deux héritages sont dans la main du même propriétaire, les services que l'un tire de l'autre ne sont pas des servitudes ; ce n'est que l'exercice d'un droit de propriété, car, *nemini res sua servit jure servitutis.* Mais lorsque les deux héritages viennent à appartenir à différents propriétaires, sans qu'aucune stipulation ait été faite relativement à ces services, ils se changent en servitudes. La loi présume qu'au moment de la séparation des deux

héritages, il y a eu convention tacite que les choses reste-
ront dans le même état. C'est la *Destination du père de
famille* qui vaut titre à l'égard des servitudes continues et
apparentes.

Le Code civil contient à ce sujet les dispositions suivantes :

« *Article* 692. La destination du père de famille vaut
titre à l'égard des servitudes *continues* et *apparentes.* »

« *Article* 693. Il n'y a destination du père de famille
que lorsqu'il est prouvé que les deux fonds actuellement
divisés ont appartenu au même propriétaire, et que c'est
par lui que les choses ont été mises dans l'état duquel
résulte la servitude. »

« *Article* 694. Si le propriétaire de deux héritages
entre lesquels il existe *un signe apparent de servitude*, dispose de l'un de ces héritages, sans que le contrat con-
tienne aucune convention relative à la servitude, elle
continue d'exister activement ou passivement en faveur du
fonds aliéné ou sur le fonds aliéné. »

La combinaison des articles 692 et 694 a donné lieu à
de nombreuses difficultés ; de là une série de systèmes pour
les expliquer. Une espèce d'antinomie semble, en effet,
exister entre les dispositions de ces deux articles. Le premier porte que la destination du père de famille vaut titre
à l'égard des *servitudes continues* et *apparentes* ; — le second exige seulement pour la conservation de la servitude,
quand le propriétaire des deux héritages a disposé de l'un
d'eux, qu'il y ait *signe apparent* de cette servitude ; il
n'exige pas la continuité.

Comment concilier ces deux textes ?

M. *Zachariæ*, édition de MM. *Vergé* et *Massé*, t. II,
n° 337, y répond par les observations succinctes qui
suivent :

Il y a plusieurs opinions sur les rapports de l'article 694, qui ne parle que des *servitudes apparentes*,

avec les articles 692 et 693, qui traitent des servitudes *apparentes* et *continues*.

Première opinion. — L'article 694 ne contient, comme l'article 693, qu'une explication de l'article 692. — *Malville* et *Delvincourt*, sur l'art. 694 ; *Toullier*, t. III, nᵒˢ 612 et suivants.

Seconde opinion. — L'article 693 doit s'entendre du cas où le propriétaire des deux fonds ou d'un seul et même fonds dispose, de son vivant, de l'un des fonds ; — l'article 694 du cas où, après la mort du propriétaire, les fonds réunis dans la même main sont partagés par les héritiers légitimes ou testamentaires. (*Pardessus,* nᵒˢ 288 et suivants.)

Troisième opinion. — L'article 694 s'applique au cas où, en vertu de la volonté présumée des parties, c'est-à-dire en raison du rapport intime qui existe entre la servitude et l'exploitation de l'un des fonds, il faut admettre que la servitude, bien qu'apparente et non continue, a été réservée lors de la séparation des fonds. (*Duranton,* t. V, nᵒ 569.)

La *quatrième opinion* adoptée par *Zachariæ* est celle-ci : — L'article 694 n'est qu'une restriction apportée par l'article 705, c'est-à-dire qu'il signifie seulement que si entre deux fonds, alors qu'ils avaient deux maîtres différents, il existait une servitude, et que par suite de la réunion de ces deux fonds dans la même main la servitude se fût éteinte, cette servitude revit activement et passivement du moment où l'un des deux fonds passe dans d'autres mains, pourvu qu'elle soit sinon continue, du moins apparente. — (Voir le rapport fait sur l'article 694, au nom du tribunat, dans *Locré,* Législation civile, VIII, page 395, et *Arrêt de la Cour de Lyon* du 11 janvier 1831.)

A la *première opinion,* on peut répondre que, dans son système, l'article 694 est entièrement superflu, et, de plus, défectueux dans la rédaction ; — A la *seconde,* qu'elle ne s'appuie ni sur les termes ni sur l'esprit de la loi ; — A la *troisième*, que même en faisant abstraction de son peu de précision, elle met l'article 694 en contradiction avec l'article 692 ; — tandis que la *quatrième* se trouve confirmée tant par les termes que par l'esprit de l'article 694. — *Merlin* combat cette dernière opinion (v° *Servitudes*, § 19) par des raisons qui reviennent à dire que si tel était le sens de l'article 694, il pourrait être mieux rédigé.

M. *Demolombe* relève un *cinquième système*. — L'article 692 s'appliquerait au cas où, aucun titre n'étant produit pour justifier la servitude, l'inspection des deux deviendrait nécessaire pour en attester l'*apparence* et la *continuité;* tandis qu'il suffirait, pour l'application de l'article 694, d'un *signe apparent*, quand ce signe serait confirmé par un titre même silencieux. Ce système a été accepté et défendu par MM. *Ducaurroy, Bonnier* et *Roustaing*, t. II, n° 354.

Enfin M. *Dalloz*, en rapportant l'arrêt que nous allons citer, consigne l'existence d'une *sixième opinion*, qui consiste à soutenir que l'article 694 crée un mode spécial d'établissement des servitudes, qui a sa base dans l'état des lieux combinés avec la volonté tacite des parties.

Tous ces systèmes, que nous ne nous permettons pas de juger, ont pour eux des autorités considérables. Auteurs et Arrêts abondent, en effet, pour les appuyer. Mais toutes ces divergences vont cesser, sans doute, devant l'attitude que prend la Cour de *Cassation*, qui vient de décider ce qui suit :

« L'article 694 du Code civil portant que, si le propriétaire de deux héritages entre lesquels il existe un *signe apparent* de servitude, dispose de l'un d'eux, la servitude doit être maintenue activement et passivement en faveur du fonds aliéné ou sur le fonds aliéné, en l'absence de conventions contraires dans l'acte de disposition, n'exige pas que la servitude soit *continue*, comme le veut l'article 692 pour les servitudes établies par la *Destination du père*

de famille, et s'applique même au cas où c'est le propriétaire des deux héritages qui a mis les choses dans l'état
duquel résulte cette servitude.

« Le même article doit aussi recevoir son application,
non-seulement lorsque le propriétaire des deux héritages
dispose de l'un d'eux à titre d'aliénation, mais encore
lorsque la séparation a eu lieu, après son décès, par
l'effet d'un partage intervenu entre ses héritiers.

« Et cela bien qu'il s'agit, non de deux héritages distincts, mais d'un même corps de propriété divisé en plusieurs lots par le partage. » (*Cassation*, 7 avril 1863.)

Il faut bien remarquer que cet arrêt admet l'application
de l'article 694 dans une espèce où la servitude apparente
était discontinue.

La Cour, dans un de ces considérants, décide que la
disposition de l'article 694 est fondée sur une présomption
de consentement tirée du silence des parties ; il faut en
déduire cette conséquence que la volonté présumée des
parties doit-être prise en considération dans certains cas,
par exemple, si le propriétaire de deux maisons qui avait
établi un passage pour communiquer de l'une à l'autre, a
disposé de l'une de ces maisons, sans que l'acte contînt
aucune convention relativement au passage, nous pensons
que ce passage ne doit plus subsister ; car il avait été
établi plutôt pour la commodité du propriétaire, tant qu'il
posséderait l'une et l'autre maison, que pour l'utilité des
maisons elles-mêmes.

Il a été jugé en ce sens : que le principe suivant lequel
la destination du père de famille vaut titre ; n'est pas
applicable aux ouvertures que le propriétaire d'un château
avait fait pratiquer pour communiquer à une ferme qui ne
faisait alors avec ce château qu'un même corps de propriété. (*Cassation*, 10 mars 1825.)

Mais si au lieu d'un passage servant uniquement de
moyen de communication d'une maison à l'autre, qui ont

toutes deux les sorties nécessaires à leur usage, on suppose un passage nécessaire à l'exploitation des deux fonds, alors, quoiqu'il s'agisse d'un signe de servitude seulement apparente, on devra décider que le maintien de ce passage a été dans l'intention des contractants, par cela seul qu'ils n'ont rien dit dans l'acte pour le supprimer.

Nous avons vu que pour fonder la prétention d'une servitude résultant de la destination du père de famille, il suffit de prouver que les deux fonds actuellement divisés ont appartenu au même propriétaire, et que c'est par lui que les choses ont été mises dans l'état duquel résulte la servitude.

Mais comment cette preuve doit-elle être faite ? — Notez d'abord qu'elle doit porter sur ces deux points : 1° que les deux fonds, celui sur lequel et celui au profit duquel on prétend la servitude, ont appartenu au même propriétaire ; 2° que c'est lui qui a mis les choses dans l'état duquel on veut faire résulter la servitude. Or, quoique le premier soit en général susceptible d'être prouvé *par écrit*, néanmoins il faut reconnaître que, dans un cas comme dans l'autre, il s'agit de faits qui peuvent être prouvés par témoins, à défaut de titres. — Si les rédacteurs du Code avaient entendu exiger une preuve *par écrit*, ils n'auraient pas manqué de le dire, ayant sous les yeux la coutume de Paris, qui voulait une semblable preuve. (*Maleville ; Toullier*, n° 610 ; *Duranton*, n° 574 ; — *Arrêt de Colmar*, 16 janvier 1848 ; — *Contra : Pardessus.*)

Le propriétaire enclavé, par suite de la division d'un héritage opérée par une donation du père de famille, acquiert, en vertu même de la division, un droit de passage sur le terrain qui, détaché de la propriété totale, le sépare de la voie publique. (*Douai*, 7 mars 1863 ; — *Cassation*, 10 janvier 1861.)

Mais ce n'est pas en vertu du principe de la servitude

dérivant de la destination du père de famille telle qu'elle résulte des articles 692, 693 et 694 du Code civil. Il est extrêmement rare, en effet, que dans ce cas il existe un signe apparent ; c'est aux règles de la servitude d'enclave qu'il faut recourir pour la solution de cette question. La servitude d'enclave naît, à l'encontre des voisins, de la nécessité de trouver une issue sur la voie publique, alors que cette nécessité résulte de la situation même des lieux. Elle a sa source dans cette nécessité et dans la loi, non dans la volonté de l'homme, qui ne saurait la créer. — Il ne peut donc dépendre d'un propriétaire d'enclaver un fonds par son fait ou par ses actes, et de venir ensuite, par lui ou ses successeurs, invoquer le droit à la servitude légale. Il s'ensuit que le fonds, ayant originairement issue sur la voie publique, ne peut être divisé par son propriétaire de façon à en isoler une partie, sans que le nouveau propriétaire de cette partie conserve le droit de passage sur la contre-partie ayant encore l'issue nécessaire à l'exploitation. — Si l'on demande ce passage aux autres propriétaires voisins, ils repousseront l'action avec raison, en soutenant que si la situation des lieux comporte aujourd'hui l'enclave, c'est qu'elle a été changée par la volonté du propriétaire ; que si l'on peut bien fonder une servitude privée de son fonds sur un autre fonds dont on est propriétaire, ou sur tout autre, en vertu de convention, on ne peut jamais fonder une servitude légale, comme la servitude d'enclave ; qu'à la loi seule appartient cette puissance. Le propriétaire enclavé n'aura donc pas, dans ce cas, le droit accordé à tous par l'article 682. Il en aura un autre, il aura une servitude particulière sur le fonds dont il a été séparé. La doctrine et la jurisprudence, après des tâtonnements, en sont arrivées à la reconnaître généralement. — *Voyez* notamment *Riom*, 10 juillet 1850 ; — *Annales* de 1863, pages 201 et suivantes.

Il y a destination du père de famille à l'égard des arbres

qui, par suite d'un partage entre cohéritiers, ne se trouvent pas à la distance légale du surplus du terrain abandonné à un copartageant. — Mais le juge de paix est-il compétent pour prononcer sur une pareille question lorsqu'elle est portée devant lui?

L'article 6 de la loi du 25 juillet 1838 n'attribue la connaissance des actions relatives à la distance des arbres que lorsque la propriété ou les titres qui l'établissent ne sont pas contestés. — Or, la question dont il s'agit ne peut s'élever sans que le droit de servitude soit contesté, ce qui équivaut à la contestation de la propriété ou des titres qui l'établissent.

Donc, l'action doit être portée devant le tribunal civil.

La destination du père de famille, en vertu de laquelle un propriétaire a des arbres à une moindre distance que la distance légale, ne fait pas obstacle à ce que le propriétaire voisin fasse couper les branches de ces mêmes arbres, quand elles avancent sur son terrain. *Cassation*, 16 juillet 1835.

Lorsque des vues existent par l'effet d'une destination de père de famille, le propriétaire du fonds sur lequel s'exercent ces vues, peut-il construire de manière à les rendre inutiles?

C'est ce que nous expliquerons au mot : *Vues.*

Plus il est facile d'acquérir des servitudes sous les apparences de l'amitié, et à la faveur des bons rapports de voisinage ; de prétendre à titre de droit ce qu'on avait que par tolérance, plus on doit prendre de précautions pour que ces relations ne deviennent pas une source d'abus ; car, comme nous l'avons dit, et aux termes de l'article 690 du Code civil, les servitudes *continues* et *apparentes* s'acquièrent par la possession de 30 ans. Elles peuvent servir à une action possessoire au bout d'une année.

Le délai commence à courir du jour où les ouvrages qui donnent à la servitude le caractère d'apparence et de continuité ont été achevés, et en ont commencé l'usage.

Ainsi, par exemple, la possession de la servitude d'égout commence au jour où le toit de la maison étant achevé, l'eau de ce toit ou des gouttières peut tomber sur le fonds servant.

La servitude de cours d'eau ne commence également que du jour où les ouvrages nécessaires pour l'exercer sont terminés. (*Code civil*, art. 642.)

Il en est de même des autres servitudes continues et apparentes telles que celles d'appui, de vues droites et obliques ; la prescription commence du jour où le propriétaire du fonds dominant a terminé les ouvrages, ouvert les fenêtres, etc.

Il faut en outre que la possession des servitudes, comme celle de tout autre propriété, soit continue et non interrompue, paisible, publique, non équivoque et à titre de propriétaire. En ce qui concerne cette dernière condition, il faut remarquer que nous possédons non-seulement par nous-mêmes, mais aussi par ceux qui exercent le droit en notre nom (*Code civil*, art. 2228) ; par conséquent, nos domestiques, nos fermiers serviraient à nous acquérir ce droit. — La bonne foi n'est pas exigée dans la possession de 30 ans. (*Art.* 2262).

Toutes les fois que la possession a pu servir à faire acquérir une servitude, celui qui se prétend troublé dans l'exercice de cette servitude, peut agir par action possessoire pour faire cesser le trouble dont il se plaint.

On a jugé cependant, dans une espèce où il s'agissait d'un gond enfoncé dans un arbre pour soutenir une barrière, que, malgré le caractère de continuité et d'apparence de ce fait, les juges avaient pu le considérer comme étant de pure tolérance, et comme ne pouvant dès lors être l'objet d'une action possessoire. (*Cassation*, 6 avril 1841.)

Si les servitudes cessent quand les choses se trouvent dans un état tel qu'on ne puisse plus en user, elles revivent si, en dedans du délai de 30 ans, elles sont rétablies de manière qu'on puisse s'en servir, mais sous la condition qu'il ne soit fait dans le fonds dominant aucun changement qui aggrave la situation du fonds servant. (*Cassation*, 25 juin 1866.)

L'extinction absolue des servitudes a lieu : 1° par confusion, c'est-à-dire par la réunion des deux fonds entre les mains d'un seul ; 2° par le non−usage pendant 30 ans ; 3° par la remise ou renonciation ; 4° par le rachat.de la servitude.

· La faculté accordée par titre de bâtir sur le terrain d'autrui est soumise à la prescription trentenaire. (*Limoges*, 22 mars 1811 ; — *Troplong*, n°° 113, 125 et 790 ; *Vazeille*, n° 100.)

Il en est de même de la défense de planter à une distance plus ou moins rapprochée de l'héritage voisin. (*Cassation*, 9 juin 1825.)

Il faut remarquer que les servitudes ne s'éteignent point par la prescription, tant qu'il subsiste des vestiges des ouvrages établis pour en user ; ces vestiges conservent le droit suivant la maxime *signum retinet signatum (Toullier* n° 709.)

En général, les servitudes étant des droits réels, on ne peut forcer celui à qui elles sont dues d'en recevoir le rachat. (*Argument de l'art.* 545 *du Code civil.*)

Cependant la loi force à recevoir le rachat de la servitude de pacage ou de pâturage. (Loi du 6 octobre 1791, t. Ier, son. 4, art. 8 ; — *Code forestier*, art. 64 et 120.)

Nous n'avons fait qu'esquisser à grands traits les principes qui régissent les servitudes, la matière est tellement vaste qu'elle a donné lieu à des ouvrages spéciaux et à de nombreux commentaires. *Lisez* surtout *Pardessus*, le savant auteur du *Traité des Servitudes.*

Voyez : *Actions possessoires* ; — *Eau* ; — *Enclave*; — *Passage*; — *Vues*.

SOURCES.

Le mot *source* dérive du mot français *sourdre*, qui signifie sortir de terre. C'est l'endroit même où l'eau s'échappe du sein de la terre que l'on désigne du nom de *source* et que les Romains appelaient *caput aquœ*. La loi 1, § 8, *D. de aqua quot.*, dit : *caput aquœ illud est unde aqua oritur.* Cependant, si l'eau est puisée à une fontaine, la fontaine est réputée la source même. C'est encore la décision de la loi romaine : *caput ipse aquœ fons.*

L'article 641 du Code civil porte : « celui qui a une source dans son fonds peut en user à sa volonté » ; et comme, d'après l'article 552 « la propriété du sol emporte celle du dessus et du dessous », il résulte de la réunion de ces deux principes que le propriétaire est libre de faire de sa source ce qui lui plaît. La source fait partie intégrante de son domaine, au même titre que la terre, le sable et les pierres qui constituent le sol. (*Dalloz*, n° 111.)

Il s'ensuit encore que le propriétaire du sol a le droit de faire chez lui et dans son fonds toutes les fouilles qu'il juge à propos, afin de découvrir les eaux souterraines qui s'y trouvent; qu'il n'est nullement responsable envers les propriétaires des fonds voisins, si le résultat de ses travaux est de couper les veines qui portaient l'eau dans leurs fonds, et qui alimentaient leurs sources, leurs puits ou leurs citernes. Ce droit de chercher l'eau dans les profondeurs de la terre est d'ailleurs aussi absolu que le droit, pour le propriétaire de la source qui jaillit à la surface, d'en détourner le cours.

Aussi, encore bien que l'article 641 ne s'applique textuellement qu'à une *source qui a son ouverture sur le fonds*, il n'est pas douteux que la disposition qu'il consacre est également applicable, et même *a fortiori*, aux eaux souterraines qui se trouvent dans l'intérieur du sol. (*Demolombe*, t. Ier, n° 65 ; — *Cassation*, 5 juillet 1835 ; — *Garnier*, t. III, n° 713 ; *Delvincourt*, t. Ier, page 135 ; *Daviel*, t. III, n° 893.)

Tant que les eaux de la source restent dans le fonds où elle jaillit, ou dans ceux que le propriétaire y aurait réunis par des acquisitions, il est le maître absolu de ces eaux.

Lors de la discussion au Conseil d'État à l'occasion de l'article 640, il a été dit que hors le cas d'utilité publique, et lorsqu'il n'y a que l'intérêt des particuliers qui possèdent les fonds inférieurs, rien ne peut balancer les droits du propriétaire de la source ; qu'il n'y a d'autres limites aux droits du propriétaire que ceux que pourraient avoir acquis les propriétaires inférieurs soit par titre, soit par prescription. Voyez : *Locré*, t. VIII, page 334 ; et dans le même sens : *Toullier*, t. III, n°s 331 à 333 ; — *Duranton*, t. V, n° 174 et suivants ; *Demolombe*, n° 66 ; — *Arrêt de la Cour de Rouen*, 18 septembre 1853 ; *Cassation*, 22 mai 1854.

Ainsi le propriétaire de la source peut la retenir dans des bassins, en détourner le cours, l'employer à un usage purement voluptuaire ; vainement le propriétaire du fonds inférieur alléguerait que les eaux sont abondantes et qu'elles lui seraient profitables.

En effet, nul n'est tenu de rendre compte de l'usage et de la disposition qu'il fait de son bien, des motifs et des intentions qui peuvent diriger le maître d'une chose dans l'exercice du droit absolu de sa propriété,

L'article 545 n'est pas applicable aux eaux sur lesquelles le propriétaire du sol qui les renferme a un droit absolu ; c'est ainsi qu'il a été jugé que le propriétaire qui a une source dans son fonds, ne peut pas être empêché d'en priver les fonds inférieurs, sous le prétexte que les eaux lui sont à lui-même plus nuisibles qu'utiles. (*Cassation*,

29 janvier 1840 ; *Colmar*, 26 novembre 1857 ; *Conseil d'État*, 23 décembre 1858 et 1er mars 1860.)

Mais celui qui est à la fois propriétaire du fonds où naît une source et d'un héritage inférieur qu'elle traverse, ne jouit sur les eaux de la source, dans ce dernier héritage, que des droits d'un riverain, *lorsque les deux fonds ne sont pas contigus ;* et, par suite, il ne peut y détourner l'eau au préjudice d'un riverain inférieur. (*Cassation,* 28 mars 1849.)

Le propriétaire de la source, ayant le droit de la détruire, possède, à plus forte raison, le droit de faire sortir les eaux d'un côté opposé à celui où elles coulent naturellement. Toutefois, pour pouvoir agir ainsi, il faut que le propriétaire voisin, où l'on veut transporter le nouveau cours de l'eau, consente à ce changement, car il ne peut pas être grevé malgré lui d'une servitude qui ne dérive que de la situation des lieux.

Mais il est libre de disposer de ses eaux au profit de tel propriétaire inférieur qui lui convient, au préjudice des autres riverains, même supérieurs à celui au profit duquel la concession a lieu, sauf l'obtention, dans ce dernier cas, d'une servitude d'aqueduc sur le fonds intermédiaire, et le concessionnaire de ces eaux peut à son tour les céder à un second acquéreur, et ainsi de suite.

La propriété de la source reconnue par l'article 641 au profit du maître du sol où elle surgit, reçoit exception dans trois cas :

1° S'il y a *titre* ou destination du père de famille ;

2° S'il y a prescription ;

3° Si l'eau est nécessaire aux habitants d'une commune, d'un village, d'un hameau. (*Code civil*, 641, 643.)

1re *exception.* — Le titre portant la concession volontaire, doit émaner du propriétaire de la source.

L'autorisation administrative accordée aux riverains d'un cours d'eau, d'établir un moulin ou une usine quelconque, ne leur attribue aucun droit contre le propriétaire de la source qui alimente le cours d'eau. — Soit que l'administration homologue ou fasse elle -même un règlement d'eau, soit qu'elle autorise l'établissement d'une usine, elle ne peut pas plus dans un cas que dans l'autre porter atteinte à la propriété privée de celui qui a la source dans son fonds. (*Conseil d'État*, 23 décembre 1858 et 1ᵉʳ mars 1860.)

Les propriétaires des moulins ou usines ainsi établies, ne pourraient donc invoquer, contre le propriétaire de la source, que le moyen déduit de la prescription ou de la destination du père de famille, s'ils se trouvaient dans les conditions nécessaires à ce sujet. (*Demolombe*, nº 71.)

La vente d'un moulin comprend celle du cours d'eau qui le met en mouvement et, par la même raison, des sources alimentaires du cours d'eau, lorsqu'elles appartiennent au moment de la vente au propriétaire primitif du moulin.

Par suite, ce dernier ne peut, sans violer la loi du contrat, disposer après la vente des sources dont les eaux concouraient à la marche normale de l'usine vendue. (*Dijon*, 31 janvier 1838.)

Dans les titres qui concernent l'écoulement des eaux d'une source, il faut s'attacher à savoir si l'écoulement est stipulé sur le fonds intérieur à titre de servitude active ou passive, si c'est dans l'intérêt du propriétaire supérieur ou dans l'intérêt du propriétaire inférieur.

S'il y a doute, l'on doit supposer que le propriétaire supérieur a imposé à son voisin la charge de supporter le cours des eaux, sans prétendre s'interdire le droit de le détourner s'il y trouvait ultérieurement son avantage ; car, en général, on ne présume pas l'abdication d'un droit de propriété. (*Daviel*, nº 766.)

Pour que la servitude fût réciproque, il faudrait qu'il fût expressément stipulé que l'un ne pourra rien faire qui s'oppose à l'écoulement des eaux, et que l'autre ne pourra les détourner sans le consentement de son voisin.

Lorsque le fonds sur lequel la source naît et prolonge le cours des eaux, est morcelé, par suite d'aliénation et de partage, l'état des choses existant antérieurement au partage doit être maintenu, à moins de stipulation contraire. La destination du père de famille suffit pour faire condamner toute innovation. En cas de partage, le droit appartiendrait bien entendu à tous les copartageants, sauf à eux à établir un règlement pour la répartition des eaux, et ce, sans pouvoir en absorber un volume plus considérable au préjudice du propriétaire de la source. (*Daviel*, n° 770 et 774.)

2e *exception*. — La prescription d'une source ne peut s'acquérir que par une jouissance non-interrompue pendant l'espace de trente années, à compter du moment où le propriétaire du fonds inférieur a fait et terminé des ouvrages apparents destinés à faciliter la chute et le cours de l'eau dans sa propriété. (*C. c.*, art. 642.)

Ainsi le simple écoulement de l'eau, soit par la pente naturelle du terrain, soit même quand le propriétaire de la source lui a formellement imprimé sur son fonds une direction contraire à la pente primitive, n'attribue aucun droit au propriétaire inférieur, en possession même depuis un temps immémorial, de recevoir et d'utiliser sur ses fonds tout le produit de la source. (*Cœpola*; — *Daviel*, n° 771.)

Vainement le propriétaire du fonds inférieur aurait usé des eaux, pendant plus de trente ans, soit dans son propre fonds, soit même dans le fonds supérieur où il serait venu les prendre jusque dans le bassin de la source. Rien de tout cela ne pourrait jamais le conduire à la prescription. — En effet, pour pouvoir prescrire; il faut, entre autres conditions, une possession à titre de propriétaire, et les actes de pure faculté ou de simple tolérance ne peuvent fonder aucune possession à cet effet. (*Demolombe*, n° 73.)

Mais quand il existe des travaux apparents destinés à faciliter l'écoulement des eaux, la possession acquiert le caractère d'une possession contradictoire. L'établissement de semblables travaux de la part du propriétaire inférieur manifeste son intention d'asseoir sa possession sur le cours des eaux, et constitue une sorte de main-mise sur la source, dont l'effet est évidemment d'intervertir le droit du propriétaire supérieur, et de changer sa liberté en servitude.

C'est ainsi qu'il a été jugé que le propriétaire d'un moulin est fondé à se prévaloir de l'acquisition par prescription d'un droit de servitude sur les eaux d'une source, lorsque au moyen des travaux apparents, exécutés de main d'homme par lui ou ses auteurs sur le fonds où naît la source, il a fait arriver ces eaux dans une rivière où se trouve son moulin qu'elles font mouvoir. (*Cassation*, 17 novembre 1869.) — Voyez dans le même sens : *Cassation*, 8 février 1858 ; — 2 août 1858.

Trois conditions sont indispensables à l'égard des ouvrages ou travaux dont parle l'article 642.

La première condition est que les travaux soient l'œuvre du propriétaire inférieur.

Il n'est pas toujours facile de connaître le véritable auteur des travaux ; il est évident que s'ils ont été exécutés par le propriétaire supérieur pour faciliter l'écoulement des eaux sur le fonds inférieur, le propriétaire de ce dernier fonds n'aura pas le droit de s'en prévaloir. Dans ce cas, lorsqu'il résulte de l'inspection des lieux que les travaux ont eu pour objet l'utilité du fonds supérieur, on doit présumer qu'ils ont été faits par le propriétaire de ce fonds. (*Cassation*, 6 juillet 1825.)

Si les travaux faits pour assurer le cours de l'eau paraissent également d is l'intérêt des deux propriétaires, sans que l'on sût positivement qui les a faits, il faudrait évincer le propriétaire inférieur, par cela seul qu'il ne prouverait pas, qu'il est l'auteur des travaux. (*Caen*, 18 juillet 1831, cité par *Daviel.*)

La seconde condition est que les travaux soient *apparents* ; ainsi, des conduits souterrains ne rempliraient pas le but de la loi, parce qu'il faut que la possession ait été contradictoire avec le propriétaire de la source.

Mais il n'est pas besoin que les travaux soient apparents dans toute leur étendue ; un aqueduc souterrain qui s'annoncerait par des regards extérieurs aurait le caractère de publicité requis par la loi. (*Daviel*, n° 773.)

Il faut que les travaux sur le fonds supérieur pour la conduite des eaux aient le caractère d'un établissement permanent, d'une *structure incorporée*, selon les expressions de *Coquille* ; — *Pardessus*, n° 100.

Ainsi des barrages faits avec des branches d'arbres, des mottes de gazon ou autres objets mobiles qui seraient de temps en temps placés et replacés, ne suffiraient pas.

De même, le fait de curer et de rétablir au besoin le débouché des eaux, est, en général, trop fugitif, et peut trop aisément s'expliquer par les tolérances du bon voisinage pour qu'il puisse en résulter une attribution, une dévolution de droits. (*Bourges,* 11 juin 1828 ; *Caen*, 18 juillet 1831.)

Il n'est cependant pas nécessaire que les travaux soient en maçonnerie ou en autres ouvrages d'art. Il se pourrait qu'une simple tranchée destinée à amener les eaux de la source du fonds supérieur dans le fonds inférieur fût reconnue suffisante. (*Bordeaux*, 5 juillet 1833 ; *Cassation*, 2 août 1868.)

Car l'importance des ouvrages, en pareil cas, doit être appréciée eu égard au fonds pour lequel ils sont faits ; et on ne saurait raisonnablement exiger du propriétaire de ce fonds qu'il fasse des ouvrages plus considérables que ceux qui lui sont nécessaires pour prendre pleine possession des eaux de la source. (*Demolombe*, n° 75 ; *Daviel*, t. III, n° 711 ; *Duranton*, t. V, n° 580.)

Mais, comme nous l'avons dit, il faut qu'il y ait un ou-vrage *apparent et établi à demeure*.

La troisième condition est que les travaux soient faits sur le fonds supérieur.

En effet, il s'agit de l'acquisition d'une servitude, il faut donc que les travaux destinés à consacrer l'usage de l'eau soient faits à titre de servitude. Celui qui construit sur son fonds agit *Jure dominii, non servitutis jure*. Il n'a exercé réellement aucune saisine sur le fonds voisin, sur la source elle-même. (*Henrion de Pansey*, ch. XXVI, §4; *Toullier*, t. III, n° 635; *Garnier*, t. II, n° 48 ; *Proudhon*, n° 1372; *Tro-plong*, n° 114; *Duranton*, t. V, n° 181; *Daviel*, n° 775 ; — *Cassation*, 25 août 1812 ; — 5 juillet 1837; — 30 no-vembre 1841. — Contra : *Favart*, v° Servitudes, s°ⁿ 2, § 1ᵉʳ; *Delvincourt*, t. Iᵉʳ, pag. 551; *Pardessus*, n° 102.)

La 3° *exception* au droit absolu reconnu au propriétaire de la source, par l'article 641, est consacrée par l'ar-ticle 643 ainsi conçu : « Le propriétaire de la source ne peut en changer le cours, lorsqu'il fournit aux habitants d'une commune, village ou hameau, l'eau qui leur est nécessaire ; mais si les habitants n'en ont pas acquis ou prescrit l'usage, le propriétaire peut réclamer une indem-nité, laquelle est réglée par experts. »

Notez que si l'eau au lieu d'être *nécessaire*, était seule-ment *utile* à la communauté, l'article 643 serait sans appli-cation possible.

Il a été jugé que les habitants d'une commune ne sont pas fondés à se prévaloir de la disposition de l'article 643 pour empêcher le propriétaire d'une source d'en changer le cours, sous le prétexte que l'eau leur serait nécessaire, lorsque, au moyen de travaux peu considérables et peu dispendieux, ils peuvent utiliser les eaux d'une fontaine publique. (*Nîmes*, 13 juillet 1867.)

Et qu'il ne suffit pas de déclarer que les eaux de la

source seraient d'un usage plus commode et plus agréable
à la commune ou aux habitants. (*Cassation*, 4 mars 1862.)

Les habitants ont-ils le droit de contraindre le propriétaire de la source à leur ouvrir un passage sur son fonds,
pour qu'ils puissent exercer le droit qui leur est conféré
par l'article 643? — Il est à remarquer que la seule obligation imposée au propriétaire est de ne pas changer le
cours de la source ; dès lors, on ne peut aggraver la servitude d'un droit de passage au profit d'une commune
entière, servitude qui pourrait même quelquefois empêcher
le propriétaire de se clore. Telle est l'opinion de MM. *Ducaurroy, Bonnier* et *Roustain*, t. Ier, n° 269 ; *Daviel*, t. III,
n°s 788 et 790 ; *Masssé* et *Vergé* sur *Zachariæ*, t. II, page
163; *Demolombe*, p. 120.

Le propriétaire de la source, pourvu qu'il satisfasse aux
besoins de la commune, conserve la faculté d'user des
eaux comme il l'entend, et sans que les fonds intermédiaires acquièrent aucun droit.

L'indemnité due par les habitants dans le second cas
prévu par l'article 643, ne doit pas porter sur l'avantage
qu'ils retirent de l'eau, mais seulement sur la perte que
peut causer au propriétaire la privation de la faculté de la
détourner et de l'employer plus utilement dans son intérêt.

Ce n'est point parce qu'une source est le principe et le
principal aliment d'un ruisseau public que le propriétaire
du fonds où elle se trouve serait empêché d'en détourner
les eaux. Une pareille exception, si elle pouvait être admise, absorberait la règle générale : car quel est le
ruisseau dont une source ne soit le chef? (*Rouen* 4 février
1834.)

Voyez : *Eau ; Servitudes.*

TOUR D'ÉCHELLE.

Il existait dans l'ancien droit une servitude particulière

que l'on désignait sous le nom de *tour d'échelle échellage* ; c'était le passage sur la propriété voisine nécessaire pour la réparation à faire à une maison, à un mur contigu à l'héritage voisin.

Le Code n'ayant pas rappelé cette servitude parmi celles établies par la loi (article 649 à 652), on doit considérer que ce droit est aboli en tant que servitude légale.

Le droit de tour d'échelle ne peut donc exister aujourd'hui qu'en vertu d'un titre et non par prescription, puisque c'est une servitude discontinue et non apparente, et qui ne peut par la même raison, s'acquérir par la destination du père de famille.

Si le titre n'en indique pas la largeur, elle doit être réglée à un mètre (*Rouen*, 6 février 1841) ; non à partir du parement du mur, mais de la saillie du toit.

Le droit de tour d'échelle n'emporte pas, pour le propriétaire du fonds en faveur duquel cette servitude est établie, un droit de passage habituel, ni le droit d'avoir une clef des êtres par lesquels doit s'exercer la servitude. (*Cassation*, 11 décembre 1855.)

Nous avons dit au mot passage que si des réparations ne peuvent être faites à un mur ou à un toit sans entrer chez le voisin, on peut agir comme en matière d'enclave, à charge d'indemnité du dommage, mais il faut que l'impossibilité de faire autrement soit bien démontrée ; car, en ce qui concerne les toits, l'expérience journalière prouve que, pour les réparer, il n'est pas indispensable de placer une échelle au pied du mur.

Tout propriétaire qui veut se préparer le tour d'échelle en faisant une clôture quelconque, doit s'abstenir de pousser la clôture jusqu'aux dernières limites de sa propriété ; il doit, au contraire, retirer sa clôture en deçà, et ce qui reste en dehors forme le tour d'échelle ou ceinture

Pour s'assurer la propriété et la jouissance de cet espace de terrain vis-à-vis de ses voisins, il doit ou le faire borner, ou faire reconnaître la limite de son fonds.

Bien que le tour d'échelle ainsi établi forme une propriété dont celui à qui elle appartient peut user comme il le juge à propos, il ne peut néanmoins ouvrir des portes ou des jours sur ce terrain, s'il n'a pas la largeur requise par les articles 678 et 679 pour l'e.... e des vues droites et des vues obliques. — Il peu.... au.ir l'égout de ses eaux et de ses immondices, pour.. qu'elles ne s'étendent pas sur le fonds voisin.

Voyez: *Passage*; — *Servitudes*.

USAGES LOCAUX.

La diversité des mœurs, des climats, la variété des productions du sol, la force des habitudes prises sous l'influence de nécessités toutes locales, ont donné naissance à des usages différents.

Nous avons dit au mot *Coutume* que l'article 7 de la loi du 30 ventose an xii porte que les coutumes générales ou locales devaient cesser d'avoir force de loi à compter du jour de la promulgation du Code civil.

Cependant le législateur a cru devoir conserver leur action à certains usages.

En effet, les usages locaux sont souvent à considérer soit dans l'interprétation des conventions, soit pour juger du mérite d'une action ou d'un droit.

Ainsi, en matière de servitudes, la loi elle-même renvoie souvent aux usages locaux. (*Code civil*, art. 663, 681 et 674.

Ainsi, dans les articles 1159 et 1160, le législateur déclare que : ce qui est ambigu s'interprète par ce qui est d'*usage* dans le pays où le contrat est passé ; — et qu'on doit suppléer, dans le contrat, les clauses qui y sont d'*usage*, quoiqu'elles ne soit point exprimées.

Il est des usages qui présentent un caractère de généralité qu'il serait bon de réglementer législativement, d'autres très-nombreux et très-divers ne sont plus en harmonie avec les besoins et les mœurs, il serait bon de les abroger,

Voyez : *Coutume.*

USUFRUIT.

C'est le droit de jouir des choses dont un autre a la propriété, comme le propriétaire lui-même, à la charge d'en conserver la substance.

Bien que le sujet ne se rapporte pas directement à la matière de notre Traité, nous en parlerons à cause de l'affinité qui existe entre l'usufruitier et le nu-propriétaire.

DES DEVOIRS DE L'USUFRUITIER LORSQU'IL ENTRE EN JOUISSANCE.

L'usufruitier ne peut entrer en jouissance qu'après avoir fait dresser, en présence du propriétaire, ou lui dûment appelé, un inventaire des meubles et un état des immeubles sujets à l'usufruit. (*Code civil*, art. 600.) — On conçoit parfaitement l'utilité et même la nécessité de ces formalités.

C'est aux frais de l'usufruitier que l'inventaire doit être fait, puisque cette formalité est placée au nombre de ses obligations.

Si l'usufruitier négligeait de faire faire l'inventaire et l'état prescrits, avant d'entrer en jouissance, l'héritier serait fondé à requérir l'apposition des scellés ; il pourrait même, suivant les circonstances, se faire adjuger les fruits jusqu'à ce que l'omission fût réparée. (*Grenoble*, 27 mars 1814.

Quant aux immeubles, à défaut d'état, l'usufruitier serait

présumé les avoir reçus en bon état; la preuve contraire lui incomberait.

Cependant le testateur qui lègue l'usufruit de ses biens peut dispenser de l'inventaire et de l'état dont il s'agit, car il est évident que le testateur, qui pouvait donner la toute propriété de la chose, peut à plus forte raison, dispenser son légataire des conditions ordinaires imposées à la jouissance.

Mais la dispense ou la défense même de faire inventaire ne doit avoir d'autre effet que de forcer l'héritier à supporter les frais de l'inventaire auquel il peut toujours faire procéder. (*Proudhon*, n° 801; *Delvincourt*, t. Ier, p. 364; *Duranton*, t. IV, n° 599; — *Bruxelles*, 18 décembre 1811 et 10 juin 1812.)

La clause de dispense ne serait d'aucun effet dans le cas où il existerait des héritiers à réserve qui auraient le droit de connaître les forces de la succession.

La dispense de l'inventaire n'emporte pas celle de l'état des immeubles si le disposant ne s'en est pas clairement expliqué. (*Angers*, 3 nivose an XIV.)

Une autre obligation de l'usufruitier, c'est de donner caution de jouir en bon père de famille, s'il n'en a été formellement dispensé. (*Code civil*, art. 601.)

La dispense de caution ne peut être efficacement accordée par le donateur ou le testateur lorsque l'usufruit porte sur la réserve légale qui est due à l'héritier.

Les père et mère ayant l'usufruit légal des biens de leurs enfants sont dispensés de donner caution. (*Code civil*, art. 601.)

Il en est de même du donateur ou du vendeur sous réserve d'usufruit. (*Ibid.*)

Mais cette disposition ne s'applique pas à l'espèce d'usufruit légal dont parle l'article 754.

Il faut que la personne présentée pour cautionner pos-

sède des immeubles suffisants pour répondre des objets
soumis à l'usufruit, et que son domicile soit dans le ressort
du tribunal d'appel où la caution doit être donnée. (*Code
civil*, art. 2008.)

L'usufruitier pourrait-il satisfaire à l'obligation de
fournir caution en offrant des hypothèques suffisantes sur
ses propres biens ? — M. *Proudhon*, n° 847, est d'avis de
la négative ; il argumente de ce que le mot *caution* ne
s'applique qu'à une tierce personne, de ce que la caution
doit être un surveillant intéressé à mettre obstacle aux
abus de jouissance. — Au contraire, *Toullier*, t. III,
n° 422, et *Duranton*, t. IV n° 603, pensent qu'un caution-
nement en immeubles réels peut tenir lieu d'un fidéjusseur
d'après la maxime : *Plus est cautionis in re quam in per-
sona.*

Si l'usufruitier ne trouve pas de caution ou ne peut
donner une garantie hypothécaire suffisante, les immeubles sont donnés à ferme ou mis sous le séquestre.

Les sommes comprises dans l'usufruit sont placées.

Les denrées sont vendues et le prix en provenant est également placé ; la vente des denrées et des meubles
doit être faite de concert par l'usufruitier et le propriétaire, parce que l'un et l'autre y ont intérêt réel.

Les intérêts de ces sommes, le prix des loyer et fermages appartiennent, dans ce cas, à l'usufruitier. (*C. c.*,
art. 602.)

Il a été jugé que la dispense de donner caution accordée
par le testateur à l'usufruitier peut être modifiée et déclarée sans effet lorsque l'état des choses existant au moment de la constitution d'usufruit a changé : tel est le cas
où l'usufruit portant sur des immeubles, ces immeubles
ont été vendus et se trouvent ainsi convertis en un capital
mobilier ; et où l'usufruitier est devenu insolvable. (*Lyon*,
15 janvier 1836.)

Si l'usufruitier qui avait reçu la dispense de caution

vient à tomber en faillite, les syndics de ses créanciers
ne pourraient s'en prévaloir, ni se refuser à la prestation de caution pour l'avenir. (*Code civil*, art. 618.

DES DROITS DE L'USUFRUITIER.

Du principe que l'usufruitier a-le droit de jouir comme
le propriétaire lui-même, il suit que non seulement il a
droit aux fruits proprement dits, mais encore à tous les
produits annuels et périodiques, en un mot à tous les avantages qui peuvent résulter de la possession : c'est-à-dire
qu'il est substitué au lieu et place du propriétaire pour
tout ce qui concerne l'usage *usus* et la jouissance
fructus.

L'usufruitier, dit l'article 582, a le droit de jouir de
toute espèce de fruits soit *naturels*, soit *industriels*, soit
civils que peut produire l'objet dont il a usufruit.

Les fruits naturels sont le produit spontané de la terre,
ainsi que les récoltes des prairies, des arbres fruitiers,
le croît des animaux, le produit des ruches à miel, celui
d'une garenne, d'un colombier et la pêche d'un étang.
Code civil, art. 583 ; — (*Proudhon*, nᵒˢ 902 et 903.)

Les fruits industriels d'un fonds sont ceux qu'on en
obtient par la culture ; par exemple la moisson que l'on
récolte sur les champs, la vendange recueillie sur la vigne
sont des fruits industriels, comme étant le résultat de la
culture.

Les fruits civils sont les loyers des maisons, le prix des
baux à ferme, les intérêts des capitaux et les arrérages de
rente. (*Code civil*, art. 584.)

Les fruits civils sont réputés s'acquérir jour par jour et
appartenir à l'usufruitier en proportion de la durée de
son usufruit, à compter du jour où il en entre en possession.

L'usufruit peut-être établi sur toute espèce de biens,
mais les droits de l'usufruitier sont différents suivants la

différente nature des objets sur lesquels l'usufruit est établi.

Nous allons expliquer l'étendue de ces droits sur :

1° Les meubles ordinaires ;

2° Les animaux ;

3° Les choses fongibles ;

4° Les créances ;

5° Les immeubles.

1° *Meubles ordinaires*. — L'usufruitier n'acquiert pas la propriété de ces meubles par la délivrance qui lui en est faite, il n'en a que la jouissance. Il a le droit de s'en servir pour l'usage auquel ces meubles sont destinés, et il n'est obligé à les rendre à la fin de l'usufruit que dans l'état où ils se trouvent, non détériorés par son dol ou par sa fraude. (*Code civil*, art. 589.)

Cependant l'usufruitier ne peut se servir des meubles que pour l'usage auquel ils sont destinés. Il est obligé de se conformer à la disposition du père de famille, et il ne pourrait impunément faire servir les objets à un usage qui peut entraîner plus tôt le dépérissement ou la perte ; par exemple, le linge, les autres meubles de ménage dont l'usage journalier occasionne une prompte dégradation ne pourraient être employés par l'usufruitier au service d'une auberge, d'un pensionnat.

L'usufruitier n'est pas responsable des dégradations qui ne sont que l'ouvrage du temps ou l'effet de l'usage légitimement exercé ; et si les choses avaient péri par accident (*exemple : un incendie*), la perte en serait pour le propriétaire quant à la propriété, comme pour l'usufruitier quant à la jouissance.

2° *Animaux*. — Celui qui a un droit d'usufruit sur les animaux n'a aussi que la faculté de les employer aux usages pour lesquels ils avaient été destinés, sans pouvoir les soumettre à un service plus pénible. Il a droit à tous leurs produits ; ainsi le travail, le croît, les laines, etc. — Si l'animal meurt sans qu'on puisse reprocher ni négligence, ni imprudence à l'usufruitier, il n'a que la peau à restituer au propriétaire. (*Code civil*, art. 615 et 616.)

3° *Choses fongibles.* — L'usufruit établi sur les choses fongibles, telles que les deniers comptant, les grains, les liqueurs, donne à l'usufruitier le droit de les consommer, à la charge d'en payer à la fin de l'usufruit l'estimation portée en l'inventaire, ou d'en rendre une quantité égale, de même bonté. (*Code civil*, art. 587.)

4° *Créances.* — Les créances ne sont pas par elle-mêmes des choses fongibles, puisqu'on peut, sans les consommer, jouir des revenus qui en résultent : l'usufruitier n'en acquiert donc pas la propriété par la remise des titres qui lui est faite au moyen desquels il pourra exercer les actions nécessaires pour en jouir.

Mais si, pendant l'usufruit, elles sont remboursées, elles se trouvent éteintes, et les sommes payées pour leur acquit ne sont plus que des choses fongibles dont l'usufruitier qui les reçoit devient propriétaire, à la charge d'en rendre autant à la fin de son usufruit.

Nul doute que l'usufruitier n'ait le droit de recevoir les capitaux qui seraient payés par les débiteurs, et même de forcer le remboursement de ceux qui seraient exigibles. Il a le droit de jouir des capitaux comme de tous les autres objets soumis à son usufruit ; or, pour jouir d'une chose, il faut l'avoir reçue ; donc, l'usufruitier a le droit de toucher ou de contraindre au remboursement. — l'usufruitier a d'ailleurs toutes les actions actives et passives de l'hérédité, et il est responsable des pertes qui pourraient arriver par défaut de poursuites.

Toutefois, le nu-propriétaire est recevable à veiller à la conservation de ses droits, et, à cet effet, il peut : 1° Lorsque l'usufruitier n'a pas été dispensé de donner caution, exiger de lui cette caution dès l'ouverture de l'usufruit ; ou bien si la caution n'a pas été fournie, faire défense aux débiteurs de se libérer, sans l'appeler, entre les mains de l'usufruitier; 2° dans tous les cas, et lors même que l'usufruitier aurait été dispensé de fournir caution, demander à la justice des mesures conservatoires si quelque fait nouveau, quelque malversation, par exemple, de la part de l'usufruitier, ou le dérangement de ses affaires, peut faire craindre que le capital ne soit compromis entre ses mains. (*Demolombe*, n° 321 et suivants; — Argument des articles 602, 618 et 1180 du *Code civil*; — *Paris*, 6 janvier 1826; — *Lyon*, 15 janvier 1836; — *Nancy*, 17 février 1844.)

L'usufruitier ne peut valablement faire le transport ou consentir la novation des créances soumises à l'usufruit.

5° *Immeubles.* — L'usufruitier a le droit soit d'en jouir par lui-même, soit de les louer ou affermer.

Il ne peut en changer la substance, ainsi, d'un pré, d'un bois, il ne peut faire une terre à labour *et vice versa*; d'une maison bourgeoise il ne peut faire une auberge.

L'usufruitier a le droit de pêche dans les cours d'eau qui bordent ou traversent les immeubles soumis à son usufruit, à l'exclusion du nu-propriétaire. (*Avis du Conseil d'État* du 30 pluviôse an XIII.)

Il a également seul le droit de chasse dans les champs ou dans les bois. (*Merlin*, v° Chasse, § 3, n° 7; *Duranton*, t. IV, n° 285; *Proudhon*, t. III, n° 1209.)

Si l'usufruit comprend des bois taillis, l'usufruitier est tenu d'observer l'ordre et la quotité des coupes, conformément à l'aménagement ou à l'usage constant des propriétaires, sans indemnité toutefois en faveur de l'usufruitier ou de ses héritiers pour les coupes ordinaires soit de taillis, soit de baliveaux, soit de futaie qu'il n'aurait pas faites pendant sa jouissance. (*C. c.*, art. 590.)

L'usufruitier profite encore, toujours en se conformant aux époques et à l'usage des anciens propriétaires, des parties de bois de haute futaie qui ont été mises en coupes réglées, soit que ces coupes se fassent périodiquement sur une certaine étendue de terrain, soit qu'elles se fassent d'une certaine quantité d'arbres pris indistinctement sur toute la surface du domaine. (*C. c.*, art. 591.)

Dans tous les autres cas, l'usufruitier ne peut toucher aux arbres de haute futaie ; il peut seulement employer pour faire les réparations dont il est tenu les arbres arrachés ou brisés par accident ; il peut même, pour cet objet, en faire abattre, s'il est nécessaire, mais à la charge d'en faire constater la nécessité par le propriétaire.

Hors le cas de nécessité de réparations, les arbres de haut jet qui viennent à mourir, ou qui sont renversés, appartiennent au nu-propriétaire.

Ce dernier ne pourrait lui-même abattre des arbres de haute futaie pendant la durée de l'usufruit, à moins toutefois que les arbres ne se couronnassent, et qu'il ne devint nécessaire de les couper.

Il a été jugé, en ce qui concerne cette seconde disposition, que le propriétaire peut, nonobstant l'opposition de l'usufruitier, disposer d'objet compris dans l'usufruit, lorsque ces objets dépérissent et ne sont, d'ailleurs, pour l'usufruitier, productifs d'aucuns revenus, ni même objets d'agrément. (*Poitiers*, 2 avril 1818.)

Quant aux arbres fruitiers qui meurent, ceux mêmes qui sont arrachés ou brisés par accident, ils appartiennent à l'usufruitier, à la charge de les remplacer par d'autres. (*C. c.*, art. 594.)

Nous avons dit que l'usufruitier a le droit de louer ou affermer les biens soumis à son usufruit.

Mais il ne peut faire de baux dont la durée excèderait *neuf* années ; il ne peut non plus passer avec un preneur nouveau, ni renouveler avec l'ancien, les baux plus de trois ans avant l'expiration du bail courant, s'il s'agit de biens ruraux, et plus de deux ans avant la même époque s'il s'agit de maisons, de manière que le nu-propriétaire ne peut être lié plus de douze ans s'il s'agit d'une ferme, ou de onze ans s'il s'agit d'une maison.

Le bail passé ou renouvelé plus de trois ans ou de deux ans avant l'expiration du bail courant serait néanmoins toujours obligatoire pour le nu-propriétaire, si son exécution avait commencé avant l'extinction de l'usufruit.

Quels sont les droits respectifs de l'usufruitier et du propriétaire ou de leurs héritiers sur les récoltes pendantes par racines ou sur les fermages de l'année courante au moment soit de l'entrée en possession de l'usufruit, soit à la fin de l'usufruit ?

Une distinction importante doit d'abord être faite à ce sujet en ce qui concerne les biens ruraux, terre, champs, pré.

Ou la terre était exploitée par le propriétaire ou l'usufruitier, ou bien elle était affermée.

Lorsque la terre qui fait l'objet de l'usufruit n'est pas affermée, les droits de l'usufruitier au moment de son entrée en possession, et ceux du propriétaire au jour de l'extinction de l'usufruit, sont réglés par l'article 585 du Code civil en ces termes : « Les fruits naturels et industriels pendants par branches ou par racines au moment où l'usufruit est ouvert, appartiennent à l'usufruitier. — Ceux qui sont dans le même état au moment où finit l'usufruit, appartiennent au propriétaire, sans récompense de part ni d'autre des labours et des semences, mais aussi sans préjudice de la portion des fruits qui pourrait être acquise au colon partiaire, s'il en existait un au commencement ou à la cessation de l'usufruit. »

Si une partie seulement de la récolte est coupée au moment de l'ouverture de l'usufruit, cette partie seule appartient au nu-propriétaire, et c'est l'usufruitier qui a le droit de récolter l'autre partie.

Pareillement, les héritiers de l'usufruitier qui décède lorsqu'une partie seulement des fruits est détachée du sol, n'ont aussi droit qu'à cette partie.

La vente consentie par l'usufruitier de ses récoltes encore pendantes par racines n'est pas opposable au propriétaire lorsque l'usufruit s'est éteint avant que le tiers acquéreur ait fait la récolte de la coupe. (*Demolombe*, n° 358 ; *Proudhon*, n°s 994 et 995 ; *Marcadé*, t. II, art. 585, n° 6 ; *Orléans*, 10 août 1815.)

Cependant la Cour de Cassation a consacré la solution contraire en décidant que la vente est valable, en ce sens que l'acquéreur a le droit de faire la récolte ou la coupe, et que le prix en appartient, savoir : à l'usufruitier pour la portion déjà exploitée, et au nu-propriétaire pour la portion non exploitée, ou pour la totalité si l'usufruit prend fin avant que l'acquéreur ait encore commencé l'exploitation. (*Cassation*, 21 juillet 1818.)

La disposition de l'article 585 ne fait pas préjudice aux droits que les tiers pourraient avoir relativement à la récolte ; c'est ainsi que ceux qui auraient fait les travaux de labours et ensemencé le champ avant l'ouverture de l'usufruit, n'en pourraient pas moins invoquer l'article 548 contre l'usufruitier, après l'ouverture de l'usufruit ; de même qu'il pourrait l'invoquer contre le propriétaire après l'extinction de l'usufruit, si c'était pendant sa durée que le tiers eut fait des frais de labours et d'ensemencement. (*Demolombe*, n° 373 ; *Toullier*, t. III, p. 402.)

Et ce tiers aurait toujours soit contre l'un, soit contre l'autre, suivant le cas, le privilége qui lui est assuré par l'article 2102 du Code civil.

Si le champ, la terre labourable, le pré, etc., a été affermé soit par le propriétaire avant l'ouverture de l'usufruit, soit par l'usufruitier avant l'extinction de son droit, le règlement des droits respectifs des parties a lieu d'après des bases toutes différentes ; ce n'est pas l'article 585 qui est alors applicable, mais bien l'article 586.

Or, d'après cet article, les fruits civils sont réputés s'acquérir jour par jour, et le fermage doit se partager au prorata de la durée de l'usufruit.

On ne doit tenir aucun compte de l'époque de l'échéance ou de l'exigibilité des fermages. Il n'importe nullement que le prix du bail soit payable, en une seule fois ou par parties, à des termes périodiques, à la fin de chaque année ou à d'autres époques plus ou moins reculées, ni même qu'il ait été payé d'avance en tout ou en partie.

Ces diverses stipulations relatives à l'époque des paiements sont sans influence sur les droits respectifs des parties, soit au commencement, soit à la fin de l'usufruit. (*Rouen*, 22 janvier 1828.)

Ce qu'il faut considérer, c'est l'existence simultanée du bail et de l'usufruit ; — du *bail*, disons-nous, non point de sa date, bien entendu, mais seulement de l'entrée en jouissance du fermier ; — c'est le temps pendant lequel le bail et l'usufruit ont duré effectivement ensemble, sauf un règlement de part et d'autre, si le nu-propriétaire, avant le commencement, ou l'usufruitier avant la fin de l'usufruit, n'avait pas reçu du fermier la portion de fermages à laquelle l'un ou l'autre se trouverait avoir droit.

Ainsi, s'agit-il d'un bail passé, avant l'ouverture de l'usufruit, par le propriétaire :

Rien de plus simple ; le point de départ pour régler le droit de l'usufruitier aux fermages, c'est le jour de l'ouverture de l'usufruit, soit jusqu'à l'expiration du bail si l'usufruit se prolonge jusque-là, soit jusqu'au jour de l'extinction de l'usufruit, s'il s'éteint avant l'expiration du bail.

Supposons que le bail ait commencé le 1er octobre ; si l'usufruit commence le 1er mars, la succession du propriétaire décédé a droit à cinq mois, et l'usufruitier, à sept mois.

Si l'usufruitier décède le 1er août, ses héritiers auront droit à dix mois, et le nu-propriétaire, recevra les deux mois restant à courir jusqu'au 1er octobre.

Lorsqu'il s'agit d'un bail consenti par l'usufruitier, il paraît, à première vue, plus difficile de déterminer le point de départ de son droit aux fermages.

L'usufruit, par exemple, s'est ouvert le 1er novembre, et l'usufruitier (ou le propriétaire avant l'ouverture de l'usufruit, peu importe) a loué la terre à un fermier pour entrer en jouissance le 1er mars de l'année suivante, l'usufruit s'éteint le 1er juillet ; — l'usufruitier aura-t-il droit à huit mois de fermages parce que son usufruit a duré, en effet, huit mois pendant l'année, dont ces fermages représentent véritablement les fruits pendant l'année qu'on appelle fermière ? Ou bien n'aura-t-il droit qu'à quatre mois, parce que son usufruit n'a existé que pendant quatre mois en même temps que le bail ?

L'article 586 semblerait d'abord favoriser la première idée, en disant que les *fruits civils* appartiennent à l'usufruitier *à proportion de la durée de son usufruit.*

Mais il n'en faut pas moins décider que l'usufruitier n'a droit, dans notre hypothèse, qu'à quatre mois de fermages. — Aux termes même de l'article 586, les fruits civils sont réputés s'acquérir jour par jour ; or, les fermages n'ont pas évidemment pu être acquis de la sorte avant l'existence du bail, avant l'entrée en jouissance du fermier ; ce n'est qu'à dater du premier mars, jour de son entrée, que le fermier a pu en devenir pour la première fois débiteur ; donc, ce n'est que de ce jour que l'usufruitier a pu en devenir aussi pour la première fois créancier ; donc l'acquisition successive et quotidienne des fermages ne peut dater que de ce jour.

Ces premiers mots de l'article 586 ne permettent pas, en effet, de se tromper sur le sens de ceux qui les suivent ; et il est clair que les fruits civils n'appartiennent à l'usufruitier, à proportion de son usufruit, qu'en tant que la durée de son usufruit correspond à la durée du bail, de la créance, ou de toute autre cause productive de fruits civils. (*Proudhon,* t. II, n° 920 ; *Duranton,* t. IV, n° 539.)

Et il faudrait, bien entendu, adopter la même solution, si l'usufruit dans l'espèce précédente, au lieu de s'éteindre dans la première année du bail en cours d'exécution, ne s'éteignait que dans la seconde ou la troisième année, et ainsi pour les autres. (*Demolombe,* nᵒˢ 366 et suivants.)

On voit par ce qui précède que pour le partage de l'année de fermages appartenant indivisément à l'usufruitier et au nu-propriétaire et réciproquement, on ne doit prendre en considération :

Ni le commencement de l'année civile ;

Ni la date du bail ;

Ni l'époque fixée pour le paiement en un ou plusieurs termes.

Le jour anniversaire qu'il faudrait prendre comme point de départ pour calculer la portion des fermages qui reviendrait aux héritiers de l'usufruitier dans l'année où l'usufruit prendrait sa fin, serait toujours, non point celui de l'ouverture de l'usufruit, mais uniquement celui de l'entrée en jouissance du fermier dont le bail est en cours d'exécution.

Mais que faudrait-il décider dans le cas où l'usufruitier aurait tout à la fois, pendant la même année, récolté d'abord les fruits naturels d'un fonds, et ensuite affermé ce même fonds ?

L'usufruit, par exemple, s'est ouvert le 1ᵉʳ juillet et j'ai fait, comme usufruitier, toute la récolte du fonds, en vertu de l'article 585, puis j'ai loué ce même fonds le 1ᵉʳ octobre, et mon usufruit finit le 1ᵉʳ janvier ?

Bien que j'aie profité de la récolte de toute l'année, mes héritiers auront-ils encore droit aux trois mois de fermages courus depuis le 1ᵉʳ octobre jusqu'au 1ᵉʳ janvier, jour de mon décès ?

Proudhon, qui propose une hypothèse semblable, discute avec de longs développements cinq systèmes d'après lesquels cette question serait susceptible de recevoir, en effet, cinq solutions différentes, mais le savant auteur conclut finalement en faveur du système qui attribue tout ensemble à l'usufruitier la récolte en nature qu'il a faite, et à ses héritiers les trois mois de fermages qui, dans l'existence du bail, correspondent à la durée de son usufruit, t. II, n°* 927 à 976.

Et cette doctrine, dit M. *Demolombe,* est aussi la plus juridique.

D'une part, aux termes de l'article 585, l'usufruitier, a acquis les fruits naturels ou industriels qu'il a perçus, et il en a été légitimement et définitivement approprié ;

D'autre part, aux termes de l'article 586, les fruits civils s'acquièrent jour par jour et appartiennent à l'usufruitier, à proportion de la duré de son droit, pendant la durée du bail ;

Donc, sous l'un et l'autre rapport, le droit de l'usufruitier est parfaitement établi.

Il est vrai qu'il aura ainsi toute la récolte d'une année et un quart du produit de l'année suivante, c'est-à-dire cinq quarts de récolte pour une jouissance qui n'aura que six mois (du 1er juillet au 1er janvier), — mais, ajoute M. *Demolombe,* ce sont là des chances dont toute cette matière de l'usufruit est remplie, des chances que la faculté pour l'usufruitier de transformer, par un bail, les fruits naturels en fruits civils, peut sans doute augmenter considérablement, mais dont il faut bien néanmoins prendre son parti, puisque la loi l'autorise. Remarquons d'ailleurs que ces chances sont réciproques, et que si elles peuvent être favorables, dans certains cas, à l'usufruitier, elles pourraient aussi, dans d'autres cas, lui être contraires.

DES OBLIGATIONS DE L'USUFRUITIER.

L'usufruitier doit jouir en bon père de famille, c'est-à-dire dans un esprit de conservation. Ce n'est pas assez

pour lui d'en user comme faisait le testateur qui, étant
propriétaire, pouvait s'écarter, sans contrôles des règles
d'une bonne administration, tandis que l'usufruitier ne doit
jamais commettre aucun abus de jouissance.

Il doit avertir le propriétaire toutes les fois que les droits
de celui-ci sont compromis, faute de quoi il devient responsable du dommage qui peut en résulter pour le propriétaire. (*Code civil*, art. 614.)

Lorsque l'usufruitier ne jouit pas en bon père de famille,
il s'expose à une action de la part du propriétaire pour
abus de jouissance.

L'usufruitier est tenu, pendant sa jouissance, de toutes
les charges annuelles de l'héritage, telles que les contri-
butions et autres qui, dans l'usage, sont censées charges
de fruits.

L'usufruitier *n'est tenu* qu'aux réparations d'entretien.
Les grosses réparations demeurent à la charge du propriétaire, à moins qu'elles n'aient été occasionnées par le
défaut de réparations d'entretien, depuis l'ouverture de
l'usufruit, auquel cas l'usufruitier en est aussi tenu.

Aux termes de l'article 606, les grosses réparations
sont celles des gros murs et des voûtes, le rétablissement
des poutres et des couvertures *entières*, celui des digues
et des murs de soutènement et de clôture *aussi en entier*.

Toutes les autres réparations sont d'entretien.

On comprend dans les gros murs ceux d'intérieur dits
de refend, les pans de bois, les cloisons en charpente et
maçonnerie, quand ils règnent de fond en comble, ou
quand ils sont destinés à supporter les poutres ou plafonds.
(*Lepage*, t. II, p. 209).

La charpente des combles est considérée comme les
poutres, dont le rétablissement est à la charge des propriétaires. (*Ibid.*, p. 212).

Il en est de même des escaliers en charpente. (*Ruelle*,
n° 645).

Les têtes des cheminées sont mises au nombre des grosses réparations. (*Proudhon*, nº 1639).

Mais le simple récrépissement ou la reprise des lézardes d'un gros mur, n'est pas une grosse réparation. (*Proudhon*, nº 1626).

On considère comme poutres les poutrelles, lambourdes, sablières et autres pièces de bois accolées aux poutres et poutrelles pour les renforcer, et qui sont destinées à supporter les divers bois d'un plancher, parce que c'est sur ces diverses pièces de bois que reposent les planchers. (*Lepage*, p. 210; — *Proudhon*, nº 1330.)

Ce n'est que le rétablissement des *couvertures entières* qui est considéré comme grosse réparation, c'est-à-dire la reconstruction totale et non pas les simples réparations de détail, telles que les remplacements des tuiles, des ardoises, des lattes hors de service.

Il y a couverture *entière* à refaire lorsque la grande majorité ou la presque totalité a évidemment besoin d'être refaite; c'est au reste une question de fait à vérifier par les gens de l'art, et qui doit être décidée par le juge en cas de contestation.

Puisque l'usufruitier est tenu de toutes les réparations autres que celles mises à la charge du propriétaire par l'article 606 du Code civil, et que nous venons de les énumérer, il devient inutile de rechercher le détail des réparations d'entretien. Nous signalerons seulement comme telles : le rétablissement partiel des couvertures, celui des gouttières, des plâtres, des faîtages, le curage des puits et des fosses d'aisances, le rétablissement des planchers, etc., etc., enfin toutes les réparations qu'il n'est pas possible de faire rentrer dans la catégorie de celles que l'article 606 a seules considérées comme grosses réparations.

Le nu-propriétaire peut évidemment contraindre l'usu—

fruitier à faire les réparations d'entretien dont la cause est postérieure à l'ouverture de l'usufruit.

Mais celui-ci a-t-il le droit de forcer le nu-propriétaire à faire les grosses réparations ?

Les grosses réparations, dit l'article 605, *demeurent à la charge du propriétaire*. La loi ne s'exprime pas à l'égard de celui-ci comme elle le fait dans les termes précédents à l'égard de l'usufruitier ; elle ne dit pas que le propriétaire est *tenu* des grosses réparations. Effectivement, il n'est point obligé de conserver la chose ; il peut la laisser tomber en ruine, et cette faculté est un des attributs essentiels du droit de propriété. Il ne doit personnellement rien à l'usufruitier que la délivrance du fonds pour en jouir dans l'état où il se trouve (C. c., art. 600) ; on ne peut l'obliger à faire les réparations qui *demeurent* à sa charge, soit que ces réparations soient déjà devenues nécessaires lors de l'ouverture de l'usufruit, soit qu'elles ne le soient devenues que pendant son cours. (*Proudhon*, nº 1652 ; *Toullier*, t. III, nº 443 ; *Duranton*, t. IV, nº 615 ; *Demolombe*, nºˢ 581 et suivants ; — *Douai*, 2 décembre 1834 ; *Caen*, 7 novembre 1840 ; *Paris*, 11 octobre 1860.)

Ni le propriétaire, ni l'usufruitier ne sont tenus de rebâtir ce qui est tombé de vétusté, ou ce qui est tombé par cas fortuit. (*Code civil*, art. 607).

DES DROITS ET DES OBLIGATIONS DU PROPRIÉTAIRE.

Après avoir indiqué les droits et les obligations de l'usufruitier, il nous paraît utile de dire quelques mots sur ceux qui concernent le propriétaire.

Et d'abord, en ce qui concerne ses droits :

Le propriétaire a le droit de veiller à la conservation des choses sujettes à l'usufruit, et de prendre immédiatement toutes les précautions nécessaires pour arriver à cette fin, parce que le droit de conserver dérive nécessairement de celui de propriété. (*Proudhon*, n° 873).

Il a le droit par conséquent de faire les grosses réparations qui demeurent à sa charge, et l'usufruitier doit supporter la gêne et même la privation de jouissance qui résulteraient de ces travaux, sans être recevable à demander une indemnité, lors même qu'ils dureraient plus de quarante jours.

Nous avons déjà dit que le nu-propriétaire peut faire abattre les arbres de haute futaie non-aménagés qui se couronnent et qui dépérissent, et qu'il a seul droit aux arbres de cette catégorie, morts ou renversés par le vent.

Quant aux obligations du propriétaire du fonds grevé d'usufruit, elles consistent en général à mettre l'usufruitier en jouissance et à s'abstenir de tout ce qui pourrait nuire à sa jouissance.

Le propriétaire ne peut, ni avant, ni après la délivrance du legs, faire dans l'héritage aucun changement qui empire la condition de l'usufruitier.

DE L'EXTINCTION DE L'USUFRUIT.

L'usufruit s'éteint par la mort naturelle et par la mort civile de l'usufruitier. (*Code civil*, art 617.) — Dès lors la propriété recouvre immédiatement, *ex eo tempore*, la plénitude de ces attributs, et le nu-propriétaire rentre dans la possession et la jouissance de sa chose.

Il peut donc, dès le jour même de l'extinction de l'usufruit réclamer des héritiers de l'usufruitier,

1° Les meubles qui étaient soumis à l'usufruit, ou leur valeur estimative ;

2° Les deniers comptant qui existaient au moment de l'ouverture de l'usufruit, et les capitaux qui auraient été remboursés pendant sa durée.

Les intérêts de l'argent qui aurait été compris dans l'usufruit, ou du montant de l'estimation qui aurait eu lieu pour les meubles non-représentés, et pour les choses fongibles, sont-ils dus de suite au propriétaire, ou seulement à compter du jour de sa demande ?

Pothier décide formellement que les héritiers ne doivent les intérêts qu'à partir de la demande judiciaire.

Mais ce serait faire survivre l'usufruit à l'événement qui doit l'éteindre, et nous pensons que les intérêts sont dus, non pas seulement du jour de la demande, mais bien du jour où l'usufruit a pris fin. Voyez en ce sens : (*Cassation*, 11 mars 1846 et 23 avril 1860).

Le propriétaire a droit, à partir de l'extinction de l'usufruit, aux fruits civils qui représentent les intérêts des créances, les loyers et fermages des immeubles dont l'usufruitier aurait passé bail. (*Code civil*, art. 584, 586).

S'il s'agit d'une terre exploitée par l'usufruitier, le propriétaire la reprend avec les fruits naturels ou industriels qui y sont pendants par branches ou par racines. (*C. c.*, 583, 585).

Nous supposons maintenant que c'est une maison que l'usufruitier habitait lui-même avec sa famille.

Il paraît bien certain que le propriétaire ne peut pas mettre immédiatement à la porte la famille de l'usufruitier, et qu'il doit lui laisser pour déménager, le même temps qu'elle aurait devant elle s'il s'agissait d'une location verbale, ou du moins, en cas de doute à cet égard et de contestation, il appartiendrait au juge de déterminer, suivant les cas, et d'après les circonstances du fait, le délai nécessaire, comme dit *Pothier*, pour le délogement des héritiers de l'usufruitier. C'est là, en effet, une conséquence équitable et véritablement nécessaire des relations que l'usufruit avait créées. (*Argument* de l'art. 1135 ; — *Demolombe*, n° 638 ; *Pothier*, n° 268 ; *Proudhon*, t. V, n° 2585.)

Et, pendant ce délai, les héritiers de l'usufruitier qui continueraient à habiter la maison, devront en payer le loyer au propriétaire.

Les héritiers de l'usufruitier ont le droit d'enlever les glaces, tableaux et autres ornements que leur auteur aurait fait placer, à la charge de rétablir les lieux dans leur premier état. (*Code civil*, art. 599.)

Mais ils ne pourraient réclamer aucune indemnité pour les *améliorations* qui auraient été faites. (*Ibid.*)

Cependant, on ne doit pas comprendre dans ce mot « *améliorations* » les bâtiments que l'usufruitier aurait fait construire. Dans ce dernier cas, il faudrait suivre la règle tracée par l'article 555 du Code civil.

VAINE PATURE.

Pour trouver l'origine du droit de parcours et de vaine pâture, il faut peut-être remonter jusqu'aux temps de la vie pastorale ; alors, dit Virgile dans les Géorgiques :

> « *Sæpe diem noctemque et totum ex ordine mensem*
> « *Pascitur ; itque pecus longa in deserta sine ullis*
> « *Hospitiis ; tantum campi jacet.* » Liv. III, vers 341.
> « Là, leurs troupeaux épars, ainsi que leurs foyers
> « Et paissant *au hasard*, durant des mois entiers,
> « Soit que le jour renaisse, ou que la nuit commence,
> « S'égarent lentement dans un désert immense. »

La vaine pâture, en effet, se compose des produits d'un sol inculte ou d'un sol dépouillé de la récolte, produits bien faibles et qui sont abandonnés aux bestiaux sans aucun préjudice appréciable pour le propriétaire des héritages sur lesquels elle s'exerce : *Dicitur vana pastura, quia nullum damnum offert prædii servitutis.* — *Chassanée, Coutume de Bourgogne.* — Il est probable que les troupeaux des peuples pasteurs, errant incessamment de contrée en contrée sous la garde de leurs conducteurs, cherchaient leur nouriture partout où la terre leur offrait le tribut de ses productions naturelles. (*Lepasquier*, Législation sur la vaine pâture.)

Si l'origine du parcours se lie à la vie pastorale, son caractère primordial s'est effacé à mesure que les sociétés primitives ont modifié leur constitution. — Dans les premiers siècles de la monarchie française on ne rencontrait dans les champs ni bornes ni clôtures ; les limites de la propriété étaient indécises. Il y avait d'ailleurs, dans la Gaule surtout, beaucoup plus de forêts que de terres labourables. Mais bientôt les individus qui vivaient isolément se réunirent pour former des villages. Les habitants de ces bourgades naissantes, qui avaient à se défendre contre les bêtes fauves des forêts et contre les agents du régime féodal, eurent naturellement la pensée d'assembler leurs troupeaux sous la garde d'un pâtre commun. Ils pouvaient ainsi réunir des moyens de défense plus efficaces, et se pourvoir de chiens contre les animaux des forêts ; d'un autre côté les déprédateurs s'attaquaient moins effrontément au troupeau de toute la commune qu'à celui d'un simple habitant. En outre, les limites des communes n'étant pas plus déterminées que celles des propriétés particulières, les cultivateurs étaient exposés à des procès avec les habitants des communes voisines et surtout avec le seigneur sur les propriétés duquel les troupeaux se transportaient. Le mélange de ces divers territoires, enclavés les uns dans les autres, rendait indispensable une espèce d'association entre les communes, qui trouvaient par là le moyen de se protéger mutuellement contre les forces qui luttaient contre elles. — De là est née cette faculté et liberté de pâturage auquel on a donné le droit de parcours et de vaine pâture. « Mais comme toutes les justices et paroisses, dit *Fréminville*, n'ont pas les mêmes difficultés et qu'elles jouissent tranquillement de ce qui est à elles, il n'y a dans ces endroits aucun droit de parcours, ce qui fait qu'il n'est pas de droit commun. » Voyez *Dalloz*, Droit rural, n° 28.

La vaine pâture et le parcours étaient autrefois régis

par des coutumes et par les usages locaux. Le plus grand nombre des coutumes ne reconnaissaient dans la vaine pâture qu'un fait, une faculté n'engendrant aucun droit; n'engageant pas l'avenir. (*Troplong*, Traité des Prescriptions, p. 506.) — Ce fait était regardé comme utile dans quelques provinces, comme nuisible dans d'autres; avant même la révolution de 1789, des édits des rois de France, notamment ceux de 1760 et de 1771, avaient aboli lo parcours et la vaine pâture dans beaucoup de provinces du royaume, sur la demande même de ces provinces.

Aujourd'hui, les droits de parcours et de vaine pâture sont définis et réglés par la section IV du titre Ier de la loi du 28 septembre — 6 octobre 1791. Nous allons la transcrire textuellement en faisant suivre chaque article de quelques annotations.

Article 1er. « Tout propriétaire est libre d'avoir chez lui telle quantité et telle espèce de troupeaux qu'il croit utile à la culture et à l'exploitation de ses terres, et de les y faire pâturer exclusivement, sauf ce qui sera réglé ci-après relativement au parcours et à la vaine pâture. »

Cet article est une conséquence du droit absolu de chacun sur sa propriété; il contient à la fois le principe et l'exception. Le propriétaire, sur son fonds, peut faire pâturer ses troupeaux exclusivement; mais il n'aura cependant point le droit d'exclure le troupeau d'autrui, si son terrain est soumis au parcours ou à la vaine pâture.

Article 2. « La servitude réciproque de paroisse à paroisse, connue sous le nom de *parcours*, et qui entraîne avec elle le droit de vaine pâture, continuera provisoirement d'avoir lieu, avec les restrictions déterminées à la présente section, lorsque cette servitude sera fondée sur un *titre*, ou sur une *possession autorisée* par les lois et coutumes : à tous les autres égards, *elle est abolie.* »

Le droit de parcours est l'effet d'une convention (expresse ou présumée) entre deux paroisses et villages, par laquelle

les habitants se sont donné mutuellement la liberté de faire
pacager leurs bestiaux sur le terroir de chacun et respectivement pour leurs usages. Il suit de là que la servitude
doit être réciproque : autrement ce serait un droit d'usage
en pâture.

La différence légale entre le parcours et la vaine pâture
est facile à saisir : l'un, *le parcours*, s'exerce entre plusieurs communes, au profit de tous les habitants de ces
diverses communes respectivement obligées à souffrir cette
espèce de servitude ; — l'autre, *la vaine pâture*, ne
s'exerce que sur une commune par les habitants de cette
commune. Il résulte de là que la vaine pâture peut exister
sans le parcours, mais que le parcours ne peut pas exister
sans la vaine pâture.

Le parcours est encore plus nuisible aux progrès de
l'agriculture que la vaine pâture entre particuliers. Aussi
y a-t-il, entre l'article 2 et l'article 3, une différence notable de rédaction. Celui-ci maintient le droit de vaine
pâture là où il existait en vertu *d'un usage local immémorial ;* celui-là ne permet *provisoirement* l'exercice du
droit de parcours qu'autant qu'il serait fondé sur *une possession autorisée par les lois et coutumes.*

Ces mots de l'article 2 « *une possession autorisée par les
lois* » s'entendent des lois locales et non des lois générales
de la France.

Par arrêt du 8 juin 18 1, la Cour de Cassation a jugé
que, quoique la vaine pâture de paroisse à paroisse sur les
biens respectifs des habitants, connue sous le nom de parcours, ait été abolie en général par l'article 2, section IV
de la loi du 28 septembre 1791, néanmoins, comme cet
article ne prescrit aucune peine (*Code pénal*, art. 1er) pour
l'infraction à ses dispositions, il s'en suit que ce fait ne
peut donner lieu à aucune condamnation pénale, à moins
qu'il n'ait été défendu par un règlement municipal.

Nous ne croyons pas et nous ne pouvons admettre qu'un

fait de pâturage illicite ne soit pas légalement punissable. Il est inexact de déclarer que la loi pénale ne contient aucune disposition qui puisse l'atteindre. En effet, la disposition du n° 10 de l'article 479 introduite au Code pénal du 28 avril 1832, et qui reproduit presque identiquement l'ancien article 24, titre II de la loi de 1791, punit de l'amende de 11 à 15 francs ceux qui mèneront sur le terrain d'autrui des bestiaux de quelque nature qu'ils soient. Or, envoyer ses bestiaux au pacage soit sur les terrains dont on n'a ni la jouissance, ni la propriété, et qui ne sont pas assujettis à la servitude de parcours ni au droit de vaine pâture, ou bien sur des héritages qui en sont affranchis, n'est-ce pas les mener sur le terrain d'autrui ? — L'affirmative est hors de doute.

Article 3. « Le droit de vaine pâture dans une paroisse, accompagné ou non de la servitude de parcours, ne pourra exister que dans les lieux où il est fondé *sur un titre* particulier, ou autorisé par la loi, ou par un *usage local* immémorial et à la charge que la vaine pâture n'y sera exercée que conformément aux règles et usages locaux qui ne contrarieront point les réserves portées dans les articles suivants de la présente section. »

La vaine pâture consiste dans la faculté qu'ont les habitants d'une commune d'envoyer leurs bestiaux sur les fonds les uns des autres, après que ces fonds ont été dépouillés de leurs fruits, ou lorsque les terrains sont vagues et non cultivés.

On répute vaine pâture les terres après la dépouille, celle où il n'y a ni semence ni fruits, les prairies (*autres que celles artificielles*) après la première ou la deuxième coupe, les terres vacantes non labourées ni cultivées, les chemins, etc.

L'amodiation des friches d'une commune n'a pas pour effet de les soustraire à l'exercice du droit de vaine pâture existant dans cette commune en vertu d'un usage local

immémorial, tant que ces terrains restent à l'état de friches. La location n'a pas plus l'effet de les soustraire à
l'exercice de la vaine pâture que la location des propriétés
particulières n'a pour résultat d'en affranchir ces propriétés quand elles ne sont pas encloses ou couvertes de
récoltes.

En conséquence, l'individu qui, nonobstant l'amodiation
régulièrement faite à d'autres qu'à lui, envoie ses bestiaux
au vain pâturage sur ces friches dans le temps autorisé,
ne commet aucune contravention. — Cette doctrine a été
sanctionnée par un grand nombre d'arrêts. Voir entre
autres : *Cassation*, 7 septembre 1844 ; 4 mai 1848 ;
10 mars 1854 ; 28 juin 1861.

La vaine pâture est fondée ou sur une loi locale, ou sur
un usage immémorial, ou sur un titre particulier. Hors ces
trois cas, la vaine pâture n'est que précaire, et elle est
supposée n'avoir d'autre cause que la tolérance du pro-
priétaire• sur le fonds duquel on l'exerce. En conséquence, il peut en empêcher l'exercice, même sans se
clore.

Si la vaine pâture est fondée sur la loi locale ou sur l'u-
sage, c'est, comme le parcours, le résultat d'une société
tacite et illimitée à laquelle on peut toujours renoncer.
(*Code civil*, art. 1869.)

Si elle est fondée sur un titre, elle prend alors le caractère de servitude réelle, surtout si elle n'est pas réciproque.

La vaine pâture n'a lieu que pour les troupeaux que l'on
détient à titre de propriété, mais non pour les bestiaux
dont on fait le commerce, ou que l'on tient d'autrui à titre
de loyer pour les élever, les nourrir et engraisser. (*Dé-
nizart*, v° Pâturage ; *Fournel*, t. II, p. 362 et 379 ;
Cappeau, t. Ier, p. 72 ; *Vandoré*, t. Ier, p. 334.)

D'après la loi de 1791, le droit de vaine pâture s'exerçait même dans les bois ; il était toujours rachetable. Le

Code forestier, article 64, ne reconnaît plus que le droit de pâturage, droit qui ne peut plus être racheté lorsqu'il est *absolument nécessaire* aux habitants d'une ou plusieurs communes.

Article 4. « Le droit de clore et de déclore ses héritages résulte essentiellement de celui de propriété, et ne peut être contesté à aucun propriétaire. L'Assemblée nationale abroge toutes lois et coutumes qui peuvent contrarier ce droit.

La puissance féodale avait tantôt défendu aux communautés de se clore, tantôt elle le leur avait ordonné. Elle avait interdit ce droit en beaucoup de lieux pour que le seigneur fût libre dans l'exercice de la chasse. Dans d'autres, la même autorité avait prescrit des clôtures absolues, pour empêcher le gibier de s'introduire dans certaines propriétés particulières, ce qui aurait également nui à la chasse du seigneur (*art.* 30 *de l'Ordonnance de* 1669) ; et, d'un autre côté, pour que les habitants de commune fussent libres dans l'exercice du parcours et de la vaine pâture. Certaines coutumes avaient proscrit également le droit de se clore.

Mais toutes ces prohibitions et coutumes sont abrogées par notre article 4. — Il faut remarquer, toutefois, que la loi n'a d'empire que sur les lois et coutumes antérieures qu'elle abroge ; elle est sans effet sur les conventions.

Article 5. « Les droits de parcours et de vaine pâture ne pourront, en aucun cas, empêcher les propriétaires de clore leurs héritages ; et tout le temps qu'un héritage sera clos de la manière qui sera déterminée par l'article suivant, il ne pourra être assujetti ni à l'un, ni à l'autre droit ci-dessus. »

Mais, par une conséquence d'équité, le propriétaire qui veut se clore perd son droit au parcours et à la vaine pâture en proportion du terrain qu'il y soustrait. (*Code civil,* art. 648.)

Une clôture générale érigée par plusieurs propriétaires autour de leurs héritages contigus suffit pour soustraire à la vaine pâture les fonds ainsi clos, et il n'est pas nécessaire que chaque propriété soit protégée par une clôture particulière. (*Lyon*, 16 décembre 1863 ; — *Arrêt de Rejet* du 11 mars 1865.)

Remarquez ces mots de notre article « *le droit de parcours* et *le droit simple de vaine pâture ;* » ils indiquent qu'il ne s'agit ici que du droit fondé sur la coutume ou la simple tolérance, et non de celui fondé sur un *titre*. (*Proudhon*, n° 3680.)— Ainsi on ne peut opposer les mots « *en aucun cas* » à celui dont les prétentions sont fondées sur un titre ; il a le droit d'exiger un passage pour l'exercice de la servitude, nonobstant toute clôture. (*Lyon*, 16 décembre 1863 ; *Cassation*, 11 mars 1865.)

Article 6. « L'héritage sera réputé clos, lorsqu'il sera entouré d'un mur de quatre pieds de hauteur avec barrière ou porte, ou lorsqu'il sera exactement fermé et entouré de palissades ou de treillages, ou d'une haie vive ou d'une haie sèche fait avec des pieux ou cordelée avec des branches, ou de toute autre manière de faire les haies en usage dans la localité, ou enfin d'un fossé de quatre pieds de large au moins à l'ouverture et de deux pieds de profondeur. »

L'article 6 a désigné, par forme de démonstration et sans disposer d'une manière exclusive, divers modes de clôture qu'il a considérés comme produisant un effet utile et légal ; mais il n'a pu entrer dans la pensée du législateur ni d'exiger une solidité à l'abri des effets de la malveillance, ni d'imposer au propriétaire des précautions ruineuses et des sacrifices stériles ; il suffit donc que par la présence d'un obstacle manifestant l'intention d'interdire l'accès, l'introduction soit réellement empêchée pour que le vœu de la loi soit rempli. (*Cour de Lyon*, 46 décembre 1863 ; — *Rejet*, 11 mars 1865.)

L'état de défense cesse dans le cas où la clôture a été mal entretenue par le propriétaire, et qu'il y a des espaces laissant aux bestiaux la facilité de s'y introduire.

Si l'héritage clos a été mis en prairie artificielle, il sera toujours en défends malgré le mauvais état de la clôture.

Ne peut être réputé en état de clôture un champ autour du quel le propriétaire aurait laissé une simple bordure ou lisière de récoltes. (*Cassation*, 26 mars 1841.)

Les propriétaires de parties de prairies soumise au droit de parcours après la première herbe ont le droit de les clore et de les soustraire à la vaine pâture, lorsque les usagers fondent leurs droits, non sur un titre de propriété constitutif, mais seulement sur des titres qui se bornent à constater une longue jouissance.

Article 7. « La clôture affranchira de même du droit de vaine pâture réciproque ou non réciproque entre particuliers, si ce droit n'est pas fondé sur un *titre*; toutes les lois et tous usages contraires sont abolis. »

Ainsi, lorsqu'ils n'y a pas de titre, celui qui réclame un vain pâturage ne pourrait alléguer la possession trentenaire pour s'opposer à la clôture ou exiger un passage pour l'exercice du droit prétendu.

Article 8. « Entre particuliers, tout droit de vaine pâture fondé sur un titre, même dans les bois, sera rachetable à dire d'experts suivant l'avantage que pouvait en retirer celui qui avait ce droit, s'il n'était pas réciproque, ou eu égard au désavantage qu'un des propriétaires avait à perdre la réciprocité, si elle existait ; le tout sans préjudice au droit de cantonnement, tant pour les particuliers que pour les communautés, confirmé par l'article 8 du décret des 16 et 17 septembre 1790.

Cet article ne concerne que la vaine pâture fondée sur un *titre*, et qui est alors une servitude réelle.

Régulièrement, elle ne serait pas rachetable, parce qu'il

est de la nature des servitudes réelles d'être perpétuelles.

Mais l'intérêt de l'agriculture a fait admettre outre le cantonnement, un nouveau mode de dégrèvement : *le rachat à prix d'argent* .

La disposition de l'article 8 a cela de remarquable qu'en même temps qu'il institue un droit nouveau en faveur de la libération de la propriété, il réserve aux propriétaires le droit préexistant de requérir le cantonnement. — De là deux conséquences : la première, que, pour dégréver sa propriété du droit de vaine pâture, le propriétaire est investi de deux actions dont il a le choix : l'action en rachat de ce droit d'usage à prix d'argent, et la concentration des mêmes droits par la voie du cantonnement. — La seconde, qu'il ne peut y avoir un cantonnement qu'autant que le propriétaire n'use pas du droit de rachat. Ainsi, l'action en cantonnement se trouve, par la nature des choses, comme par l'autorité de la loi, nécessairement subordonnée à l'action du rachat. — (*Cour de Rouen*, 14 février 1827.)

Il a été jugé que la servitude de pacage après les premières herbes, même établie par titre, n'étant toujours qu'un droit de vaine pâture, quand même le pré aurait été clos, on peut s'en rédimer conformément à la loi du 28 septembre 1791 (*Cassation*, 26 janvier 1813.)

Mais le rachat ne peut être proposé vis-à-vis d'une *commune*, car l'article 8 le restreint *entre particuliers*. — Ainsi jugé par la Cour d'*Aix* le 17 juin 1823, et par la Cour de *Cassation*, le 27 janvier 1829. — Le cantonnement seul peut être offert.

Le propriétaire qui a racheté le droit de vaine pâture dont son fonds était grevé en vertu de titre, n'en reste pas moins soumis au droit de vaine pâture coutumière ; il ne peut s'affranchir de cette dernière charge que par la clôture de son héritage. (*Metz*, 26 juin 1861.)

Article 9. « Dans aucun cas et dans aucun temps, le droit de parcours ni celui de vaine pâture ne pourront s'exercer sur les prairies artificielles, et ils ne pourront avoir lieu sur une aucune terre ensemencée ou couverte de quelque production que ce soit, qu'après la récolte. »

Cet article a deux parties distinctes : la première est une défense *perpétuelle,* la seconde, une défense *temporaire.*

1° Planter en prairies artificielles, c'est défendre l'entrée de l'héritage, c'est le soustraire au parcours et à la vaine pâture. — Il en est de même quand on emploie son héritage à des plants de vignes, à tous plants et pépinières d'arbres fruitiers ou autres faits de main d'homme.

Mais comme la clôture ne soustrait pas par elle-même à la servitude de vaine pâture *fondée en titre,* et que le genre de plantation est, dans la loi, un droit parallèle à à celui de se clore, il faut dire que le genre nouveau de culture en prairies artificielles, en vignes, pépinières, etc., ne change rien au droit du propriétaire auquel un titre assure la servitude de vaine pâture, sauf la faculté de rachat,

2° Rien n'est plus clair que la seconde partie de l'article 9. Tout héritage ensemencé ou implanté de main d'homme, de quelque production que ce soit, se trouve par cela seul de plein droit, mis en défends contre le pâturage des bestiaux. — Ainsi, il n'est pas permis de conduire les troupeaux sous les arbres, même isolés, alors que le produit est adjacent à terre, par exemple, sous les pommiers, à l'époque où le fruit commence à tomber parce qu'il est mûr ou près de sa maturité.

Article 10. « Partout où les prairies naturelles sont sujettes au parcours ou à la vaine pâture, ils n'auront lieu provisoirement que dans le temps autorisé par les lois et coutumes, et *jamais* tant que *la première herbe* ne sera pas récoltée. »

Les dispositions des coutumes qui permettaient la vaine pâture au printemps dans les prés se trouvent abolies

21

puisqu'elle ne peut plus être exercée qu'après la levée de la première herbe, et *jamais* auparavant.

Il en est de même des dispositions coutumières qui fixaient l'époque à laquelle les foins devaient être coupés et enlevés pour livrer les prairies à la vaine pâture, puisque cet article ne limite aucun temps pour faire la récolte.

Article 11. « Le droit dont jouit tout propriétaire de clore ses héritages a lieu, même par rapport aux prairies, dans les paroisses où, sans titre de propriété et seulement par l'usage, elles deviennent commune à tous les habitants, soit immédiatement après la récolte de la première herbe, soit dans tout autre temps déterminé. »

On voit qu'il en serait autrement si le droit de faire consommer la seconde herbe par ses bestiaux était fondé en *titre.* Ce ne serait plus une vaine pâture proprement dite, mais une véritable servitude qui priverait du droit de se clore.

Article 12. « Dans les pays de parcours ou de vaine pâture soumis à l'usage du troupeau en commun, tout propriétaire ou fermier pourra renoncer à cette commuauté et faire garder, par troupeau séparé, un nombre de têtes de bétail proportionné à l'étendue des terres qu'il exploitera dans la paroisse. »

Autrefois les seigneurs hauts justiciers avaient seuls le droit d'avoir troupeau à part. Ce droit appartient aujourd'hui à tous. Cependant, il n'en est pas de même dans les bois. — Voyez *Code forestier*, article 72.

Il n'est pas permis à deux particuliers ou à un plus grand nombre de placer leurs bestiaux sous la conduite d'un berger par eux choisi, et de former ainsi un second troupeau commun. (*Cassation*, 9 février 1838.) — Il y a exception à cette règle dans le cas prévu par l'article 14. Voyez cet article.

Article 13. « La quantité de bétail proportionnellement

à l'étendue du terrain sera fixée, dans chaque paroisse, à tant de bêtes par arpent, d'après les règlements et usages locaux ; et à défaut de documents positifs à cet égard, il y sera pourvu par le conseil général de la commune. »

Quand un règlement municipal, approuvé par le préfet, a fixé proportionnellement à l'étendue du terrain exploité par chaque habitant d'une commune, la quantité de bétail qu'il pourra envoyer à la vaine pâture, il y a contravention punissable de la part de l'habitant qui dépasse le nombre qui lui a été assigné par le règlement, quoique le troupeau commun ne soit pas au complet, eu égard au nombre d'hectares de terre dont se compose le territoire de la commune.(*Cassation* 23 février 1855.)

·Les délibérations des conseils municipaux réglant la quantité de bétail pour chacun, sont tout aussi obligatoires pour les possesseurs ou fermiers grevés de cette servitude, que pour les autres habitants de la commune. Le contrevenant qui a fait pacager sur une pièce de terre non close, à lui appartenant, un nombre excédant celui qui a été fixé par une délibération, ne peut être renvoyé de la poursuite par le motif qu'il est propriétaire ou fermier de cette pièce et que son troupeau y est arrivé sans traverser d'autres héritages. (*Cassation*, 30 décembre 1840.)

Le droit de vaine pâture constituant une société et une communauté tacite de pâturage, chacun des associés peut poursuivre individuellement la réparation du préjudice qu'il prétend éprouver par l'abus attribués à l'un des habitants. (*Cassation*, 23 août 1867.)

Article 14. « Néanmoins tout chef de famille domicilié, qui ne sera ni propriétaire ni fermier d'aucun des terrains sujets au parcours ou à la vaine pâture, et le propriétaire ou fermier à qui la modicité de son exploitation n'assurerait pas l'avantage qui va être déterminé, pourront mettre sur lesdits terrains, soit par troupeau séparé, soit en troupeau en commun, jusqu'au nombre de *six bêtes à laine* et d'une *vache* avec son *veau*, sans préjudicier aux droits des dites personnes sur les terres communales, s'il y en a dans la paroisse, et sans entendre rien innover aux lois, coutumes ou usages locaux, qui leur accorderaient un plus grand avantage. »

Ainsi, tout chef de famille qui ne possède aucun terrain, ou qui n'en possède qu'une étendue insuffisante pour lui donner le droit de faire pâturer six bêtes à laine, une vache et son veau, pourra envoyer ce nombre de bêtes à la vaine pâture. Les habitants de cette catégorie auront même le droit de se réunir pour faire un troupeau commun entre eux, avec pâtre ou berger spécial, sans pouvoir être contraints à mettre leurs animaux dans le troupeau confié au pâtre communal.

C'est là une exception introduite à la règle générale posée par l'article 12, et elle se conçoit : les habitants peu aisés pourront garder eux-mêmes leurs bestiaux ou les faire garder à tour de rôle par leurs femmes ou leurs enfants, sans être obligés de payer un pâtre ou de subvenir au traitement du pâtre communal.

La Cour suprême a même décidé que cette faculté peut être exercée aussi par les propriétaires et fermiers dont s'est occupé l'article 15, ceux exploitant des terres sur des paroisses où ils ne sont pas domiciliés, lesquels propriétaires et fermiers seraient aussi autorisés à réunir leurs troupeaux en un *seul* sous la garde d'un pâtre de leur choix. *Cassation*, 8 mai 1838.

Mais cette doctrine nous paraît contestable. — L'article 15 n'est pas conçu dans les mêmes termes que l'article 14.

Ce dernier article porte que les particuliers dont il s'occupe pourront mettre leurs bestiaux sur les terrains soumis à la vaine pâture, soit par troupeau séparé, soit en *troupeau commun*, tandis que l'article 15 porte que les propriétaires ou fermiers non-domiciliés auront le droit de mettre leurs bestiaux *dans le troupeau commun*. Or, mettre ses bestiaux dans le troupeau commun, n'est autre chose, croyons-nous, que de les placer sous la conduite du pâtre communal. Cette faculté, concédée aux cultivateurs forains, est la même que celle accordée par l'article 12 aux propriétaires et fermiers domiciliés. Pas plus que ceux-ci, ceux-là n'ont, ce me semble, le droit de former pour eux seuls ou pour plusieurs d'entre eux, un second troupeau commun.

Lorsque plusieurs propriétaires de bestiaux les réunissent en un seul troupeau sous la garde de leurs enfants en bas âge, ils sont tenus solidairement à réparer le dégât causé par le troupeau. (*Argument* d'un *arrêt de Cassation* du 29 décembre 1852.)

Article 15. « Les propriétaires ou fermiers exploitant des terres sur les paroisses sujettes au parcours ou à la vaine pâture, et dans lesquelles ils ne seraient pas domiciliés, auront le même droit de mettre dans le troupeau commun, ou de faire garder par troupeau séparé, une quantité de têtes de bétail proportionnée à l'étendue de leur exploitation, et suivant les dispositions de l'article 13 de la présente section; mais dans aucun cas ces propriétaires ou fermiers ne pourront céder leurs droits à d'autres. »

Mais, comme nous l'avons dit sous l'article 14, ces propriétaires ou fermiers forains ne peuvent réunir leurs bestiaux sous la garde d'un seul berger ; ils doivent les faire garder par troupeau séparé, ou bien les mettre dans le troupeau sous la garde du pâtre communal.

L'article 15, dans sa partie finale, porte que les propriétaires ou fermiers ne pourront céder leurs droits à d'autres.

Ce principe, bien qu'énoncé seulement à l'égard des ayants-droit non-domiciliés, s'applique également aux agriculteurs ayant leur domicile dans la commune assujettie, puisque les droits dont il s'agit sont attachés à l'exploitation. Aussi la Cour de *Cassation* a-t-elle décidé d'une manière générale que l'exercice et l'usage des droits de parcours et de vaine pâture sont inséparables de l'exploitation qui les confère, et ne peuvent être, par conséquent, l'objet d'aucune cession en faveur d'un cultivateur habitant ou n'habitant pas la commune où ces droits doivent être exercés. (*Cassation*, 16 juin 1848.)

A défaut d'arrêté municipal pris en vertu de l'article 13, l'exploitant forain a le même droit que l'exploitant domicilié de faire pâturer sur les terres de la commune un nombre de bêtes illimité. (*Cassation*, 13 août 1855.)

La vaine pâture sur les biens purement communaux peut être défendue à ceux qui n'habitent pas la commune, alors même qu'ils y exploiteraient des terres. Ceux-ci ont bien le droit de vaine pâture sur les territoires soumis, et à titre de réciprocité, mais il n'en est pas de même des biens communaux, qui peuvent être exclusivement réservés aux habitants. (*Cassation*, 21 février 1863.)

Article 16. « Quand un propriétaire d'un pays de parcours ou de vaine pâture aura clos une partie de sa propriété, le nombre de têtes de bétail qu'il pourra continuer d'envoyer dans le troupeau commun ou par troupeau séparé, sur les terres particulières des habitants de la communauté, sera restreint proportionnellement et suivant la disposition de l'article 13 de la présente section. »

Disposition équitable confirmée par l'article 648 du Code civil.

Article 19. « Aussitôt qu'un propriétaire aura un troupeau malade, il sera tenu d'en faire la déclaration à la municipalité. Elle assignera, sur le terrain du parcours ou de la vaine pâture, si l'un ou l'autre existe dans la paroisse, un espace où le troupeau malade pourra pâturer exclusivement, et le chemin qu'il devra suivre pour se rendre au pâturage. Si ce n'est point un pays de parcours ou de vaine pâture, le propriétaire sera tenu de ne pas faire sortir de ses héritages son troupeau malade. »

L'espace qui est ainsi assigné pour la dépaissance du troupeau malade, s'appelle aussi cantonnement.

La mesure du cantonnement prescrite par l'article 19, mesure qui tend à assurer la salubrité et la conservation des troupeaux, en empêchant le mélange ou la simple réunion accidentelle des animaux sains et de ceux qui sont atteints de maladie contagieuse, rentre dans la catégorie de celle que le maire peut ordonner par ses arrêtés, sans qu'il soit besoin qu'elle ait été délibérée par le conseil municipal.

Le maire peut valablement aussi, dans le même but de protection, imposer aux propriétaires d'animaux l'obligation de ne les envoyer au pâturage qu'après avoir justifié, par tous les moyens qu'il croit utiles, notamment par le certificat d'un vétérinaire, que ces animaux ne sont atteints d'aucune maladie contagieuse.

Un règlement municipal qui ordonne au propriétaire d'un troupeau d'exercer son droit de vaine pâture sur un cantonnement déterminé, et d'y conduire son troupeau par des chemins désignés, rentre dans les attributions de l'autorité municipale, et par conséquent est obligatoire pour les tribunaux, soit qu'il existe une épizootie dont le règlement a pour but de prévenir la propagation, soit qu'il n'y ait que de simples présomptions. (*Cassation*, 1ᵉʳ février 1832.)

Lorsqu'un détenteur ou gardien de troupeaux soupçonnés d'être infectés de maladie contagieuse, n'en a point averti le maire de la commune où ils se trouvent, et quand même, avant la réponse du maire, il n'a point tenu ces animaux renfermés, ou encore lorsqu'il a contrevenu aux défenses de l'Administration en les laissant communiquer avec d'autres, le fait constitue un délit punissable correctionnellement, et, suivant les cas, des peines prononcées par les articles 459, 460 et 461 du Code pénal.

Section VII.

Article 22. « Dans les lieux de parcours ou de vaine
pâture, comme dans ceux où ces usages ne sont point établis, les pâtres et les bergers ne pourront mener les troupeaux d'aucune espèce dans les champs moissonnés et
ouverts que *deux jours* après la récolte entière, sous
peine d'une amende de la valeur d'une journée de travail ;
l'amende sera double si les bestiaux d'autrui ont pénétré
dans un enclos rural. »

Cet article ne parle pas d'*heures* mais de *jours*, et doit
s'entendre dès lors de *deux jours francs* après la récolte
entière, c'est-à-dire indépendamment du jour où il a été
procédé à l'enlèvement de la récolte. C'est ce qui a été
décidé par deux arrêts de la Cour de *Cassation* des 13 janvier 1844 et 2 janvier 1857.

Quant à la pénalité, elle a été élevée à trois journées de
travail ou trois jours d'emprisonnement par l'article 2 de
la loi du 23 thermidor an IV.

DES RÉGLEMENTS ET ARRÊTÉS SUR LA VAINE PATURE.

C'est au conseil municipal qu'appartient le droit de faire
les règlements, et au maire celui de prendre des arrêtés
pour assurer l'exécution des règlements.

La délibération du conseil municipal doit être soumise à
l'approbation préfectorale. (*Cassation*, 15 mars 1862.)

Le refus d'approbation ôterait toute force légale à
l'arrêté. (*Cassation*, 23 février 1862.)

L'arrêté municipal sur la vaine pâture qui n'a pas été
précédé d'une délibération du conseil municipal approuvée
par le préfet, n'est pas obligatoire sous la sanction des
peines de police. (*Cassation*, 9 décembre 1863.)

Est légal et obligatoire l'arrêté par lequel un maire,
après délibération du conseil municipal, a partagé, entre
les habitants des diverses sections de la commune, les

terrains soumis à la vaine pâture en divers cantonnements. (*Cassation*, 31 janvier 1867.)

Il en est de même de l'arrêté du maire qui, pour faciliter la répartition confiée aux conseils municipaux, soumet chaque ayant-droit à l'obligation de faire, à une époque déterminée, la déclaration par écrit à la mairie de la quantité de terre qu'il n'aura pas ensemencée. (*Cassation*, 3 mai 1850.)

Les arrêtés, pris et approuvés légalement, sont considérés comme règlements de police, et obligatoires. (*Cassation*, 10 septembre 1831 et 20 février 1857.)

Voyez : *Cantonnement;* — *Pacage;* — *Pâturage;* — *Parcours.*

VOIE DE FAIT.

C'est l'acte par lequel on exerce, de son autorité privée, des prétentions ou des droits contraires aux droits ou aux prétentions d'autrui.

Des voies de fait ont lieu fréquemment entre propriétaires voisins, sous le prétexte du maintien de leurs droits.

C'est du Droit canonique que nous vient la règle : *Spoliatus ante omnia restituendus.* — On lit également dans Cicéron : « *Nihil est exitiosius civitatibus, nihil tam contrarium Juri et Legibus quam, composita et constituta republica, quidquam agi per vim.* — (*Cicéron*, de Legibus, lib. III, n° 18.) — Il n'y aurait rien de plus pernicieux pour les citoyens, rien de plus contraire aux lois si, sous un gouvernement régulier, il était permis d'agir par la force pour la revendication de ses droits.

Cependant, il y a la voie de fait légitime et celle qui est illicite.

Par exemple : j'ai le droit de couper les racines des arbres de mon voisin lorsque ces racines s'étendent dans mon terrain (*Code civil,* art. 672); — mais je n'ai pas le droit de couper les branches. (*Ibid.*)

J'ai également le droit de tuer les volailles qui endommagent mes récoltes. (*Loi* du 6 octobre 1791, t. II, art. 12.)

Si, ayant une servitude de passage sur le terrain de mon voisin, il intercepte ce passage en creusant un fossé ou en établissant une barrière, je dois recourir à la justice pour obtenir la réintégration dans ma jouissance, avec dommages et intérêts.

Quant aux voies de fait exercées sur la personne, elles sont justiciables, suivant le plus ou moins de gravité, soit du tribunal de simple police, soit du tribunal de police correctionnelle.

Voyez : *Réintégrande ;* — *Servitudes ;* — *Volailles.*

VOIRIE.

On distingue la *grande* et la *petite voirie.*

La *grande voirie* embrasse toutes les communications d'un intérêt général : les routes nationales ou départementales, les fleuves ou rivières navigables ou flottables.

La *petite voirie* comprend toutes les communications d'un intérêt local : les chemins vicinaux, les cours d'eau non-navigables ni flottables.

Les rues font partie de la grande voirie lorsqu'elles sont le prolongement des routes ; toutes les autres rues appartiennent à la petite voirie. Une des conséquences de ce principe est que le propriétaire dont la maison se trouve en façade sur deux rues peut avoir besoin, s'il veut entreprendre des réparations aux murs de face de sa propriété, d'une double autorisation, celle du préfet pour la partie du mur qui longe la rue formant prolongation de la route, l'autre du maire pour la partie de sa maison qui est située sur la voie purement urbaine.

Les maires ont la police des rues et places, ce qui embrasse, entre autres attributions, le droit d'ordonner, sauf recours au préfet, que les rues soient débarrassées de toutes les entraves qui gêneraient la circulation ; de permettre ou interdire les balcons et autres saillies sur la voie publique ; de prohiber le passage dans certaines ruelles, par une mesure de salubrité et de sûreté ; de faire exécuter la démolition des bâtiments qui menacent ruine. (*Ordonnances* du 7 avril 1824 et du 10 septembre 1806 ; — *Décret* réglementaire du 28 juillet 1808. — *Ordonnance* du 16 juin 1824.)

Le sol des voies publiques urbaines est imprescriptible : d'où la conséquence que, quelle que soit l'époque où une usurpation aurait été commise, l'œuvre qui l'a consommée ne peut être réputée exister que par tolérance. L'autorité municipale conserve toujours le droit de faire cesser cette usurpation, car, à supposer qu'elle l'ait formellement autorisée, l'autorisation est sans valeur et ne peut conférer un droit. Il n'appartient pas au maire d'aliéner une portion quelconque du domaine public communal.

La Cour suprême a consacré ce principe par de nombreux arrêts et notamment dans l'espèce suivante.

Un particulier avait d'abord été autorisé à construire un perron devant sa maison et faisant saillie sur la voie publique. Plus tard, le maire rendit un arrêté qui enjoignait la démolition du perron. Le propriétaire refusant de s'y soumettre et poursuivi pour ce fait, excipait pour sa défense : 1° de ce que la construction avait été faite à la suite d'une transaction intervenue entre lui et la commune ; 2° de ce que cette construction étant antérieure de plus d'une année à la date de l'arrêté, la contravention était couverte par la prescription. Ces moyens avaient été accueillis par le tribunal de police, mais le jugement fut cassé par ces motifs que l'existence de tout ce qui a été

édifié nonobstant les prohibitions contenues en l'édit
de 1607, est, quelque ancienne qu'elle soit, précaire et de
pure tolérance ; — que l'autorité municipale tient de cet
édit et de la loi de 1790 le droit d'ordonner la destruction des œuvres qui font saillie sur la voie publique, dès
que cette mesure lui paraît être exigée par l'intérêt de la
circulation ; qu'enfin la transaction alléguée ne pouvait
avoir pour effet de détruire un droit d'aliéner qu'il n'appartient pas à l'autorité municipale d'exercer. (*Cassation*,
17 novembre 1859).

Les déclarations du roi des 17 juillet 1729 et
18 août 1830, concernant la démolition des maisons,
pour cause de péril imminent, quoique rendues d'abord
pour la ville de Paris seulement, n'en doivent pas moins
recevoir leur exécution pour toute la France. En conséquence, la sommation faite par l'Administration au propriétaire d'une maison, située même hors Paris, d'avoir à
effectuer une démolition par mesure de sûreté publique,
est valablement remise au mandataire du propriétaire,
lorsque ce dernier n'habite pas les lieux ; il n'est pas
nécessaire que la sommation soit faite au domicile réel du
propriétaire ; — la notification pourrait même être valablement faite, dans le cas où le propriétaire ne soit pas
domicilié sur les lieux, à la personne du principal locataire, ou de l'un des locataires. (*Cassation*, 30 juillet 1834).

Les pertes qui résultent momentanément pour les habitants de l'interruption de la circulation pendant les travaux
faits pour le nivellement des rues, ne donne lieu à aucune
indemnité. (*Cassation*, 11 juin 1833).

Mais la ruine ou dépréciation qu'un immeuble éprouve
à la suite de travaux ordonnés par l'Administration municipale, dans la seule vue de l'utilité publique, n'est pas
une charge individuelle que chaque habitant doive supporter sans indemnité ; elle doit être supportée par tous.

En conséquence, le propriétaire d'une maison a droit à une indemnité lorsqu'il est reconnu que les travaux ordonnés par l'Administration ont causé à sa maison un préjudice réel. (*Cassation*, 18 janvier 1826 et 11 décembre 1827).

Lorsqu'il s'élève des doutes sur l'interprétation qui doit être donnée à une autorisation de construire le long d'un chemin vicinal de grande communication, c'est au Préfet seul qu'il appartient d'interpréter l'autorisation.

Voyez : *Alignement; — Chemins; — Saillies.*

VOLAILLES.

La divagation des volailles sur le terrain d'autrui chargé de récoltes, constitue un délit rural. Le propriétaire, le détenteur ou le fermier qui éprouve le dommage peut les tuer, mais seulement sur le lieu, au moment du dégât. (*Loi*, du 6 octobre 1791, t. II, art. 12).

Cette disposition ne doit s'entendre que des volailles laissées à l'abandon. On n'est donc pas autorisé à les tuer en présence du propriétaire, dans la crainte des risques et des violences que cette voie de fait pourrait occasionner. (*Merlin*; *Toullier*, t. II, n° 300).

Ce droit de tuer des volailles trouvées en dégât ne met pas leur propriétaire à l'abri des peines de simple police. La faculté de tuer au moment du dégât n'a été accordée que pour suppléer à la saisie, qui presque toujours est impraticable. (*Cassation*, 11 août 1808 ; 22 août 1816, 18 novembre 1824 ; 16 août 1866.) — Le propriétaire du champ a en outre une action en dommages et intérêts.

Le maître du champ a le droit de tuer sur son terrain, même par le poison, les volailles qui causent du dommage à ses récoltes. (*Cassation*, 7 mai 1868).

Mais ce droit ne peut être exercé que pour protéger le terrain endommagé contre un dégât actuel et effectif, et non contre un dommage possible et imminent. (*Cassation*, 26 décembre 1868).

Le fait par le propriétaire d'une maison située dans la ville de tuer une poule qui s'est introduite dans son jardin constitue la contravention à l'article 479, n° 1er du Code pénal ; il ne rentre pas dans l'exception prévue par l'article 12 de la loi de 1791, exclusivement applicable aux propriétés rurales. (*Cassation*, 28 juillet 1855).

La peine applicable au fait d'avoir gardé des volailles dans une prairie artificielle est celle prévue par le n° 10 de l'article 479 du Code pénal.

VUES.

Les auteurs distinguent les *jours* d'avec les *vues* proprement dites.

La servitude de *jour*, dit M. *Demolombe*, n°s 916 et 917, consiste seulement dans le droit de recevoir la lumière, le jour, sans pouvoir regarder dans le fond assujetti ; la servitude de *vue* a plus d'étendue, et elle consiste dans le droit d'avoir des vues droites ou obliques à une distance moindre de l'héritage voisin que celle qui est réglée par les articles 678, 679 et 680 du Code civil. — Les articles 676 et 677 se servent indifféremment des mots *jours* ou *fenêtres* pour désigner les jours de souffrance ; c'est un tort, car, comme le dit encore M. *Demolombe* n° 528, les articles du Code établissent eux-mêmes très-nettement la différence entre les deux espèces d'ouvertures que la doctrine a toujours appelées des noms différents de *jours* et de *vues* ; ce qu'il y a de certain, c'est que dans le langage usuel le mot *fenêtres* ne signifie pas *jours de souffrance*.

Nous avons parlé, dans un article spécial, des *jours de souffrance*, nous ne nous occuperons ici que des *vues* proprement dites.

Le droit de regarder hors de l'édifice qu'on habite est une conséquence de la propriété. Mais il faut que le point sur lequel le regard s'exerce immédiatement soit un objet dont nous soyons propriétaires, ou un lieu désigné par sa nature à l'usage de tous les citoyens, tel qu'une rue, une place publique.

Xénocrate, d'après *Plutarque,* disait fort justement que c'est la même chose de porter les pieds ou les yeux dans la maison d'autrui, et aujourd'hui on trouverait peu de personnes qui fussent de l'avis de ce propriétaire romain dont parle *Velleïus Paterculus,* qui désirait avoir une maison ouverte à tous les regards.

Les lois ont donc modifié le droit de propriété, et déterminé l'espace intermédiaire qui doit exister pour que la vue pût être exercée sans limitation, et que le voisin n'eût point à se plaindre.

Nul ne peut avoir de *vue immédiate* sur la propriété de son voisin si celui-ci n'y a consenti, ou n'en a laissé acquérir le droit.

Il y a des vues *droites* et des vues *obliques.*

La vue *droite* est celle qui s'exerce dans un mur parallèle à la ligne de séparation des deux héritages, et qui permet à l'observateur de voir le fonds voisin en face, et sans faire aucun mouvement de côté.

La vue *oblique,* au contraire, l'oblige à se tourner de côté, et à porter ses regards à droite ou à gauche pour voir le fonds voisin ; c'est celle qui s'exerce dans un mur perpendiculaire, ou à peu près, à la ligne séparative des deux héritages.

On ne peut avoir de vues droites ou fenêtres d'aspect, ni balcons ou autres semblables saillies sur l'héritage clos ou non-clos de son voisin, s'il n'y a dix-neuf décimètres de distance entre le mur où on les pratique et le dit héritage. (*Code civil,* art. 678.)

On ne peut avoir de vues par côté ou obliques sur le

même héritage, s'il n'y a six décimètres de distance. (*Code civil*, art. 679.)

La distance dont il est parlé dans les deux articles précédents se compte depuis le parement extérieur du mur où l'ouverture se fait, et, s'il y a balcons ou autres semblables saillies, depuis leur ligne extérieure jusqu'à la ligne séparative des deux propriétés. (*Code civil*, article 680.)

Cette manière de calculer la distance ne peut faire difficulté en ce qui concerne les vues droites.

Mais, en ce qui concerne les vues obliques, malgré les termes de l'article 680, la distance de six décimètres ne se compte point à partir du parement extérieur du mur dans lequel elles sont ouvertes, mais bien à partir de l'arête du jambage ou montant extérieur qui encadre la croisée. (*Pardessus*, n° 206 ; *Duranton*, t. V, n° 413 ; *Solon*, n° 290 ; *Desgodets*, art. 202.)

Le terrain intermédiaire entre la construction dans laquelle on veut établir des fenêtres peut être : non-clos avec le voisin ; — ou bien il en est séparé et clos par une haie ou par un mur appartenant exclusivement à l'un ou à l'autre ; — ou bien ces clôtures sont mitoyennes.

Comment mesurer la distance ?

Lorsque les deux héritages se joignent sans l'intermédiaire d'aucune clôture, la ligne séparative est facile à déterminer ; seulement, la prudence exige que celui qui ouvre la vue fasse constater contradictoirement l'état des lieux pour éviter toutes difficultés qui pourraient résulter ultérieurement d'anticipation dont l'effet serait de diminuer l'étendue de cet espace.

Quand les deux propriétés sont séparées par des murs, haies ou fossés appartenant à un seul, il n'existe pas plus de difficulté ; la ligne séparative est à l'extrémité intérieure ou extérieure de ces sortes de clôture, selon qu'elles appartiennent à l'un ou à l'autre.

Lorsque les clôtures sont mitoyennes, la ligne se trouve à la moitié de la clôture.

Mais les dispositions des articles 678 et 679, combinées avec celles de l'article 661, qui permet d'acquérir la mitoyenneté, peuvent donner lieu à une difficulté. Le voisin peut, dans la suite, acquérir la mitoyenneté du mur, qui alors ne comptera plus que pour moitié de son épaisseur dans la distance légale.

Un peu d'attention préviendra cet inconvénient. Celui qui vend la mitoyenneté d'un mur doit faire constater l'existence antérieure de sa vue, et, si le voisin n'y consent pas, ne point lui vendre sans exiger que cette mention soit faite, ce que les tribunaux ne pourraient refuser.

Si le bâtiment vient ensuite à être détruit, le voisin pourra exiger que les vues soient reculées. *Pardessus*, n° 207; *Duranton*, t. V, n° 411; *Delvincourt*, t. Ier, n° 409. — Toutefois, si les vues ont subsisté pendant plus de 30 ans, elles sont acquises par prescription.

La distance prescrite par l'article 678 pour l'établissement des vues n'est pas applicable aux propriétés séparées par la voie publique; ainsi des vues droites peuvent être établies sur le terrain public qui sépare deux héritages, bien que ce terrain ait moins de dix-neuf décimètres de largeur. (*Cassation*, 1er mars 1848; 18 janvier 1859; 1er juillet 1861.)

Si la vue ne pouvait se porter que sur le mur plus élevé du voisin ou sur les toits de ses bâtiments, il ne serait pas indispensable qu'il y eût dix-neuf décimètres de distance, puisque ces murs ou toits empêcheraient de regarder sur l'héritage voisin. *Pardessus*, n° 204 : — *Cassation*, 5 décembre 1814. — Mais, si le voisin abaissait son mur ou démolissait ses bâtiments, les vues devraient être supprimées; la loi reprendrait son application, lors même que l'état des choses subsisterait depuis plus de 30 ans : — la

22

prescription ne courrait que du jour du changement. (*Pardessus*, loco citato ; *Toullier*, t. III, n° 528 ; *Duranton*, n° 410.)

L'obligation d'observer les distances peut cesser par l'acquisition de servitudes de vue par *titre* ou par prescription.

Nous terminons cet article par le sommaire de quelques arrêts rendus sur la matière.

La servitude de vue, bien qu'acquise seulement par prescription, confère à celui qui en jouit le droit d'empêcher le propriétaire voisin d'élever des constructions qui nuiraient à son jour, alors que ces constructions ne se trouveraient pas à la distance déterminée par la loi. (*Cassation*, 1er décembre 1835.)

Des fenêtres ouvertes sur l'héritage voisin, sans observer la distance prescrite, lors même qu'elles auraient existé pendant 30 ans, ne peuvent faire acquérir, par la prescription, le droit de vue, si cette partie de l'héritage est couverte par des constructions de manière que la vue n'a donné que sur des toitures. (*Cassation*, 6 février 1867.)

Des fenêtres percées dans le mur-pignon d'une maison donnant vue directe sur le toit de la maison voisine adossée à ce mur, peuvent être considérées comme de simples jours de souffrance non susceptibles d'être acquis par la prescription. (*Cassation*, 4 décembre 1839.)

La faculté accordée à tout voisin joignant un mur d'en acquérir la mitoyenneté, ne peut être exercée que sous la condition de respecter le droit de vue que le propriétaire du mur aurait acquis sur le fonds voisin, soit par titre, soit par prescription; aucune distinction n'est à faire à cet égard. Le voisin peut seulement bâtir à la distance légale. (*Cassation*, 21 juillet 1836.)

La faculté qu'a tout propriétaire joignant un mur de le rendre mitoyen cesse lorsque le propriétaire du mur a acquis par titre ou par prescription des servitudes de vue *incompatibles* avec la mitoyenneté. (*Cassation*, 25 janvier 1869.)

Une servitude de vue établie par titre n'emporte pas la servitude *non altius tollendi ;* elle entraîne seulement la prohibition de bâtir en deçà de la distance légale établie pour la servitude de vue par les articles 678 et 679 du Code civil. (*Cassation*, 7 mars 1865; *Pau*, 15 janvier 1868.)

La servitude de vue qui a cessé d'exister par la destruction du bâtiment au profit duquel elle avait été établie, revit en cas de reconstruction de ce bâtiment, bien que les jours nouveaux ne soient pas identiques aux anciens. (*Cassation*, 28 juin 1866.)

Une claire-voie placée aux confins d'un héritage ne peut être considérée comme constituant une servitude de vue sur la propriété voisine. La suppression n'en doit pas être ordonnée. *Cassation*, 3 août 1836; *Caen*, 19 mai 1837. — Toutefois, la claire-voie devrait être considérée comme vue, si elle était garnie de volets ouvrant à volonté.

Cette disposition ne peut s'appliquer dans les endroits où la clôture est forcée, lorsque le voisin invoque les dispositions de l'article 663 du Code civil.

Voyez : *Actions possessoires ; — Jours de souffrances ; — Mur mitoyen ; — Servitudes ; — Tour d'échelle.*

TABLE DES MATIÈRES.

A

Abandon 1
Abeilles. 3
Abreuvoir. 6
Accession 7
Accidents 8
Accrue 10
Action possessoire . . . 10
Alignements 18
Alluvion 22
Ane 24
Anticipation 25
Aqueduc 26
Arbres 2
Arpentage 48
Attérissement. 49

B

Balayage 49
Balcon 50
Bornage. 53

C

Cadastre 58
Cantonnement 58
Carrières 62
Cas fortuits 63
Cave. 64
Chanvre. 66
Charognes 67
Chaume. 68

Cheminée 69
Chemins 76
Cimetières 79
Clôtures. 81
Communaux 83
Communistes. 88
Complainte. 88
Constructions. 89
Contre-mur 93
Cour commune 96
Coutume 100

D

Délit. 101
Démolition. 102
Dommage 104
Drainage 108
Droit. 110

E

Eaux. 115
Eaux pluviales 119
Echellage 121
Égout des toits 122
Enclave. 131
Etablissements insalubres. 145
Exhaussement 147

F

Feu 148
Fossé 149
Fosses d'aisance 153

Fouilles. 154
Four. 155
Francs-bords 156
Fumier 157

H

Haie 157

I

Ile. — Ilot. 165
Incendie 165
Interdits 168
Irrigation 173

J

Jours. 202

L

Laboureurs 205
Lapins 205
Lièvres 208

M

Mitoyenneté 208
Mur 209
Mur mitoyen 210

N

Négligence. 227
Nouvel-œuvre. 227
Nuits 232

P

Pacage 233
Parcours 234

Passage. 235
Pâtre communal 241
Pâturage 241
Pêche 243
Pétitoire. — Possessoire . 244
Puits. 245

R

Récréance 247
Réintégrande 248
Réparations 252
Restitution de fruits. . . 256
Rideau 256
Rigoles 258
Rivières. 259
Ruisseaux 260

S

Saillies 262
Servitudes 263
Sources 279

T

Tour d'échelle 287

U

Usages locaux. 289
Usufruit 290

V

Vaine pâture 306
Voie de fait 327
Voirie 328
Volailles 331
Vues. 332

2323 — Abbeville, imprimerie Briez, C. Paillart et Retaux.

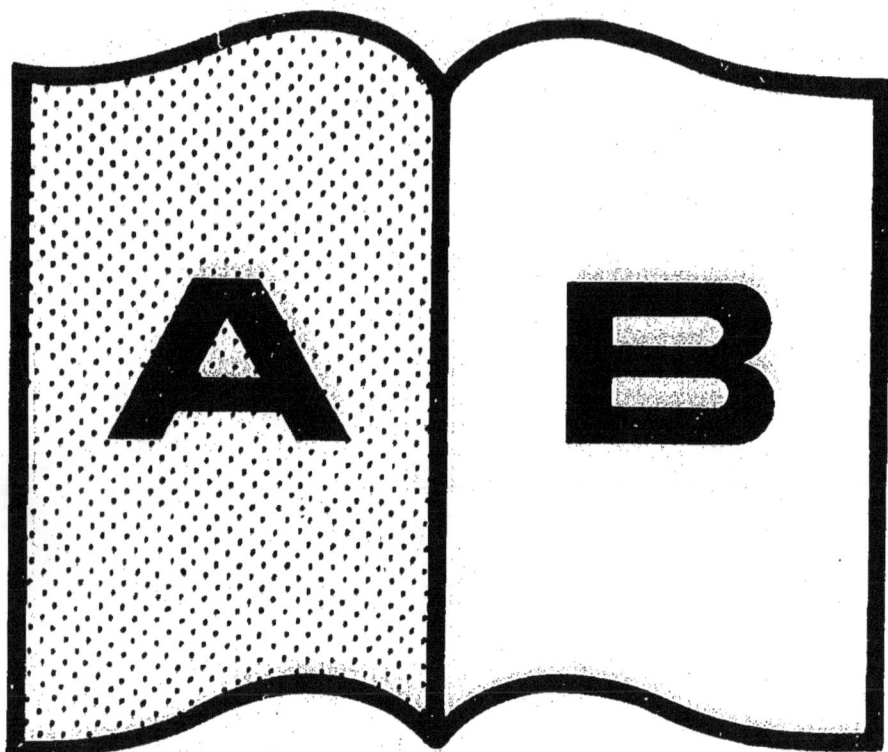

Contraste insuffisant

NF Z 43-120-14